김정일의 딜레마

김정일의 딜레마

ⓒ 2004, 김창희

초판인쇄　　2004. 10. 26.
초판발행　　2004. 10. 29.

지 은 이　　김창희
편　　집　　홍석봉 · 김학수 · 정지희 · 안명희
마 케 팅　　이태준
펴 낸 이　　강준우
관　　리　　김수연
디 자 인　　김정현
펴 낸 곳　　인물과사상사

등　　록　　1998. 3. 11(가제17-204호)
주　　소　　서울시 강동구 성내동 533-1 영우빌딩 3층
전　　화　　02) 471 - 4439
팩　　스　　02) 474 - 1413
우　　편　　134 - 600 서울 강동우체국 사서함 164호

E - mail　　insa@inmul.co.kr
홈페이지　　http://www.inmul.co.kr

값 9,000원

ISBN 89 - 5906 - 001 - 1 03300

김정일의

김창희 지음

딜 레 마

인물과
사상사

　김일성 사망 이후에 우리의 관심은 김일성에게서 김정일에게로 옮겨 갔다. 특히 남북정상회담 후 그에 대한 관심은 증폭되어 한때는 '김정일 신드롬' 이라는 말이 나오기도 하였다. 김정일이라는 인물에 대한 평가는 독재자 · 예술가 · 개혁가 등 다양하지만, 그가 아직도 미지의 인물인 것만은 확실하다.

　2004년 6월 21일자 『TIME(타임)』의 표지 모델은 북한의 국장(國章)에 특대성(特大星)이 부착된 화려한 군복을 입은 김정일이었다. 북한에서는 선군정치(先軍政治)를 '만능의 보검' 이라 일컫고 있기 때문에 상징적으로 군복을 입혀 모델로 등장시킨 모양이다. 그러나 이는 합성된 것으로 실제 군복을 착용한 김정일의 사진은 어디에서도 볼 수 없다. 물론 북한에서는 군모를 쓰거나 군복을 입은 김정일의 초상화를 행사의 휘장으로 쓰고는 있다.

"Why is this man smiling?" 김정일은 무엇을 생각하고 있으며 북한을 어떻게 이끌어 가려하는가? 사실 김정일을 둘러싸고 있는 상황은 그를 웃지 못하게 하고 있다. 체제를 유지하면서 개혁과 개방도 해야 하고, 계획경제를 주장하면서 시장경제도 받아들여야 하고, 핵 문제에서 벗어나야겠는데 믿을 수 없고, 남한과는 적대적 공존에서 호혜적 공존으로 가야 하는데 그것도 불안하고……. 이러한 것들이 김정일이 안고 있는 딜레마이다.

김정일은 한때 은둔자의 대명사였다. 지금도 그 이름 앞에 가장 적절한 수식어는 '알 수 없는 인물'이다. 김정일에 관한 글을 쓰고 있는 나도 그에 대하여 과연 무엇을 얼마나 안단 말인가? 그렇지만 분단의 시대를 살고 있는 사람들이 그를 조금이라도 알고, 이해하고, 평가할 수 있도록 정리된 자료라도 내놓고 싶은 욕심에서 이 책을 집필하게 되었다.

나는 지난 20년 간 대학 강단에서 북한에 관하여 말해 왔다. 북한에 대한 많은 자료들을 접하고 연구하면서 이에 대한 수십 편의 논문과 책을 썼다. 지금까지 축적된 자료와 새로이 발굴된 자료 그리고 많은 대화를 통해 가졌던 나의 생각을 이 책에서 정리하고자 한다.

내가 북한을 집중적으로 연구하기 시작한 것은 박사 학위 논문을 준비하면서부터였다. 그 당시부터 북한에 관한 강의를 시작하였는데, 지금 생각해 보면 연구와 준비가 충분하지 못했던 것 같다. 당시에는 객관적이고 과학적으로 북한에 접근하기보다는, 냉전 구조의 산물인 반공 이데올로기적인 시각에서 크게 탈피하지 못한 채 다룬 경향이 있었기 때문이다.

1980년대 중반 때만 해도 북한의 자료를 접한다는 것은 정말로 어려웠다. 특수 열람증을 가진 사람들만이 통일원 특수 열람실에서 1차 자료를 볼 수 있었다. 당시 나 같은 강사 신분으로는 자료에 접근하기조차 어려웠다. 연구에 필요한 북한의 『로동신문』이나 정치사전, 교과서 등을 보려면 특수 자료 취급증을 가진 교수에게 이것을 빌려 복사한 다음 여기에 총장의 직인까지 찍어 가지고 가야 했다.

그러나 1980년대 말 상황이 달라지기 시작했다. 동구권의 대 변혁은 우리에게도 영향을 미쳤다. 또한 1988년 서울올림픽 이후 체제에 대한 자신감과 민주화·자유화 바람은 우리 사회의 통일 논의를 부추겼다. 대학의 통일문제연구소에도 온갖 종류의 북한 자료들이 들어오기 시작하였다. 또한 북한의 원전 자료들이 그대로 불법 복제되어 시중에 나돌기도 하였다. 이 당시 모 대학에서 학생들이 『로동신문』을 보기 위하여 대학 연구소 창살을 부수고 들어가 신문을 훔쳐 가는 일이 벌어져 전국 일간지의 사회면을 장식한 적도 있었다. 그 후 1년이 채 지나지 않아 거의 모든 전국 대학 도서관의 신문 게시판에 『로동신문』도 함께 진열되었다. 처음에는 많은 학생들이 게시판 주위에 몰려 신기하게 읽어 내려갔으나, 두 달이 지나지 않아 관심이 시들해졌다.

최근엔 금강산으로 대학생들이 단체로 모꼬지를 가고 많은 사람들이 평양을 다녀오는가 하면, 우리 기업들이 개성공단에 입주하는 세상이 되었다. 학생증이나 주민등록증만 있으면 『김일성종합대학학보』를 비롯해서 『The Pyongyang Times(평양타임즈)』등 어떠한 북한 자료라도 다 볼 수 있는 지금, 그때를 생각하면 격세지감을 느낀다.

이제는 조금만 노력을 기울이면 된다. 자료가 없어서 연구를 못하거나 글을 쓰지 못하는 것은 아니기 때문이다. 그러나 이러한 자료로 김정일을 얼마나 알 수 있을 것인가? 북한의 자료들은 대부분 김정일 칭송 일색이다. 김정일 자신이 체제이고 정권인 사회에서 나오는 신문이나 논문으로 그를 분석한다는 것은 어렵다. 아마 한 번쯤 김정일에 대하여 글을 써 보려 했던 사람들이 느끼는 바는 같은 것일 게다. 다만 김정일이 공식적으로 참여한 행사 소식에 관한 것들이나 거기에서 한 이야기 등은 그러한 자료가 아니면 도저히 알 수 없는 것들이 많이 있다. 실제로 북한에 대한 연구는 이를 도외시하고는 이루어질 수 없다. 그러므로 북한의 정치 · 경제 · 사회에 대한 1차 자료는 이 책을 쓰는 데 중요한 자료로 활용되었다.

통일부나 통일연구원 등 북한 관련 국가기관이나 연구소에서 훌륭한 연구 결과물들이 많이 나오고 있다. 또한 국내외 많은 학자들과 기자들도 김정일에 관련된 논문이나 책을 쓰고 글을 기고함으로써 그를 분석해 놓고 있다. 이러한 자료들도 이 책을 쓰는 데 큰 도움을 주었고, 필요에 따라서는 많은 부분을 직접 인용하기도 하였다. 또한 김정일을 직접 만났거나 그 체제 하에서 살았던 사람들과의 대화에서 얻은 간접 경험이나 그러한 경험을 바탕으로 한 저서들도 나에게는 소중한 자료가 되었다. 2001년 김정일이 특급열차를 타고 시베리아를 횡단할 때, 24일간 함께한 러시아연방 극동지구 대통령 전권대사 콘스탄틴 보리소비치 폴리코프스키의 저서도 그 많은 책들 중의 하나이다.

나는 이 책에서 김정일을 중심으로 하여 북한을 설명하고 분석해 보려고 한다. 그동안 학생들과 수업을 하면서 느낀 점 중의 하나는 김정일이나 북한을 몰라도 너무 모른다는 것이다. 또한 안다고 하는 학생들은 북한에 대해 터무니없는 환상을 가지고 있었다. 가끔 다른 교수들이나 일반인들과 김정일이나 북한에 대하여 이야기할 기회가 있는데, 그들은 "그래, 그런 것도 있어!", "정말이야!" 하면서 재미있어 한다. 때로는 "그

것 참 재미있는데 책으로 한번 써 보지 그래. 우리 같은 사람들에게 도움이 될 텐데.” 하기도 한다. 그래서 언젠가는 대중들이 가볍게 읽을 수 있는 책을 써 보리라 했는데, 마침 인물과사상사에서 ‘김정일’에 대한 글을 요청해서 고마운 마음으로 받아들였다.

올 여름은 유난히도 무더웠다. 특히 김정일과 한판 씨름을 붙다 보니 더 더웠던 것 같다. 땀을 비 오듯 흘려 하마터면 샅바를 놓고 대자로 누울 뻔했다. 김정일은 역시 만만찮은 인물이었다. 힘을 내도록 응원을 해 준 분들에게 감사드린다. 결실의 계절에 무언가를 거둘 수 있도록 도와주신 모든 분들께 다시 한 번 고마움의 인사를 올린다.

2004년 여름
김창희 씀

김정일의 **딜레마** 차례

머리말

제1부 김정일은 알 수 없는 인물인가?

제1부
김정일은 알 수 없는 인물인가?

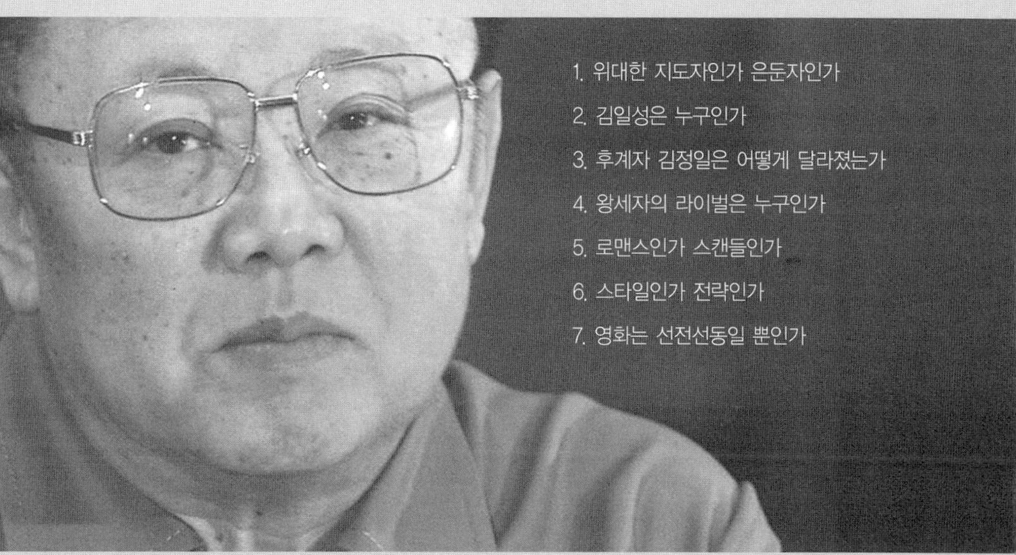

위대한 지도자인가 은둔자인가

천출명장(天出名將) 김정일 장군

금강산에 갔다. 북측 강원도 고성군에 있는 고성항 앞의 입국 심사대를 나와 금강산을 바라보니, 가장 먼저 눈에 들어오는 것이 높은 바위에 새겨진 '천출명장 김정일 장군'이라는 글씨였다. 하늘이 내린 명 장군 김정일이라는 뜻일 것이다.

금강산에서 있은 제9차 남북 이산가족 상봉 도중에 우리 측 통일부 사무관이 "(금강산) 바위에 '천출명장 김정일 장군'이라고 써 놓으니 남쪽에선 '천민(賤民) 출신'이란 의미로도 해석될 수 있다."라는 말을 북측 관계자에게 했으니 결과는 어떠했겠는가? 결국 북측 관계자들의 거센 항의로 공식적인 상봉 행사가 일시적으로 중지되고 그로 말미암아 우리 측 관계관들이 공식 사과하는 사건이 발생하였다.

김정일은 정말로 하늘이 내린 위대한 장군인가? 북한의 인민들은 그

렇게 믿고 있다. 아니, 어쩌면 그렇게 믿어야 한다. 2003년 대구하계유
니버시아드 대회 기간 동안 북측에서 온 응원단 숙소 근처에 그들을 환
영하는 의미로 6·15남북정상회담에서 두 정상이 악수하는 사진을 현수
막으로 걸어 놓은 적이 있었다. 북측 응원단이 응원을 마치고 숙소로 돌
아오던 길에 공교롭게도 비가 내렸고, 응원단들은 비에 젖은 현수막을
보았다. 그 순간 꽃같이 아름답고 상냥하게만 보였던 여성 응원단원 몇
명이 앙칼진 목소리로 울부짖으며 어떻게 장군님을 이토록 비를 맞게 할
수 있느냐 하며 그 현수막을 소중하게 거두는 것이었다. 텔레비전을 통
해 그 모습을 지켜 본 우리 국민들은 어안이 벙벙할 뿐만 아니라 서글픈
생각마저 들었을 것이다. 몇 해 전 탈북자들과 대화를 한 적이 있다. 그
들은 자신의 어릴 적 이야기를 했는데, 100m 전망에 김일성의 동상이
보여도 저절로 눈물이 흘러내렸다는 것이다. 이 또한 같은 맥락에서 이
해할 수밖에 없다.

　금강산 구룡폭포에 오르면서 계곡 사이로 흐르는 푸르른 옥색 빛의
물에 정말로 내 마음을 빼앗겼다. 물론 산에 오르면서 바위에 새겨진 많
은 글귀들을 보며 마음이 아팠던 것도 사실이다. 구룡폭포에 거의 다다
를 무렵 산의 일부를 이루고 있는 커다란 바위에서 눈에 익은 글귀를 보
았다. 1992년 2월 16일 김정일의 50회 생일에 김일성이 지어 준 송시였
다. 한쪽 면에는 한자로 씌어 있고, 바로 옆에는 그것이 해석되어 씌어
있었다. 10월 10일이라고 새긴 날짜도 적혀 있었다.

白頭山頂 正日峯　　　　　　백두산 마루에 정일봉 솟아있고
小白水河 碧溪流　　　　　　소백수 푸른 물은 굽이쳐 흐루누나
光明星誕 五十周　　　　　　광명성 탄생하여 어느덧 쉰 돌인가

이 송시는 북한에서 '인류문화사에서 특기할 시대의 기념비적 명시'로 평가되고 있다.
이를 액자에 넣어 인민들에게도 나누어 주었다고 한다.

皆贊文武忠孝備　　　문무충효 겸비하니 모두 다 우러르네

万民稱頌 齊同心　　　만민이 칭송하는 그 마음 한결같아

歡呼聲之震天地　　　우렁찬 환호소리 하늘땅을 뒤흔든다

一九九二 二月 十六日 金日成　　　1992. 2. 16 김일성

북한에서는 김정일 출생지라고 하는 백두산 밀영에도 '김정일 송시 비'를 건립했다. 1993년 2월 김정일의 51회 생일을 맞아 제막한 것으로, 김일성이 김정일에게 하사한 송시를 높이 3.7m, 너비 12m의 화강석에

새겨 건립한 비이다.

북한에는 김정일의 업적을 받드는 시와 노래가 많이 있다. 이 중에서도 〈김정일 장군의 노래〉는 불멸의 혁명 송가로 알려져 있다. 1997년 김정일의 55회 생일에 처음 불려졌다는 이 노래는 3절까지 있고, "만세 만세 김정일 장군"이라는 후렴구로 끝을 맺는다. 1절의 가사를 보면 "백두산 줄기 내려 금수강산 삼천리/ 장군님 높이 모신 환호성 울려가네/ 태양의 위업 빛내신 인민의 령도자/ 만세 만세 김정일 장군"이다.

〈김일성 장군의 노래〉도 있다. "장백산 줄기 줄기 피어린 자욱/ 압록강 줄기 줄기 피어린 자욱/ 오늘도 자유조선 꽃다발 우에 력력히 비쳐주는 거룩한 자욱/ 아 그 이름도 그리운 우리의 장군/ 아 그 이름도 빛나는 김일성 장군"이다. 이 노래가 언제 만들어졌는지는 모르겠으나, 내가 이것을 본 것은 북한의 인민학교(현재 소학교) 교과서였다.

금강산에서 남한의 대중가요를 듣다

나는 금강산에서 있을 대학생들의 모꼬지에 동행하였다. 300명의 학생들이 새벽 0시에 학교에서 7대의 버스에 나누어 타고 출발했기 때문에 같은 버스에 탄 학생들을 제외하고는 인사조차 나눌 수 없었다.

동해안 통일전망대 바로 밑에 있는 우리 측 출입국관리사무소를 나와 금강산으로 가는 버스에 옮겨 탔을 때, 현대 측 관광 회사에서 나온 사람이 금강산을 관광할 때 주의해야 할 사항에 대하여 일러 주었다. 다음날 우리는 구룡폭포에 오르게 될 것인데, 이때 북한의 현지 안내원을 만나게 되면 자유롭게 이야기하되 김일성이나 김정일에 관한 이야기는 피하는 것이 좋겠다고 하였다.

금강산에 도착하여 구룡폭포를 둘러보고 내려오다 보니 늦게 도착한 7~8명의 학생들이 바위에 새겨진 송시를 읽으며 무어라 이야기를 하고 있었다. 교수라는 직업의식에서였는지 학생들에게 이 시가 어떻게 나왔는가를 설명할 좋은 기회라 생각하고, "학생들 말이야. 이 시는 김일성 주석이 김정일 위원장의 50회 생일을 맞아서……." 하고 이야기를 시작하였다. 그런데 이게 웬일인가? 학생들이 나를 힐긋 힐긋 쳐다보더니 도망치듯 내 주위에서 떠나버렸다. 아니, 동행한 교수가 이야기하는데 학생들이 이럴 수가 있나. 어안이 벙벙하여 한참 동안 멍하니 서 있다가 쓴웃음을 짓고 말았다.

내 모습을 살펴보았다. 땡볕에 모자를 눌러쓴 데다 땀에 젖은 셔츠에 반바지 차림, 결정적으로 방문카드를 목에 걸고 있지 않았다. 땀이 목에 건 방문카드의 끈을 타고 흘러내렸기 때문에 옆에 매고 있던 가방 속에 넣어버려서이다. 그러니 학생들은 내가 자신들과 동행한 교수가 아니라 북한 안내원이라 오인하기 십상이었다. 게다가 현대 측 안내자가 주의를 준 것도 있어서 순진한(?) 학생들이 모두 도망쳐 버린 것이다. 산에서 내려와 함께 간 교직원들에게 이야기를 하니 파안대소하며, 나를 보고 김 교수는 직업을 바꿔 금강산에 남으라고 했다.

그날 오후 금강산 해수욕장에 갔다. 올 처음 개장해서인지 시설이 잘 갖추어지지는 않았으나, 동해안의 물인지라 역시 깨끗했다. 다른 관광객은 별로 없고 우리 대학 학생들이 주를 이루고 있었다. 조금 있으니 금강산으로 여행 온 초등학생 몇백 명이 우르르 몰려들었다. 그 해수욕장 관리소에서 틀어 놓은 음악소리, 고성능 앰프에서 흘러나오는 그 노래는 〈김정일 장군의 노래〉, 〈김일성 장군의 노래〉도 아닌 남한의 10~20대 청소년들이 좋아하는 노래들이었다. 기억에 남는 것은 이효리의 〈10minutes〉이다.

거기에서 쏟아져 나오는 노래 중에 내가 아는 것은 그것뿐이었으니까.

초등학생들이고 대학생들이고 모두들 신나했다. 해수욕장의 백사장에서 뿐만 아니라 안전 깃발이 꽂혀 있는 멀리 떨어진 곳에서도 쿵쿵하는 음악 소리가 들렸고, 내 몸도 음악에 맞춰 저절로 움직였다. 여기에 굉음을 내면서 질주하는 모터보트가 끄는 바나나수상스키, 바나나 모양의 기구를 타고 탄성을 지르는 학생들까지. 과연 이곳이 북녘 땅인가 하는 생각이 들었다.

물론 북한 사람들은 하나도 없었고, 모터를 운전하고 관리하는 청년들도 모두 남쪽에서 와서 근무하는 사람들이었다. 그러나 금강산 지역 북측 근무자들도 근처에 수시로 드나든다. 해수욕장은 현대아산 관련 근무자들의 숙소 바로 옆에 있으니 말이다. 그리고 멀리에서 북한의 군인들도 이러한 모습을 지켜보고 있다.

금강산에 근무하는 북한의 안내원들이 혹시 김정일 이야기 꺼낼까 슬금슬금 피하는 학생들과 이들과 농담을 주고받으며 노래를 부르는 상반된 모습의 학생들. 그 한편에는 땡볕에 겨울 군복을 입고 빨강 기를 든 체 부동자세로 서 있는 앳되어 보이는 군인들이 있다. 저녁 무렵 관광객들이 펜션 앞에 앉아 맥주를 들이키며 즐겁게 이야기하는 동안에는 그 곁으로 열을 지어 북한식 걸음걸이로 순찰하는 군인들의 모습들이 눈에 띈다.

과연 이런 모습을 김정일은 상상이나 했을까? 그도 금강산 관광을 시작하면서 많은 생각을 했을 것이다. 이곳 역시 그들에게는 우리 못지않은 중요한 군사 지역이었을 테니 말이다. 아마 군부의 반대도 만만치 않았을 것이라는 생각이 든다. 그러나 '태양의 위업 빛내신 인민의 령도자' 김정일 장군에게 지금 필요한 것은 돈이다. 돈이 있어야 북한 체제를 유지할 수 있고, 인민들을 먹여 살릴 수도 있다.

알 수 없는 인물 김정일

김정일! 우리는 그가 어떤 인물인지 알 수 없었다. 김정일은 가능하면 외부 인사와의 접촉을 피하고 있었다. 이는 김일성이 생존해 있을 때는 가능한 일이었다. 그러나 그가 북한 최고 권력자의 지위에 있으면서도 이 같은 현상은 여전히 나타나고 있었다.

김정일은 공개 석상에서 연설이나 보고를 한 적이 없다. 북한의 인민들이 그의 육성을 들은 것은 단 한 번 있었다. 군사 퍼레이드가 있을 때 단상에서 "조선인민군 장병들에게 영광 있으라!"라는 말이었다.

그는 1998년 최고인민회의 제10기 1차 회의에서도 제9기 때 김일성이 한 말을 녹음으로 들려주는 것으로 연설을 대신했다. 정말로 이해할 수가 없었다. 제10기 1차 최고인민회의는 우리로 말하면 새로운 국회를 개원하는 회의이다. 그것도 제9기 이후 8년 만에 새로이 최고인민회의 대의원이 선출되는 첫 회의이고, 새로운 개정 헌법이 통과되면서 김정일 체제가 공식적으로 출범하는 의미를 가지는 중요한 회의였기 때문이다.

많은 사람들 앞에 나서기 싫어하는 성격 때문인지, 아니면 병적인 소심함 때문인지, 자신을 신비화하기 위한 연출 때문인지 알 수가 없다. 이렇게 김정일은 누구보다도 베일에 가려진 알 수 없는 인물이다. 그렇기 때문에 그에 대한 평가는 극에서 극으로 치닫는다. 특히 남한에서는 그동안 한쪽 극으로 그를 평가하여 왔다. 어쩌면 김정일을 보는 우리의 시각은 아직도 이데올로기적 편견에 사로 잡혀 있는지도 모른다.

조영환 교수는 그의 저서에 이렇게 적고 있다. 북한에 납치되었다가 탈출한 신상옥, 최은희 부부는 김정일 정권이 오래가지 못할 것이라는 남한 전문가들의 전망에 대해 "남한의 북한 전문가라고 하는 사람들은 북한에 대해 아무것도 모르고 김정일을 만나보지도 못했다."며 "김일성이 김정일을 후계자로 정한 것은 그가 자신의 아들이어서가 아니라 능력이 있기 때문"이라고 말한다. 조교수는 이에 동의하면서 북한의 김달현 전 부총리의 말을 인용해 김정일이 아버지만큼 카리스마를 갖추지 못했지만 실무에 능한 테크노크라트라는 데 동의하고 있다. 그리고 설령 김정일에게 그런 능력이 없다고 해도, 세계 최대의 화약고를 불지를 수 있는 방아쇠가 그의 손가락에 걸려 있다는 사실을 부인할 수 없다고 한다.[1] 영국의 경제전문지에서는 김정일이 세계를 상대로 핵을 가지고 무모한 도박을 한다는 내용을 발표한 바 있다.

김정일의 곁에 오래 있었던 이들 중에 황장엽만큼 김정일에 대하여 자세히 증언할 수 있는 인물도 없다. 그는 김정일을 '자기 이익에 철저한 사람', '사람을 장악하는 능력이 있는 독재능력의 소유자', '가학적 성격의 소유자', '정보장악을 중요시하고 비밀리에 조직하고 비밀리에 생활하는 자'[2] 등으로 표현하고 있다.

또한 러시아 방문 특별 열차에 동행한 폴리코프스키는 김정일을 박식하고 정보가 풍부한 사람으로 평가하고 있다. 김정일은 러시아 및 외국의 언론 매체와 인터넷을 포함한 다양한 출처를 통해서 러시아에 대한 정보를 입수하고 있었고, 모든 것을 자신의 두 눈으로 직접 확인하고 싶어 했다고 한다.[3]

김정일은 최고 지도자로서 여러 가지 문제가 있지만, 북한은 김정일 외에 다른 대안이 없는 것처럼 보인다. 뿐만 아니라 김일성의 죽음을 전후하여 김정일이 북한을 움직여 나간 것을 꼼꼼히 들여다보면, 우리가 그를

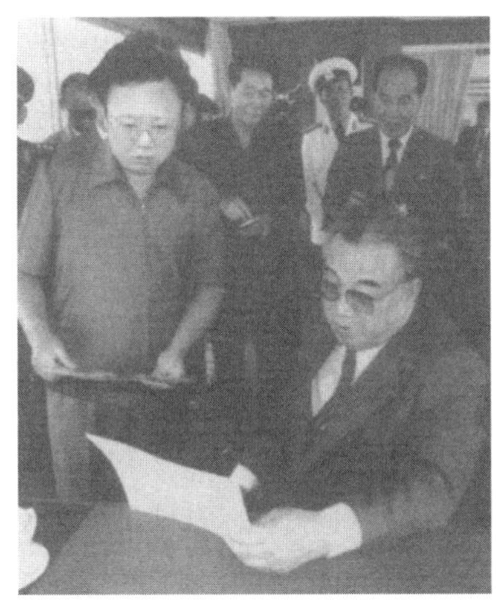

김정일은 김일성의 후원 하에 오랫동안 통치 수업을 받아왔다.
이를 통해 '여우와 사자'의 양면을 적절히 구사하는 지도자로 성장할 수 있었다.

가리킬 때 써 왔던 '파마 머리에 색광인 똥자루'는 분명히 아니었다.

그동안 우리는 어쩌면 김정일을 깎아 내리는 것에만 모든 것을 집중하지 않았나 하는 생각이 든다. 물론 민주적이고 인도적인 차원에서 평가하면 김정일은 당연히 비난의 대상이고 독재자이다. 그러나 마키아벨리의 시각으로 볼 때 김정일은 김일성의 후원 하에 오랫동안 쌓아온 통치 수업을 통해 '여우와 사자'의 양면을 적절히 구사하는 지도자로 성장했다고 볼 수 있다. 그는 20여 년 전부터 통치 수업을 받아오면서 '김일성 통치, 김정일 관리 체제'로 북한을 움직여 왔다.

21세기 희망의 별

김정일은 공식 승계를 지연시키면서도 김일성 사후 1994년 10월 북미제네바합의를 통해 경수로와 연료를 얻어내는 대단한 성과를 올렸다. 그 후에도 계속적인 미국과의 줄다리기에서 이득을 챙겼다. 세계 최고의 정보망을 갖춘 미국으로서도 '있는지 없는지 알 수 없는 핵'을 미끼로 삼아 연료와 식량을 원조받았다. 김정일은 핵 카드를 사용함으로써 '철천지 원쑤'였던 미국으로 하여금 후원자의 역할을 하게 만든 셈이다.

북한은 김일성 사후 1997년까지 가장 어려운 상황에 처해 있었다. 국제기구에 공식적으로 식량 원조 요청을 한 것도 이때였다. 오죽하면 '고난의 행군'을 하자고 김정일이 인민들을 부추겼을까. 이러한 현실에서 1997년 12월 16일자 『New York Times(뉴욕타임즈)』에 실린 광고는 우리를 어리둥절케 만들었다. 전면 컬러 광고의 타이틀은 〈21세기 희망의 별, 김정일의 등장(Kim Jong Il Emerges as the Lodestar for Sailing the 21st Century)〉이었다. 이것은 북한의 어려움을 역으로 치고 나가려는 김정일의 시도였다고 볼 수 있다.

북한에서 중요한 문제는 김정일이 직접 관장하는 것으로 알려져 있다. 핵 문제를 비롯하여 군사 문제, 남북 관계 등은 그가 직접 챙긴다. 북한의 입장에서 볼 때 금강산 관광 문제는 안보상의 중요한 문제였고, 또한 주된 외화 수입원이 될 수 있는 것이었다. 당연히 이것에 대한 결정은 김정일에 의해서 내려졌다.

현대그룹의 정주영 명예회장이 소 떼를 끌고 북한을 방문한 데 이어, 1998년 10월에 다시 북한을 찾았을 때의 일을 우리는 기억한다. 김정일을 만난 정주영 회장은 "김 위원장이 나를 어른으로 잘 대접해 줘 너무 고마웠다."고 했다. 이는 김정일이 "연세도 드시고 거동도 불편하다고 해서 직접 왔다."고 하며 정 회장이 머물고 있던 숙소를 직접 찾아왔던 것과 기념사진을 찍을 때 가운데 자리를 극구 사양한 행동을 말했던 것이다.

이런 것들을 통해 우리는 김정일의 실용주의적인 면을 읽을 수 있다.

김정일은 금강산 관광을 허용하면서 여러 가지를 생각했을 것이다. 우선 북한의 체제 유지 내지는 정권 유지에 위협이 되지 않을까 우려했을 것이다. 북한의 입장에서 보면 이는 모험일 수도 있기 때문이다. 그러나 그들에게 필요한 것은 돈이었다. 정 회장에게 예를 갖춘 것도 이런 차원에서 볼 수 있다. 또 하나 김일성 사후 북한에서 특히나 강조한 것이 충과 효이다. 그가 삼년상을 치루면서 강조한 김일성에 대한 효는 김정일이라는 인간 본연의 모습이었다는 것을 강조하기 위해서였는지도 모른다.

김정일의 신바람 불어넣기

김일성이 사망한 이후 김정일은 북한 인민들에게 '고난의 행군'을 강조하고 나섰다. 이 같은 경제 전략과 관련된 선동적 구호는 새로운 경제 정책을 발표할 수 없는 상황에서 제시된 일종의 과도기적 이데올로기였다. 주체사회주의를 건설하기 위한 노력이 오히려 민심이반 현상으로까지 나타나게 된 현실을 김정일은 감지할 수 있었다. 실제로 인민들은 지칠 대로 지쳐 있었다. 중국 국경 근처의 인민들이 식량을 구하기 위해 두만강을 넘었다. 그러므로 인민들의 민생 현안 문제를 개선할 수 있는 대안을 제시하고, 희망을 심어주는 일이 그 무엇보다도 중요했다.

어둠이 짙으면 새벽이 온다 했듯이, 이때 북한은 최악의 상태를 막 벗어나려는 시기였다. 어떤 희망의 메시지를 전달할까, 김정일은 고민했을 것이다. 여기서 나온 것이 바로 '강성대국 건설'이었다. 김정일은 인민들에게 철통같이 뭉쳐서 어려움을 이겨 온 고마움을 표시하고, 우리의 앞날에는 강한 국가가 되는 길만 남아 있으니 자신을 믿고 따라 달라는 것이었다. 나라가 작아도 강성국가가 될 수 있고, 인민들도 행복하게 잘

1999년 8월 29일 세계육상선수권 대회 여자 마라톤 우승자 정성옥 선수는 육상 선수로는 처음으로 북한의 '공화국 영웅', '인민 체육인' 칭호를 수여받았다.

살 수 있다. 인민들에게 고난의 행군을 강요해 왔는데, 이제 자신감만 가지고 한 번 더 똘똘 뭉치면 못해 낼 것은 아무것도 없다. 자! 가자 강성대국으로. 굶주림에 속에서도 위성 발사를 통해 인민들에게 체제의 강건함을 인식시킨 것도 이러한 맥락에서 보아야 할 것이다.

북한에서는 1999년 8월 29일 세계육상선수권 대회 여자 마라톤 우승자 정성옥의 우승을 "하늘높이 제2의 인공지구위성을 발사한 것과 같은 주체조선의 기상"이라고 보도하였다. 그리고 "수천 수만의 정성옥을 키워 경제·과학·문화·기술·체육 등 모든 분야에서 강성대국의 높은 영마루를 단숨에 점령하자."[4]고 하여 강성대국을 빼놓지 않고 있다.

이같이 북한이 강성대국을 주장하는 것은 무언가 신바람을 불어넣어 보자는 의도를 가진 것이다. 실제로 북한에서는 정성옥이 평양에 들어오는 날을 휴식일로 공포하고, 환영의 노래까지 만들었다. 또한 100만 군중을 동원해 공항에서 평양 시내까지 카 퍼레이드를 벌였으며 북한 중앙방송과 평양방송은 이를 실황으로 중계할 정도였다.[5] 2000년 공동 사설에서는 정성옥의 우승을 "조선민족의 존엄과 영예를 온 누리에 떨친 20세기의 뜻있는 사변이며 백 번 쓰러지면 백 번 다시 일어나 싸우는 우리 인민의 영웅성의 총화였다."라고 하였다.

나는 은둔자가 아닙네다

2000년 6월 13일, 김대중 대통령 일행을 태운 비행기가 평양의 순안 공항에 도착하자, 북한의 고위급 인사들과 사열단이 일렬로 늘어서 있었다. 이러한 모습은 서울의 프레스센터를 통해 세계의 안방으로 전달되고 있었다. 그 순간 김 대통령을 맞이하기 위하여 붉은 색 카페트 위를 걸어 나오는 인물이 있었으니, 그가 북한의 최고 지도자 김정일이었다. 관례대로라면 백남순 외무상이나 김영남 최고인민회의 상임위원장이 김대중 대통령을 영접했을 터인데 김정일이 직접 나온 것이다.

텔레비전을 지켜보던 우리 국민들은 말할 것도 없고, 세계인들이 김정일을 주목하였다. 그리고 3일 동안의 회담과 만찬에서 보인 거침없는 그의 말솜씨는 그동안 "조선인민군 장병들에게 영광 있으라!"라는 말밖에 그의 목소리를 들을 수 없었던 우리들을 놀라게 하고도 남았다.

그것은 극적인 연출이었다. 김정일은 세계를 향해, 남쪽을 향해 '나는 은둔자도 아닌, 비정상인도 아닌 북한의 최고 지도자'라는 메시지를 계속해서 던졌다. 남쪽에서는 소위 '김정일 신드롬'이 일기도 하였다. 그동안 우리 일반들의 머릿속에 그는 어떤 사람으로 비쳐졌을까? '파마 머리에 색광인 똥자루, 대인 기피증 환자, 인민을 굶주리게 하는 독재자' 정도였을 것이다.

남북정상회담 이후에도 많은 사람들이 방북하여 김정일을 만났고, 그

남북정상회담을 위해 2000년 6월 13일 평양 순안공항에 도착한 김대중 대통령을 김정일 위원장이 직접 맞이하기 위하여 나왔다.

후일담도 각종 매스미디어에 보도된 바 있다. 대단히 솔직하고 유머가 있는 인물로 김정일을 평가하였다. 그러나 이것으로 그를 다 알 수 있었을까? 아니다, 김정일은 정말로 알 수 없는 인물이다.

김정일은 김대중 대통령을 어떻게 평가하고 있었는가? 폴리코프스키와의 대화 내용을 인용하지 않을 수 없다. 김정일은 시베리아를 횡단하여 모스크바로 가는 열차에서 가진 여러 차례의 대화 중에서 김대중 대통령을 다음과 같이 평가했다고 한다. "나는 김대중 대통령이 평양에 왔을 때 김치를 세계화한 것은 남조선 인민들의 큰 업적이라고 말했습니다. 김대중 대통령은 이 말에 매우 흡족해 했습니다. 남조선은 인쇄물 발행 부수 면에서 지역 및 세계에서 선도적인 위치를 차지하는 등 출판 분야에서도 큰 성과를 일궈 냈습니다. 특히 남조선이 독자적인 제지 생산이 불가능한 상태에서 오로지 수입 원료만을 기반으로 이와 같은 성과를 이룩했다는 것은 존경할 만한 일입니다. 나는 김 대통령에게 한 편의 감동적인 영화 시나리오 같은 그의 인생 역정에 감명을 받았다고 솔직히 말했습니다. 김 대통령은 감옥에 갇힌 죄수에서부터 일국의 대통령에 이르기까지 그저 꿈속에서나 가능한 일을 일궈 냈습니다. 그는 수감 중에 몇 번이나 생을 마감하려 했다고 합니다. 그는 자기 자신뿐 아니라 주위 사람들을 생각해야 한다는 일념이 매번 자살을 극복할 수 있는 힘이 되었다고 말했습니다."[6]라고 말하고 있는 것으로 보아 두 정상은 만나서 많은 말을 나누었고 인간적인 신뢰도 쌓은 것으로 보인다.

남북정상회담이 있은 후 김정일 국방위원장의 특사로 조명록 부위원장이 미국을 방문하여 양국 간의 관계 개선을 추진하기로 합의하고 '북미공동성명'을 발표했다. 조명록은 양복을 입고 미국을 방문했는데, 그가 클린턴 전 미국 대통령을 만나러 백악관에 들어갈 때 북한 인민군 차수로 왕별을 단 군복을 갈아입고 들어가 무성한 말을 남기기도 하였다. "그날 아침 군청색 정장을 입은 조명록은 국무부에서 올브라이트를 만났다. 그러나 클린턴을 만날 시간이 되자 다시 훈장과 종군 기장이 달린 군복으로 갈아입었다."[7]

역시 올브라이트 국무장관이 2000년 10월 23일부터 25일까지 북한을 방문하여 김정일 위원장과 북한 미사일 문제 등에 대한 포괄적 협상을 하였다. 미 국무장관의 평양 방문에 대한 보도는 전 세계로 중계되었

북한 미사일 등에 관한 여러 문제를 협상하기 위해 2000년 10월 23일부터 25일까지 북한을 방문한 미 국무장관 올브라이트는 김정일을 붙임성 있는 평범한 지도자라고 평가했다.

다. 김정일 위원장과의 만남에서 그녀의 브로치는 다시 한 번 화제의 대상이 되었다. 처음에는 독수리 모양의 브로치를 달았다가, 다음에는 성조기 모양의 브로치로 바꿔 달았다. 그리고 올브라이트가 저녁 만찬에 나타날 때, 그녀의 가슴에는 두 개의 작은 하트를 붙여 만든 브로치가 달려 있었다. 올브라이트도 김정일을 처음 만나면서 매우 긴장했던 것 같다. 독수리 모양의 브로치는 적대감을 표시하는 것이었다. 그러나 그녀의 브로치가 하트 모양으로 바뀐 것은 김정일에게 친근감을 표시하는 것이었고, 실제로 올브라이트는 김정일을 기이하고 내성적인 성격이라는 평판과는 달리 붙임성 있는 평범한 지도자라고 평가했다.

북한과 미국은 반세기 동안 지속되어 온 적대 관계를 해소하고 관계 정상화의 획기적인 전기를 마련했음에도 불구하고, 부시 행정부가 들어서면서 교착상태로 접어들게 되었다. 김정일의 생각은 무엇이었을까? 김정일은 폴리코프스키와의 대화에서 이 상황을 다음과 같이 표현하고 있다. "클린턴 시절 북미 관계는 개선되었습니다. 우리는 남측과 남북철도연결협약을 거의 맺을 단계에 있었습니다. 그러나 정권을 잡은 부시는 재래식 무기 문제를 양국 협상 의제에 포함시키자는 우리로서는 결코 수용할 수 없는 요구를 제시했습니다. 핵무기와 미사일에 대한 미국인들의 우려는 어느 정도 이해할 수 있습니다. 하지만 재래식 무기 문제를 1차 협상 대상으로 삼으려는 그들의 제안은 결코 논리적으로 설명할 수 없습니다. 만일 미국이 계속 강경 노선을 취한다면 우리는 더욱 강하게 나갈 것입니다."라고 이야기한 데서, 김정일이 무엇을 원하는지를 알 수 있다.

김정일은 왜 특급 열차만을 타는가?

남북정상회담이 있기 전인 2000년 5월 김정일은 극비리에 중국을 방문하였다. 김정일의 외국 나들이에 관해서는 그다지 알려진 것이 없다. 실제로 정상회담을 하는 동안 김정일이 어느 곳을 둘러보고 어디를 다녀왔고 하는 이야기들은 1980년대에 이루어진 것들이다. 그러므로 중국 방문도 1980년대 이후 처음이었을 것이다. 이 방문의 주요 목적은 6월에 있을 남북정상회담에 대하여 협의하기 위한 것이었다. 김정일은 장쩌민과 이 문제에 대하여 충분히 숙의하고, 베이징 근교의 사업 단지를 방문하고 돌아왔다. 당연히 김정일은 평양에서 베이징까지 특급 열차로 왕복했다.

김정일은 중국을 방문한 지 1년도 되지 않아서 다시 중국을 방문하였다. 이때 우리의 눈길을 끈 대목은 김정일의 방문 행보였다. 2001년 1월 15일부터 20일까지 김정일은 중국을 방문하고 상하이의 푸둥 지역을 시찰하였다. 김정일이 상하이를 방문한 것이 1983년이니, 18년 후의 상하이의 모습은 많이 변해 있었다. 고층 빌딩들이 하늘 높은 줄 모르고 서 있고, 맹렬한 속도로 산업화가 진행되는 가운데 부산하게 움직이고 있는 상하이의 모습을 보면서 그는 입을 다물지 못했다. 그도 그럴 것이 김정일이 마지막으로 보았던 상하이는 시장경제를 지향하는 개혁을 막 시작하던 참이었기 때문이었다. 김정일은 "상하이는 천지가 개벽되었다."고 하면서 그를 수행했던 사람들에게 의미 있는 메시지를 보냈다. 『로동신문』에서도 김정일의 상해 방문을 상세히 보도하였고, 북한이 중국과 같은 개혁과 개방을 추구하겠다는 명시적인 언급은 하지 않았으나 대신에 '개선·개건'이라는 용어를 쓰면서 그들이 나아갈 방향을 암시했다.

미국과의 관계가 악화된 상황에서 또 다른 돌파구는 러시아와의 관계를 개선하는 것이었다. 2001년 7월 26일부터 8월 18일까지 김정일은 24일간의 긴 여정에 올랐다. 러시아를 마지막으로 방문한 지 40여 년 만에 그는 전용 열차를 타고 시베리아를 횡단하여 모스크바에 도착, 푸틴 러시아 대통령과 정상회담을 하고 돌아왔다. 자기가 태어난 곳에 대한 향수였을까? 김정일은 돌아오는 길에 하바로프스크에서 백화점을 방문하고 아무르 강을 유람하는 등에 많은 시간을 할애하였다.

이때 김정일과 동행한 러시아 측 인사는 콘스탄틴 보리소비치 폴리코 프스키였다. 그는 러시아연방 극동지구 대통령 전권대사였다. 폴리코프 스키는 김정일과 함께 한 24일간의 러시아 여행을 기록한 것을 책으로 출판하였다. 여기에서 폴리코프스키는 러시아 대통령 푸틴의 말을 인용 하여 "김정일은 교양 있고 국제 문제에 정통한 정치인이며, 유머 감각이 뛰어나고 음악과 영화를 좋아한다."[8]고 썼다. 김정일도 푸틴 대통령이 평양을 방문했을 때, 그에게 흠뻑 매료되었다고 했다. 물론 정치적인 의 미가 가장 우선하겠지만 이들 둘 사이에는 통하는 것이 많은 것 같다. 북 한과 러시아의 관계도 그러한 방향으로 진행되고 있다.

알려진 바에 의하면 김정일은 기차 여행을 주로 하는 것으로 알려져 있다. 2000년 이후 세 차례의 중국 방문에서도 평양을 출발해서 베이징

2000년 5월 29일부터 31일까지 중국을 방문한 김정일은 중국 공산당 총서기 겸 국가주석인 장쩌민을 만나 6월에 있을 남북정상회담에 관하여 협의하였다.

으로 가는 특별 열차를 이용하였고, 모스크바를 방문할 때도 그 오랜 기간을 열차를 타고 다녀왔다고 한다. 특별 열차에는 어떠한 시설이 갖춰져 있는가? 이 열차를 자세하게 소개한 것은 폴리코프스키였다. 열차는 김정일 숙소 전용 칸, 회담장, 식당 칸과 차고가 달려있고, 그리고 차고에는 두 대의 메르세데스가 있었다. 일반적으로 특별 열차가 방탄 열차라고 하나 전용 칸 바닥에만 방탄용 철판이 깔려 있다는 것이다. 회담 전용 칸에는 두 개의 대형 평면 스크린이 설치되어 있는데, 하나는 영화 감상용이고 다른 하나는 정보 전자 지도 스크린이다. 이 지도에는 우리가 국제선을 타고 비행할 때와 같이 이동 경로, 실외 온도 등의 정보와 통과 지역의 정치·경제 현황과 심지어 가축 수까지도 나타난다고 한다.[9]

최근 북한의 강석주 외무성 제1부상이 펴낸 『김정일 열풍』에서, 김정일이 해외를 방문할 때 왜 열차를 이용하는가를 설명하고 있다. 강석주는 모스크바 방문을 앞두고 신변 문제 등을 들면서 비행기를 이용할 것을 권유하자, 김정일은 "비행기를 타고 훌 날아가서 하루 이틀 자고 또 훌 날아오는 것은 다른 나라 수반들이 다하는 것"이라며, "나는 열차를 타고 여러 개의 도시들을 돌아보면서 모스크바에 갔다 오려고 한 계획을 철회하지 않겠다."고 밝혔다고 한다.[10]

역시 2004년 4월에도 김정일은 특별 열차를 타고 베이징을 방문하였다. 이번 중국 방문은 중국의 제4세대 지도자 후진타오와 장쩌민을 만나 양국 간의 관심사를 논의하기 위해서였다. 김정일의 방중은 2003년 초 중국의 신지도부 출범 이후 최고 지도부 간의 최초의 상견례였다는 점에서도 의미가 있었다. 딕 체니 미국 부통령의 방중 직후 양 지도부의 회동으로 볼 때 핵 문제에 대한 심도 있는 이야기를 나누었고, 중국의 경제지원 문제에 대하여 논의한 것으로 보인다.

중국 방문을 마치고 역시 열차로 돌아왔는데, 김정일이 지나온 신의주역 다음 룡천역에서 대규모의 폭발 사고가 발생하여 많은 희생자가 났다. 이 사고는 김정일이 탄 특별 열차가 지나간 뒤 9시간 이후에 발생하였는데, 이를 두고 김정일 암살설이 퍼지기도 하였다. 사고 원인은 화학물질을 실은 기차에 전신주가 내려앉아 일어난 것으로 밝혀졌다. 어쨌든 김정일도 가슴이 철렁했을 것이다.

만약 김정일은 남쪽을 방문할 때도 기차를 타고 올까? 일본에 간다면 어떻게 갈 것인가? 김정일은 일본을 방문한 적이 없지만, 2002년 9월 고이즈미 일본 총리가 전격적으로 평양을 방문하여 정상회담을 가진 적은 있다. 고이즈미에게 북한 방문은 일본 국내의 정치 문제를 타개할 용이기도 하였지만, 대단한 모험이기도 했을 것이다. 특히 북한이 일본인을 납치한 문제는 해결해야 할 난제 중의 하나였는데, 그동안 북한에서는 이를 전적으로 부인하고 있었다. 일본의 참모들은 고이즈미에게 절대 웃음을 보여서는 안 된다는 주문을 했다고 한다. 일본인 납치 문제에 대하여 북한의 관리나 김정일이 시인할 리가 없으니 어떻게 해서든 실마리라도 찾아야 한다는 의미였다. 그러나 막상 고이즈미가 김정일과 만나서 조심스럽게 이 문제를 꺼내자, 김정일은 "우리가 했습니다. 현재 몇 명이 생존해 있습니다."라고 답했다.

김정일은 남북정상회담 때 순안공항에 모습을 나타냈던 것같이 고이즈미 총리와의 회담에서도 어느 누구도 예기치 못한 일본인 납치 문제를 시인함으로써 다시 한 번 세상을 놀라게 했다. 김정일은 일본인 납치 문제를 어떠한 방식으로든 해결하지 않고서는 일본과의 관계를 개선하는 것이 불가능할 것이라 여기하고, 어차피 풀어야 할 문제라면 세계가 주목하고 있을 때 뭔가를 보여주는 것이 좋겠다고 생각한 것이다. 왜냐하면 일본과의 수교는 앞으로 북한이 경제 문제를 풀어 갈 중요한 단초가 되기 때문이다.

국제 정치의 흐름을 읽을 줄 아는 김정일은 고도의 전략가이다. 그는 미국을 견제하기 위하여 2000년에 서방 국가와는 최초로 이탈리아와 수교를 맺었다. 이를 시작으로 유럽 국가들과 외교 관계를 정상화해 나갔다. 유럽연합(EU) 국가들 중 프랑스만 제외하고는 모든 국가들과 국교 관계를 맺었다.

실리주의와 개발독재는 어떻게 다른가?

2001년 9·11테러와 2002년 부시 미국 대통령이 연두교서에서 '악의 축'이란 발언을 한 이후 북한과 미국의 관계는 더욱 악화되었다. 북한은 곧바로 1월 31일 외무성 대변인 성명을 통해 "이는 사실상 우리에 대한 선전 포고나 다름이 없다."고 강력히 비난하였는데, 바로 이것이 김정일의 기본적 생각인 셈이다.

2002년 10월 켈리 특사의 방북 이후 불거진 핵 문제는 결국 중국의 중재로 제1·2·3차 6자회담으로 이어졌는데, 아직도 확실한 해답은 찾지 못하고 있다. 김정일의 입장에서는 확실하게 미국으로부터 안전을 보장받겠다는 것이고, 미국은 확실한 핵 폐기만이 북한의 살 길이라고 주장하는 것이다.

지금 김정일이 안고 있는 가장 큰 고민은 어떻게 하면 미국으로부터 체제를 확실히 보장 받고 경제를 회복해 내느냐에 있다. 『로동신문』은 김정일이 "인민들에게 어떻게 하면 닭알을 정상적으로 공급할 것인가. 기초식품의 질을 어떻게 하면 최고 수준으로 올리며, 감자 풍년을 어떻게 마련할 것인가. 귀여운 아이들에게 어떻게 하면 우유를 마음껏 먹일 것인가."[11] 노심초사하고 있다고 쓰고 있다.『로동신문』은 이 기사에서 김정일의 인민에 대한 애정을 다루고 있지만, 우리는 이를 통해 북한이 처해 있는 상황의 심각성을 알 수 있다.

북한에서는 모든 문제를 새로운 높이에서 풀어가야 하는 발상의 전환이 요구된다고 하면서 경제활동의 최우선 목표를 '실리사회주의'에 둘 것을 강조하고 있다. 북한은 실리사회주의를 '사회주의의 원칙을 지키는 가운데 가장 큰 실리를 추구하는 것'으로 정의하고 있다. 즉 계획경제를 계속 유지하면서도 각 경제 단위들은 수익성 제고에 목표를 두고 경제활동을 해야 한다는 것이다. 김정일은 러시아를 방문하는 중에 러시아 관계자들에게 특히 경제와 관련된 질문을 많이 하고 그의 생각도 피력하였는데, 다음과 같은 대목에서 김정일의 의도를 알 수 있다. "김정일은 사유제의 장점은 인정했지만, 북한에는 도입할 수 없다고 수차례 반복해서 말했다. 작은 영토에서 약 2천5백만 명의 인구가 살고 있기 때문에 그들을 먹여 살리기 위해서는 효율적인 통치 체제가 필요하다. 하지만 북한은 중국과 러시아의 경제개혁을 깊이 연구하고 있다. 김정일은 북한이 더 잘 사는 나라가 되길 원하고 있으며 그 방향으로 모색하고 있다." 김정일은 실리사회주의에서 사회주의 원칙을 강조하고 있지만, 분명 계획경제와 시장경제의 병존 방향으로 경제정책을 변화시켜 나가고 있다. 그렇게 하지 않으면 안 되는 절박한 상태에 처해 있는 것이 북한의 실정이기도 하다.

김정일을 직접 만나서 그의 생각을 들어본 사람은 그리 많지는 않다. 그러나 그중 몇 사람들이 한 말을 종합해 보면 김정일은 박정희 대통령식의 경제발전을 선호하는 것 같다. 1999년 평양을 방문한 고 정주영 회

박정희 전 대통령의 장녀와 김일성 전 주석의 장남이 만났다. 김정일은 김일성으로부터 박정희에 대하여 많은 이야기를 전해 들었다고 박근혜에게 말했다.

장에게 김정일은 "요즘은 박정희 대통령이 좋게 인식되는 것 같은데, 옛날에는 유신이니 해서 비판이 많았지만 초기에 새마을 운동을 한 덕택에 경제 발전의 기초가 됐던 것은 훌륭한 점입니다."라는 말을 했다고 한다. 또 "나는 영화를 통해 서울을 보았는데, 서울은 일본의 도쿄보다 훌륭한 도시로 조선인이 자랑할 만한 세계적인 도시"란 이야기도 했다고 한다.[12] 김정일이 가지는 '박정희 향수'(?)는 아마도 우리가 일반적으로 말하는 근대화 독재일 것이다.

이러한 그의 생각이 박근혜를 만나게 했는지도 모른다. 박근혜(당시 한국미래연합 창당위원장)는 2002년 5월 11일부터 14일까지 평양을 방문하여 김정일을 만났다. 평양 방문은 베이징에서 고려항공을 타고 가려 했으나, 김정일 위원장이 "전용기를 보낼 테니 그걸 타고 오라."고 해 박근혜 일행은 김정일이 베이징으로 보낸 전용기를 타고 평양에 도착했다. 박근혜는 김정일에 대해 "솔직한 성격을 가진 인물로 대화하기 편했다."라고 평가했다.

김정일에 대한 평가는 누구 말이 맞나?

김대중 전 대통령과 체코의 바츨라프 하벨 전 대통령이 김정일 국방위원장의 성격과 북한 체제에 대하여 상반된 의견을 내어 주목을 끌었다. 2004년 6월 18일 『The Washington Post(워싱턴포스트)』는 하벨 전 대통령의 글을 실었고, 19일 『Financial Times(파이낸셜타임스)』는 김대중 전 대통령과의 기자회견 내용을 보도했다. 하벨은 북한의 강제수용소를 나치 독일의 아우슈비츠 수용소, 구소련 스탈린 시대와 캄보디아의 살인마 폴 포트의 대학살에 비유하면서 김정일을 "세계 최악의 전제주의적 독재자"라고 하였다. 김대중 전 대통령은 북한이 중국 덩샤오핑 체제 초기와 비슷한 면을 보여주고 있다고 하면서 김정일을 "총명하고 솔직한 사람, 북한을 냉전 시대에서 벗어나게 하려는 끈질긴 개혁가"로 평가했다. 과연 그는 독재자인가? 개혁가인가? 이에 대하여는 뒤에서 차근차근 짚어 보기로 하자.

2004년 6월 21자 『TIME(타임)』 아시아판은 "Why is this man smiling? (왜 이 사람은 웃고 있는가?)"라는 제목을 달고, 군복을 입고 웃고 있는 김정일을 표지 인물로 선정하였다. 『TIME(타임)』은 한국, 미국·일본, 중국·러시아가 서로 다른 견해를 가지고 있기 때문에 김정일의 입장은 난공불락이라고 진단한다. 김정일이 웃고 있는 이유는 여기에 있다. "김정일의 생존 기술은 이러한 기회를 백분 이용하고 무기를 많이 보유함으로써 체제의 안보를 다지며, 지역 국가들의 태도 변화를 활용함으로써 적들이 계속 균형을 잡지 못하도록 하는 것 이상의 수고를 할 필요가 없다."[13] 정말로 김정일은 자신을 난공불락이라 생각하며 웃고 있을까? 자신의 상대들이 균형을 잡지 못하게 유지하는 것으로 북한을 지

『TIME(타임)』에 따르면 지난 반세기 동안 계속된 한반도의 냉전이 변화의 기류를 타고 있으며, 그 어느 때보다도 김정일의 입지가 강화된 것으로 보인다고 한다.

킬 수 있다고 생각하고 있을까? 이것에 대해서도 답을 뒤로 미룬다. 이 책을 끝까지 읽은 사람은 충분히 스스로 판단할 수 있을 것이다.

# 2 김일성은 누구인가

김일성은 전주 김씨(金氏)

북한은 아직도 김일성의 나라이다. '위대한 혁명가 · 정치가이시고 위대한 인간'인 김일성을 말하지 않고는 김정일을 이야기할 수 없다. 그러므로 김정일을 알기 위하여 먼저 김일성과 그가 북한을 이끌어 간 행적을 알아야 한다.

지금은 그다지 이야기되고 있지 않지만 김일성에 대하여 가장 많이 나왔던 것 중의 하나는 '가짜 김일성'이었다. 일제 침략기에 만주를 중심으로 항일 투쟁을 했던 김일성은 따로 있고, 북한의 김일성은 소련군의 대위일 뿐 그를 사칭한 가짜라는 것이었다. 이는 김일성에게 항일 투쟁이라는 정통성을 결코 부여할 수 없다는 생각에서였을 것이다.

김일성은 북한에서 주장하는 것처럼 만주에서 있은 항일 투쟁 전체를 지휘한 유일한 지도자는 아니지만, 조선의 독립을 위해 끝까지 싸웠던 실제 인물이다.[14] 김일성은 항일 빨치산 경력을 가지고도 해방된 한반도에서 그의 지분을 충분히 주장할 수 있었다. 문제는 과도하게 그의 가계(家系)와 항일 투쟁을 우상화한다는 데 있다.

북한의 역사가들은 김일성의 12대조가 전라북도에서 평양으로 이주했다고 추적하고 있다. 2000년 남북정상회담 중에 어려운 문제인 이산가족 상봉 문제를 타결짓고, 김정일 위원장이 김대중 대통령에게 "전라도 사람이 이렇게 고집이 셀 줄 몰랐다."고 하였다 한다. 이때 이희호 여사가 "제가 전주 이씨입니다."고 했더니 "우리 일가 만났습니다."라고 김정일이 말했다고 한다.

남북정상회담 이후 남북 간에 화해 분위기가 조성되면서 김정일의 초청으로 남한의 언론사 사장단이 방북한 일이 있었다. 이 자리에서 방문단 일행은 김정일에게 "국방위원장의 시조인 전주 김씨 묘가 잘 보존돼 있다."고 하자, 김정일이 "남쪽에 가서 그곳에 갈 수 있으면 시조 묘를 참배하겠다."는 이야기를 했다는 보도가 세간의 화제가 되기도 하였다. 전주 김씨의 시조는 김태서(金太瑞)이고, 그의 묘는 전주 근처 완주군의 모악산 중턱에 있다.

김일성은 1912년 4월 15일 평안남도 대동군 고평면 남리에서 조금 떨어진 외가 하리의 칠곡(현재의 만경대)에서 태어났다. 아버지 김형직(1894~1926)과 어머니 강반석(1892~1932)의 슬하에는 3형제가 있었다. 최근 중국 국경 부근에서 폭발이 있자 북한이 핵실험을 한 것 아니냐는 등 야단법석이 있었는데, 이는 수력발전소를 건설하기 위한 것으로 밝혀졌다. 바로 그곳이 김일성의 아버지 이름을 딴 량강도 김형직군(郡)이다.

김일성(본명 성주)은 장남으로 철주와 영주라는 두 동생이 있다. 현재 김영주만 생존해 있어 최고인민회의 상임위원회 명예부위원장으로 있

평양 만경대에 있는 김일성 생가 모습이다.
중국공산당 중앙위원회는 김일성의 65회 생일을 맞아 만경대 생가 조각품을 선물하기도 했다.

다. 김일성의 집안은 지주 집안의 소작농으로 알려져 있다. 그러나 그의 아버지는 숭실학교를 나와 잠시 교사 생활을 하기도 했다. 어머니는 독실한 기독교 집안 출신이어서, 김일성은 어린 시절 어머니의 손을 잡고 교회에 다녔던 기억을 회고록에 적고 있다.

김정일은 일곱 살 때인 1919년 가족과 함께 만주로 이주를 했다. 아버지는 거기에서 한약업에 종사하며 가계를 꾸려 갔다. 만주로 이전한 2년 후 김정일은 8도구 소학교에 입학했다. 그러나 부모의 뜻을 따라 1923년

혼자 고향으로 돌아와 그의 외가에서 창덕소학교에 다니게 된다. 그러다 13살이 되던 1925년 아버지의 병세 때문에 다시 만주로 건너갔고, 그곳에서 무송소학교를 졸업했다. 그리고 다음 해 화성의숙에 입학했으나 아버지가 세상을 떠나자 학교를 나왔다. 현재 북한에는 '배움의 천리길'이라 하여 학생들에게 행군을 시키는 행사가 있는데, 이는 김일성이 어린 나이에 중국으로 가던 때의 행적에서 배움을 얻으라는 행사이다.

김일성의 항일 투쟁은 거짓말이었나?

김일성은 1927년 길림성의 중국인 학교인 육문중학교에 입학하였다. 육문중학 시절인 1929년 가을에 김일성은 반일 활동으로 중국 군벌 당국에 체포되어 수개월간 감옥살이를 하였기 때문에 더 이상 학교를 다닐 수 없었다. 이것으로 김일성의 정규 교육은 끝이 났다.

감옥을 나온 후 김일성은 길림성에 있는 국민부 산하 청년조직단체에서 활동하였다. 그의 이름 김성주를 김일성으로 바꾼 것도 이때였다. 1931년 초에 이 조직이 붕괴되자 간도 지방으로 이동하여 공산청년동맹 요원으로 활동했고 중국공산당에 입당했다. 김일성이 본격적인 항일 유격 투쟁을 벌인 것은 만주사변이 일어난 때부터이다. 만주에 있던 중국 공산당은 항일 유격대를 건설하였고, 조선인 공산주의자들도 이 유격대에 편입되었다. 김일성도 역시 공산당 청년 조직에 관계하고 있었기 때문에, 1932년 4월 25일 중국 구국군 산하 부대에 별동대를 조직했다. 북한에서는 1948년 2월 7일 북조선 임시위원회 내에 민족보위국이 설치되었고, 2월 8일에는 조선인민군이 창설되었다. 현재 북한에서는 별동대를 조직한 이때를 조선인민군 창설일로 정해 기념하고 있다. 이 유격대는 양징위라는 중국인을 총사령관으로 하는 동북인민혁명군 산하에 통합되었다. 동북인민혁명군은 몇 해 안에 규모도 커지고 활동 영역도 넓어지게 되어, 1936년 2월 20일에 동북항일연군으로 명칭을 바꾸었다. 김일성은 1936년 동북항일연군 제1로군 제2군 제3사장을 시작으로 1938년에는 500~600명 규모의 병력을 지휘하는 제1로군 제2방면군 군장이 되었다.

김일성의 이름이 알려지게 된 계기는 1937년 6월 4일에서 5일까지 있은 보천보전투를 통해서였다. 그가 지휘하는 부대가 함경남도 갑산군 보천면에 있는 일본 경찰지서 등을 기습 공격하여 일본 군경에 타격을 주었다. 북한은 보천보전투를 일제시기에 있었던 유일한 국내 무력 진공이었다고 하는데, 이는 동북항일연군의 군사 활동의 일환으로 전개된 것이다. 이때 연계가 되어 큰 역할을 한 것은 그 무렵 막 결성된 재만한인 조국광복회의 협조였다. 이 항일 통일전선 조직은 함경남북도의 한ㆍ만 접경 지역에 여러 개의 공작위원회가 있었는데, 그중에서도 박달과 박금철 등의 갑산공작위원회의 도움을 받았다. 이것을 계기로 김일성은 이름 있는 유격대 대장으로 두각을 나타내게 되었다. 당시 국내 언론들은 이례적으로 이 사건을 대대적으로 보도했다.

이와 같은 유격전으로 김일성의 이름은 자연스레 널리 알려지게 되었다. 그는 그 후 일본군과의 전투에서 여러 차례 크고 작은 성과를 거두었다. 이렇게 김일성의 투쟁이 국내에 알려지면서 김일성은 당시의 조선인들에게는 신화적인 인물이 되었다. 그렇게 때문에 많은 사람들은 '백마를 타고 하얀 수염을 휘날리며 싸우는 김일성'을 상상했는지도 모른다.

이렇게 볼 때 김일성의 항일 운동 업적은 뚜렷하다. 그의 무장투쟁은 신화가 아니었던 것이다. 그의 투쟁 경력이 신화적으로 여겨질 만큼 지

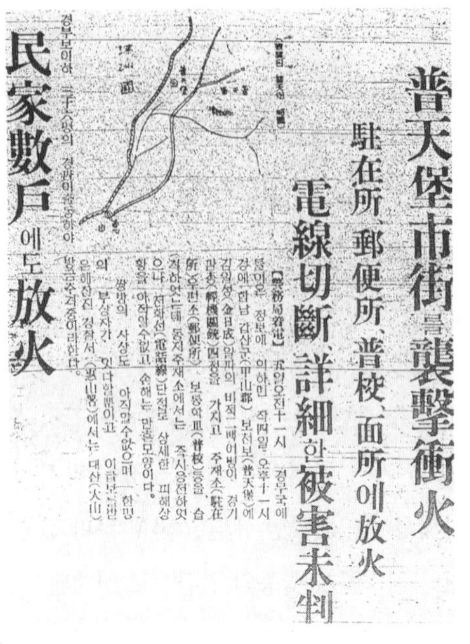

普天堡市街를襲擊衝火

民家數戶에도放火

駐在所、郵便所、普校、面所에放火

電線切斷、詳細한被害未判

보천보전투에 관한 동아일보 기사이다. 동아일보는 두 차례 걸쳐 호외를 발행하였다.

나치게 과장되었으나, 전혀 근거 없는 조작이라고 도외시해서는 안 된다. 여기서 중요한 점은 그와 함께 항일 유격대에 참가했던 빨치산들이 김일성의 항일 운동에 조선 혁명 운동의 전통을 부여하고, 그것을 공산 정권 창조의 신화처럼 부풀려서 북쪽에 세워진 북한의 정통성을 뒷받침하고 있다는 것이다.[15]

관동군의 토벌에 밀려 소련으로 이주

일본 관동군은 1939년 말부터 1941년 사이에 항일 유격대에 대한 대규모 토벌 작전을 전개하였기 때문에 김일성은 더 이상 만주에서 유격 활동을 할 수 없게 되었다. 이러한 상황에서 항일 유격대들은 소련으로의 이동을 결정하였고, 김일성도 소련으로 철수하게 되었다.

이때에 김일성은 유격대의 여전사인 김정숙과 결혼을 하였다. 김정숙은 1919년 12월 24일 함경북도 회령에서 가난한 농부의 딸로 태어나 일찍 고아가 되었고, 유격대에 가담했다. 1935년 16살 때 김일성 빨치산 부대에 들어가 밥 짓고 빨래하는 등 온갖 일을 도맡아 했다고 한다. 여성으로서는 드물게 총을 잘 쏘았던 김정숙은 김일성의 생명을 구해준 적도 있다. 바로 이 김정숙이 김정일의 생모이다.

1940년 12월 김일성은 그의 처 김정숙, 이두익, 전문섭, 이을설 등 13명의 단원과 함께 아므르 강을 건너 소련으로 들어가게 되었다. 이때 함께 한 이을설은 지금도 북한 인민군의 원로로서 총호위국장이라는 직책을 가지고 있다. 김일성은 하바로프스크 근처에 활동지를 마련했는데, 여기에서 북만주에서 활동하던 최용건, 김책 등과도 만나게 되었다. 이들은 후에 북한 정권을 수립하는 데 핵심적인 역할을 하였다. 그의 처 김정숙이 첫아들인 김정일을 낳은 것도 이때이다.

남북으로 나누어져 있던 항일 유격대가 동북항일연군 교려대(제88정찰여단)라는 하나의 편제로 소련 극동군 산하에 편입되었다. 교려대 생활 중에서 가장 주목할 만한 것은 1945년 7월 말, 그동안 중국공산당에 속해 있던 조선인 공산주의자들의 분리이다. 이들은 해방 후 조선에서 당 건설과 해방을 추진하기 위해 조선공작단을 결성했다.[16] 조선공작단의 책임은 김일성이 맡았다. 그들은 소련군과 함께 일본과의 전쟁에 참가하기를 희망했지만, 이것은 실현되지 않았다.

1945년 8월 2일 트루먼 미국 대통령은 태평양전쟁을 하루 빨리 끝내기 위해 원자폭탄을 사용하기로 결정하였다. 그리하여 일본 시각으로 8월 6일 B29폭격기는 인류 역사상 처음으로 히로시마에 원자폭탄을 투하했으며, 8월 9일에는 나가사키에 두 번째 폭탄을 투하했다. 소련이 일본에 선전포고를 한 것은 바로 이 시점이었다. 스탈린은 원자폭탄이 투하되어 정세가 급변하자마자 8월 7일 오후에 9일자 공격 명령에 서명했다. 이를 전후하여 소련 극동군 사령관 바실레프스키에게 스탈린으로부터 긴급 지시가 떨어졌다. 소련군이 점령한 북한을 소련 뜻에 맞게 이끌어 갈 조

교려대는 동북항일연군에서 활동하던 한국인 60명과 중국인 1백여 명, 소련인 40여 명을 포함한 200여 명으로 구성되었다. 여기에서 김일성(앞줄 오른쪽에서 두 번째)은 4개의 영(營) 중에서 조선인을 중심으로 결성된 제1영의 영장을 맡았다.

선인 지도자를 추천해 보고하라는 것이었다. 극동군 총사령부는 김일성을 추천했고, 이것이 받아들여졌다. 모스크바에서 김일성과 스탈린의 면담이 있은 후 '김일성을 북한으로 보내 소련군이 전적으로 활동을 도우라.'는 명령이 계통을 통해 북한을 관장하는 군사위원에 전달되었다.[17]

소련 극동군 총사령관 바실레프스키는 한반도 점령의 책임을 극동군 산하 제1사령관 메레치코프에게 맡겼다. 그 산하에 있는 치스차코프 대장이 그 임무를 수행하여, 극동군은 8월 12일에는 경흥과 웅기, 함경북도 나진항과 청진항을 차례로 점령하였다. 김일성은 해방된 지 한 달여 만인 1945년 9월 19일에 그 일행들과 함께 소련 함정 편으로 원산을 통하여 귀국하였다.

2001년 시베리아 횡단 열차를 타고 모스크바를 방문한 김정일과 수

행원들과의 대화 내용을 폴리코프스키 다음과 같이 적고 있다. "그는 자신의 아버지 위대한 김일성 수령이 밟았던 길을 따라 러시아 땅을 밟아야 했다. 자신은 어떤 의미에서든 방문 코스를 포함한 모든 면에서 전적으로 부친의 족적을 따라야 했다. 그리고 조국에서 민족의 영웅으로 추앙받고 있는 선친을 기릴 수 있는 계승자가 되어야만 했다."[18] 자신의 아버지 김일성이 5년 동안 생활한 그곳, 그리고 말은 하지 않았지만 자신이 태어난 그곳을 다시 한 번 밟고 싶은 생각에서 김정일은 시베리아 횡단 열차를 탔을 것이다.

김일성 정치투쟁의 후원자는 누구인가?

해방이 되자 당시 한민족의 지도자들은 거의 서울로 몰려들었다. 독립투사들 중의 일부는 해방 후 고향으로 돌아갔지만, 정치에 관심이 있는 사람들은 서울에 남아 있었다. 골수 공산주의자인 박헌영도 서울에서 조선공산당을 재건했다.

어찌 보면 평양이 근거지였던 김일성에게는 상대해야 할 인물이 서울에 비하면 거의 없었다고 할 수 있다. 물론 기독교 장로이자 민족주의자인 조만식이 평남인민위원회 위원장이 되어 소련 점령군 사령부를 상대하였지만, 그의 뜻을 펼치기엔 어려움이 있었다.

1945년 12월 말에 불어 닥친 신탁통치 정국은 김일성을 유일 지도자로 부상시켰다. 조만식을 중심으로 한 조선민주당이 신탁통치에 반대하자 소련 점령군은 조만식을 연금하였고, 당내 일부 인사들은 월남하였기 때문에 그 세력은 약화되었다. 결국 조만식을 중심으로 한 우파의 조선민주당은 김일성의 빨치산 동지이자 조만식의 오산학교 교장 시절 그의 제자였던 최용건에게 접수되었다. 이로써 조선민주당을 통해 결집했던 우익은 자신들의 정치적 의사를 펼칠 수 있는 여지를 잃어버렸다.

한편으로는 소련 점령군과 김일성 지도부는 '무상몰수 무상분배'의 전면적인 토지개혁을 전격 실시함으로써 농촌 지역의 고질적인 소작인과 지주 관계를 청산하는 것과 함께 지주와 부농이 몰려 있던 조선민주당의 계급적 기반을 소멸시켰다.[19] 토지개혁은 지주들의 반항을 가져왔고 이를 저지하기 위해 지주들을 지방으로 분산시켰는데, 이것은 남한으로의 이주를 간접적으로 부추긴 결과를 가져왔다. 이는 북한을 좌익기지화하고 남한을 우익기지로 만드는 데 영향을 미쳐, 결과적으로 북한이 치러야 할 계급투쟁의 사회적 부담을 남한으로 일부 떠넘긴 셈이 되었다. 김일성의 입장에서 보면 북한에 존재하는 가장 어려운 조만식이란 거물을 쉽게 제거하게 된 것이다.

김일성의 이러한 활동은 소련 점령군 사령부의 지원에 의하여 이루진 것이다. 김일성을 밀어주고 지도한 사람은 점령군의 민정관이었던 로마넨코 소장과 그 휘하의 통신, 재정, 농업, 보건, 치안 등 각 분야의 담당 장교들이었다. 그리고 정치 분야에서는 이크나체프 대령이 김일성을 힘껏 도왔다. 북한에서 우익이 활동을 못하게 되자 소련 점령군 사령부의 적극적인 지원을 받은 김일성을 중심으로 하는 빨치산 세력이 권력의 핵심부를 차지하게 되었다. 또 하나의 세력을 형성했던 것은 소련군의 점령 통치를 돕기 위해 행정 요원으로 불러들인 재소 한인 2세들로, 허가이가 중심이 된 이들을 소련파라 불렀다.

김일성에게는 박헌영과 무정이라는 두 명의 강력한 정치적 라이벌이 있었다. 이 중 박헌영은 조선공산당 당수이긴 하지만 남한에 연고를 두었기 때문에 당장은 큰 위협이 되지 않았으나, 무정은 달랐다. 1905년

함북 출생인 무정은 김일성과 비교할 때 결코 뒤지지 않는 투쟁 경력과 명망을 지니고 있던 연안파의 대표 주자였다. 그는 일찍이 중국혁명에 참가하여 2만5천 리 대장정에 참가한 인물로, 중국에서 지도자 김두봉을 중심으로 한 화북조선독립동맹 조선의용군의 총사령을 지냈다.

이와 같이 소위 해외파 외에 북한에 유력한 정파를 형성했던 것은 고향이 북한 지역인 국내 공산주의자들로서 평양의 조선공산당 북조선 분국 조직을 주도한 그룹이다. 이들은 서울에 재건된 조선공산당의 정통성을 인정하고 박헌영의 지도 전략을 추종하고 있었다.

이렇게 해방 후 북한의 정국은 소련 점령군 사령부가 주도한 가운데 김일성파, 소련파, 연안파, 국내 공산주의자들이 혼재하는 양상을 보였다. 그러나 김일성은 점령군 사령부의 이크나체프 대령의 노련한 후원과 능력을 바탕으로 이들을 주도해 나갔다. 이크나체프 대령은 점령군이 철수한 이후에도 소련 대사의 고문으로 북한에 남아 있다가 한국전쟁 중에 미군의 공습을 받아 평양에서 사망했다.

남쪽에는 대한민국, 북쪽에는 조선민주주의인민공화국

1948년 남한에서는 5월 10일 총선거가 실시되었고, 북한에서도 8월 25일 총선거가 실시되었다. 총선거로 정권 수립의 외양을 갖춘 북한은 9월 2일부터 10일간 평양에서 최고인민회의를 개최하였다. 이 회의에서 헌법 초안을 약간 수정하고, 이를 조선민주주의 인민공화국 헌법으로 채택하였다. 헌법이 채택되자 최고인민위원회는 김일성을 수상으로 임명하고 그에게 내각 조직을 위임하였다. 북한은 최고인민회의 제1차 회의에서 김일성이 제출한 내각 구성 안을 만장일치로 승인하였고, 1948년 9

월 9일 조선민주주의 인민공화국 수립을 선포하였다.

내각의 인물들은 자주 바뀌었다. 김일성은 자기에게 충성스러운 사람들로 내각을 채우면서 방해가 되는 사람들을 제거해 나갔다. 이처럼 김일성은 북한에서 자신의 정치권력을 강화하는 데 비상한 능력을 보였다. 다른 항일 유격대 지도자들이 일본 사람의 토벌에 견디지 못하고 사라져 갔으나 그 자신은 살아남았다. 만주에서 유격대 활동을 할 때처럼, 김일성은 북한 정권이 수립될 때까지 살아남았을 뿐만 아니라 막강한 힘도 가지게 된 것이다.

김일성은 전체 한국 혁명 운동의 맥락에서는 사실 핵심적인 인물이 아니었다. 정치 분야에서는 김구, 김규식 같은 사람들이 있었고, 군사 분야에서는 이청천, 이범석, 홍범도 같은 장군들이 있었다. 그러나 이러한 지도자들과 공산주의자들 및 민족주의자들은 모두 남한에 있었고, 북한에서 야기된 정치적 진공 상태는 김일성의 정치권력을 강화하는 데 일조했다.

김일성은 자신의 정치적 기반이 부족하다는 것을 잘 알고 있었다. 또한 그의 동료들도 무장투쟁에는 익숙해져 있을지 몰라도, 해방된 북한에서 정치력을 발휘하기는 미숙했고 지명도도 없다는 것을 알고 있었다. 그러므로 김일성은 반대 세력과 투쟁할 때 자기를 지지했던 사람들을 지도부에 기용했는데, 이는 주로 한국에 뿌리가 없었던 소련파였다. 김일성은 연안파를 중립화함으로써 경쟁자들이 단결하여 자신에게 대항하는 것을 방지하는 데 성공했다.[20]

개인적으로 김일성에게 가장 큰 불행 중의 하나는 그의 처 김정숙의 사망이었다. 그때는 정부가 수립되고 김일성이 수상으로서 확고한 자리를 잡을 즈음이었다. 1949년 9월 22일 김정숙은 자궁 외 임신으로 사산

1948년 5월 10일 유엔의 감독 하에 남한 단독 총선거가 실시되었다. 8월 25일에는 북한에서 총선거가 실시면서 남북한은 각각 정권 수립의 외양을 갖춘다.

아를 낳다가 사망하였다. 김정일의 어머니인 김정숙은 훌륭한 빨치산이 었지만 여성으로서의 매력은 없었던 것 같다. 기가 세고 도전적이며 김일성에게 굽실거리지 않았다 한다. 32세의 나이로 세상을 버린 그녀의 죽음을 두고 여러 가지 말이 나온 것도 그녀의 강한 성격 때문에 그러지 않았는가 생각한다. 이후 김일성은 20세 연하인 미모의 여비서 김성애 와 재혼하여 경숙, 평일, 영일, 경일을 낳았다.

한국전쟁의 실패를 정적(政敵) 제거로 이용

북한의 지도자로 김일성을 선택한 것은 스탈린이었다. 그렇기 때문에 김일성이 남침을 생각했을 때 승인을 받아야 할 사람도 스탈린이었다. 김일성은 당시 소련 대사인 스티코프를 통해 '남조선 해방'에 대한 의사 를 밝히면서, 스탈린의 재가를 요청했다. 김일성은 중국이 완전히 공산당 통치 하에 들어서자 다음 차례는 한반도라고 생각했던 것 같다.

1950년 4월 하순에 스탈린과의 만남에서 김일성은 자신의 남침 계획을 설명하면서, 남한 군대는 바로 무너질 것이며 미국은 절대 개입하지 않을 것이라 하며 승리를 장담하였다. 박헌영도 남한에서 활동하는 남로당원 20만 명이 일제히 봉기할 것이라며 여기에 힘을 보탰다. 스탈린은 마침내 동의하면서, 중국의 동의도 받아야 한다는 단서를 달았다. 이에 김일성은 박헌영과 함께 5월 중순 비밀리에 중국의 마오쩌둥을 방문, 도움을 약속받았다.

이렇게 해서 1950년 6월 25일 일요일 새벽에 한국전쟁이 발발하였다. 6월 26일 김일성은 직접 평양방송을 통해 이 전쟁은 '조국의 통일과 독립 그리고 자유와 민주주의를 위한 정의의 전쟁'이라고 주장하였다. 서울을 점령하자 북한 당국은 '이제 삼팔선은 사라졌고, 조선인민군은 빠른 시일 내에 이승만 괴뢰도당을 몰아낼 것'이라 했고, 박헌영도 평양방송에 나와 '남조선 인민들은 최후의 승리를 위해 모든 힘을 기울이자.'고 선동했다.

그러나 기쁨은 잠시였다. 1950년 10월 1일 미군과 유엔군의 도움으로 국군이 삼팔선을 넘자, 김일성은 박헌영을 마오쩌둥에게 보내 참전을 요청했다. 마오쩌둥은 북한에 파병할 총사령관에 펑더화이를 임명하였다.

한국과 소련이 수교하기 전에는 중국인민해방군(중공군)만 한국전쟁에 참전한 것으로 알려져 있었다. 그러나 한·소 수교 이후 소련군의 참전이 밝혀졌다. 폴리코프스키는 그의 책에서 자신의 아버지도 한국전쟁에 참전했다며, 그 규모에 관해 상세히 이야기하고 있다. "소련 조종사들은 고도를 최대로 높여 북한 시설물들을 폭격하러 날아온 미군 전투기들을 추적, 위로부터 공격을 가했다. …… 소련군 조종사들은 6만3천 회

이상의 전투 비행을 감행하였으며, 공중전에 1천790회 참가했다. 이 과정에서 총 1천309기(1천97기는 전투기에 의해, 212기는 고사포에 의해 각각 격추)의 적기를 격추시켰다. 소련 항공단은 전투기 335대와 조종사 120명의 손실을 입었다. 이 밖에도 소련군의 병력 손실은 장교 186명, 하사관 및 사병 147명을 포함하여 총 315명이었다."[21] 이러한 기록은 소련의 전과를 과대하게 포장한 면도 없지 않으나, 확실한 것은 소련이 북한을 돕기 위해 한국전쟁에 참전했다는 것이다.

한국전쟁은 미국을 중심으로 한 유엔군의 반격에 의해, 김일성이 의도한 대로 '남조선 해방'을 이루지는 못했다. 그러나 한국전쟁을 통해 김일성은 현시적이거나 잠재적인 그의 정적들을 제거할 수 있는 기회를 확보하였다. 특히 김일성과 박헌영이 서로 다른 이유와 배경에 근거하여 한국전쟁을 지도하였다는 점은 이를 잘 뒷받침하고 있다.

전쟁을 일으킨 장본인은 김일성이었다. 중공군과 소련군이 참전해 휴전으로 이끌었으니, 북한의 입장에서 볼 때 이 전쟁은 실패로 끝난 것이었다. 그러므로 전쟁 실패의 일차적인 책임은 당·정·군의 최고 지도자인 김일성의 몫이었다. 이로 인하여 김일성파의 헤게모니가 가장 세차게 도전을 받았다. 그러나 김일성파가 무장력을 거의 독점하고 있는 상황에서 다른 세력의 도전은 중국이나 소련의 적극적인 지원이 전제되지 않는 한 성공의 가능성은 희박했다. 오히려 김일성은 전쟁을 통하여 자연스럽게, 전쟁 이후에는 숙청을 통하여 그의 정적들을 하나씩 제거해 나갔다.

전쟁 중에 당 조직을 담당한 소련파의 거두인 허가이는 자살하였고, 연안파의 군사 지도자 무정은 당적을 박탈당했다. 허가이는 당 제1비서에서 해임되고 좌천되었다. 휴전 직후인 1953년 8월 4일에 열린 당 중앙위원회 제6차 전원회의에서 허가이는 자살했다고 발표되었다. 과연 그가 자살했을까? 무정은 전쟁 중에 '봉건적 왕과 같은 법을 무시한 군사적 만행'을 저실러 제2군단장에서 해임되었고, 중국으로 갔다가 다시 돌아왔으나 전쟁 후에 병사했다.

1953년 초에 남로당 출신 10명이 박헌영을 수상으로 추대하려는 음모를 꾸몄다 하여 체포되고 그 후 사형이 집행되었다. 1955년 12월에 박헌영도 똑같은 죄목으로 기소되어 사형을 선고받았다. 간첩죄에 대해서는 많은 의문이 남아 있으며, 쿠테타 음모에 대해서도 여러 상황을 종합해 볼 때 믿기가 힘들다. 이미 40년대 말에 헤게모니 투쟁에서 실패한 남로당 계열은 한국전쟁의 결과로 그들의 기반을 잃었기 때문에 손쉽게 제거되었다.[22]

이후 연안파와 소련파는 1956년 8월에 일어났던 소위 '8월 종파 사건'으로 제거되었다. 이들은 김일성 반대파에 대한 당과 내각으로부터의 위기의식을 느끼게 되었고 가만히 앉아서 당할 수만은 없다는 생각을 했다. 김일성이 소련을 비롯한 동구 사회주의 국가를 방문한 직후에 중앙위원회 8월 전원회의가 개최되고, 김일성의 해외여행 보고가 있었다. 이 회의에서 연안파인 상업상 윤공흠은 김일성의 개인숭배를 비판하면서 소련식 집단지도 체제를 주장하였다. 이는 소련공산당 제20차 대회에서 이루어진 흐루시초프의 스탈린 격하 발언에 힘입은 바 크다. 이에 소련파가 동조하고 나섰으나, 김일성파를 당할 수가 없었다. 그들은 김일성파에 밀려 도주하는 사건이 발생했고 결국 출당을 결정했다.

그러나 소련과 중국은 김일성으로 하여금 8월 전원회의의 결정을 번복하도록 종용하였다. 전원회의의 내막이 모스크바와 북경에 알려지자 소련의 부수상 미코얀과 중국의 부수상 겸 국방상 펑더화이가 평양을 방문하여 그들의 원상복귀를 요청했다. 펑더화이는 한국전쟁에 참전한 중

1951년 6월 29일 인민군 병사와 이야기를 나누는 김일성의 모습이다.
김일성은 전쟁을 통하여 자연스럽게 자신의 정적들을 숙청하고 자기중심의 권력 체제를 형성해 나간다.

공군 총사령관이었다. 김일성은 어쩔 수 없이 일단 굴복해 출당 처분을 취소하는 것으로 마무리 지었다. 이것이 '8월종파사건' 이다.

이 사건을 계기로 김일성은 북한의 독자적인 노선의 필요성을 인식하게 되었고 또 그렇게 행동하였다. 그 후 개최된 전원회의에서 김일성을 중심으로 하는 당 중앙위원회는 소련과 중국의 개입을 차단하였다. 이른바 반종파투쟁을 대대적으로 전개하여, 윤공흠뿐만 아니라 다른 인물들도 당에서 축출하거나 숙청하였다.

숙청은 숙청을 부른다

김일성이 자기중심의 권력 체제를 형성시켜 가는 과정에서 중요한 것은 인민들의 지지를 얻는 것이었다. 전쟁 후에 황폐해진 국토의 복구에 집중한 결과 예상보다 빨리 전쟁의 흔적이 지워지기 시작했다. 물론 여기에는 중국과 소련의 원조가 큰 힘으로 작용하였다.

이렇게 한숨을 돌리자 김일성은 1957년 초부터 공업 생산을 올리기 위한 '천리마운동'을 시작하였다. 천리마운동은 하루 천 리를 달린다는 전설 속의 적토마인 천리마에서 이름을 빌려 붙인 것으로, 천리마처럼 빠른 속도로 일을 진행하고 작업량을 종전보다 2~3배 초과 달성할 것을 요구한 데서 유래한 노력 동원 운동이다. 김일성은 전국 방방곡곡을 다니며 현지 지도를 했다. 그는 인민들에게 자기가 지도자임을 보여주고 나라를 위해서 일하자고 격려했다. 여기에서 인민들의 김일성에 대한 충성심이 솟구쳤다.

그 결과 북한은 1954~1960년 기간에 연평균 20.3%의 높은 성장을 과시하면서 경제 전성기의 기초를 형성했다. 사회적 불안과 경제적 침체에서 헤어나지 못하고 있던 남한과 비교할 때, 김일성은 그들이 이룩한 성과에 대하여 자부심과 긍지 그리고 자신감을 가지게 되었다. 1961년 9월에 열린 로동당 제4차 대회는 모든 파벌주의가 제거된 김일성파의 승리의 집회였다. 김일성은 승리자답게 자신의 승리를 철저히 뒷받침해 준 빨치산파를 권력의 중심부에 진출시켰다.

김일성이 인민들의 충성심과 애국심을 모아 경제를 회복하고 북한을 재건하였으나, 빨치산파들의 정치권력 중심부 포진은 북한의 발전에 문제점을 야기했다. 1967년에 들어서면서 북한의 권력 핵심부에서는 노선 갈등이 일어났다. 당시 김일성 계열은 김일성 직계의 빨치산파와 국내 공산주의자 계열인 갑산파로 나누어져 있었다. 빨치산파는 군부를 장악하고 있었다.

3월에 소집된 로동당 중앙위원회 총회에서 박금철과 이효순을 비롯

1961년 4월 15일 평양 만수대에 건립된 천리마 동상이다.
천리마운동으로 경제 전성기의 기초를 형성한 김일성은 그들이 이룩한 성과
에 대하여 자부심과 긍지, 자신감을 가지게 되었다.

한 소위 갑산파 세력이 숙청되었다. 숙청된 갑산파는 인민의 생활이나
경제 건설을 희생하면서까지 군사화를 강화하는 노선에 비판적이었다.
이 숙청이 갖는 의미는 큰 것이었다. 갑산파는 연안파와 소련파를 숙청
하는 데 앞장서 그 주된 역할을 수행했고, 또한 김일성 자신의 혁명 동지
이자 정권 창출의 핵심 멤버였던 것이다.[23] 그러나 그들도 예외가 될 수
는 없었다. 1967년 3월부터 1968년까지 계속된 갑산파 숙청은 지방까지

파급되었다. 갑산파의 숙청 배경에는 김일성이 중국 문화혁명의 물결을 이용하여 자신의 권력 기반을 강화하려는 데 목적이 있었다.

1966년 황장엽은 김일성종합대학 창립 20주년 기념논문집에 『사회발전동력』이라는 한편의 논문을 게재했다. 이 논문은 과도기와 프롤레타리아 독재 문제, 인텔리 역할을 언급한 것이었다. 문제가 된 것은 인텔리 역할을 언급한 부분이었다. 이 논문에 대해 양형섭은 인텔리 역할론이 김일성의 독재 기반을 약화시킬 수 있다는 문제를 제기했다. 이로 인한 이론 투쟁이 전개되었고, 총장의 논문이 비판당하자 김일성종합대학이 술렁거렸다. 김일성은 1967년 5월 25일 〈자본주의로부터 사회주의로의 과도기와 프롤레타리아 독재 문제에 대하여〉를 발표하면서 주체노선의 관점에서 이를 풀어야 가장 올바르다는 결론을 내린다. 이것이 소위 '5·25 교시'로 인텔리에 대한 부정적인 시각을 보였고, 갑산파의 숙청과도 무관하지 않다. 갑산파 세력의 숙청 이후 정치적으로 크게 부상한 세력은 항일 빨치산 집단이었다. 그러나 이들 중의 일부도 숙청의 예외가 될 수 없었다.

북한은 1967년 특수 부대를 창설하였다. 그리고 1968년 1월 청와대를 습격하였는데, 실패로 끝나고 말았다. 이때 모두 사망하고 유일하게 생존한 사람이 김신조이다. 그는 지금 남한에서 귀순자의 대부 역할을 하고 있다. 그리고 10월에는 120명의 요원을 울진, 삼척 지구에 침투시켰다. 그 유명한 이승복의 '나는 공산당이 싫어요.'도 이때 이야기이다. 그 밖에도 미국의 푸에블로 호 납치 사건 등으로 김일성은 군부 강경파를 좌경모험주의자로 몰았다. 이 이야기는 '김정일과 영화이야기'에서 좀 더 구체적으로 밝히겠다.

위에서 언급한 사건에 대한 책임을 묻는 형식으로 민족보위상 김창봉

대장, 총참모장 최광 대장, 대남총국장 허학봉 등이 숙청되었다. 실제는 군 내부에 파벌이 생길 수 있다는 생각에 그 싹을 잘라버린 것이다. 이들을 숙청한 김일성은 군 요직을 자신의 충복으로 채웠다. 최현 대장을 민족보위상에, 오진우 대장을 총참모장에 앉혔다.

이러한 것은 군부의 영향력이 커짐에 따라 김일성은 이들 강경 군부 세력에 대한 잠재적 위협을 느꼈기 때문에 나온 상황이라는 것도 생각해 볼 수 있다. 1960년대 말에 이르러 김일성의 권력 독점을 방해하거나 그것에 의문을 제기한 세력 및 인물들은 완전히 제거되었다. 이러한 과정을 통해 김일성은 유일 지도, 유일사상 체계의 조건을 완전히 형성했다.

중국과 소련 사이에서 외줄타기

한편 한국전쟁이 종결된 직후, 김일성은 대내적으로는 그의 절대적 권력 구조를 확고하게 구축하려던 상황과 대외적으로는 중·소 간의 이념 분쟁이 소용돌이치는 가운데에 서게 되었다. 북한의 김일성은 양국의 종속적 관계를 청산하고 독자적인 출발을 모색하였다. 소련과 중국에 치중했던 외교의 폭을 넓혀 김일성은 1965년 4월 처음으로 인도네시아를 방문했다. 이는 제3세계 개념을 선포한 인도네시아 반둥회의 10주년 기념회의에 참석하기 위한 것이었다. 그는 이 회의에서 북한의 자주노선을 천명하고, 평생 처음으로 인도네시아 종합대학에서 명예박사 학위를 받았다.[24]

김일성의 자주노선은 그 대가를 동반했다. 김일성은 중·소 분쟁으로 북한의 독자성을 천명하게 되었으나, 북한의 경제 발전과 군사 안보 문제는 이로 인해 크게 타격을 받게 된 것이다. 여기서 김일성이 택한 것은 중·소 분쟁의 와중에서 외줄타기였다. 북한은 한국전쟁에서 맺어진 '혈

1965년 4월 인도네시아 반둥회의 10주년 기념회의에 참석한 김정일은 인도네시아 종합대학에서 명예박사 학위를 받았다.

맹 관계' 때문에 소련을 거슬리게 하지 않는 범주에서 중국의 편에 섰다.

이러한 상황에서 소련과 거리를 두게 된 사건이 발생했다. 이에 북한은 중국 편향적인 외교 정책을 폈기 시작했고, 소련은 소련의 기술자들과 장비를 북한에서 철수했다. 북한은 당장 경제 계획 실천에 차질을 빚게 되었으나, 더 큰 문제는 국방 문제를 해결하는 것이었다. 남한과 군사적으로 대치하고 있는 상황에서 소련의 군사 원조 중단은 북한의 안보에 큰 지장을 초래하게 되었다. 당시 남한은 미국과 협력하여 베트남전쟁에 참여함으로써 군사 장비를 현대화시켜 나가고 있었다.

그러나 소련과의 관계는 1967년 이후 북한이 중국과 불편한 관계로 돌아서면서 회복되었다. 북한은 남한 정부가 미국의 요구를 받아들여 베트남에 군사를 파병하고 있어 소련과의 관계를 회복할 필요가 있었다.

또한 결정적으로 중국 문화대혁명에서 홍위병이 김일성과 북한 사회주의를 비난하면서 중국과의 갈등이 야기된 것이다.

북한과 중국, 양국 간의 갈등은 국경 문제로 나타났다. 백두산을 서로 자기 영토라고 주장하게 되었다. 북한과 중국 사이의 관계가 원만했을 때는 백두산의 경계선이 그리 문제가 되지 않았으나, 1967년부터 양국 관계가 악화되자 큰 문젯거리로 등장했다.

양국 사이의 백두산정계비(白頭山定界碑) 문제는 1712년까지 거슬러 올라간다. 압록강과 두만강의 발원지인 백두산에 양국의 국경을 표시하는 정계비를 세웠다. 그러나 그 후 이것이 어디에 있었는지 흔적을 찾을 길 없었다. 북한과 중국은 백두산을 서로 자기의 것으로 여겼다. 중국은 장백산이라 하여 백두산 전체가 자기의 영토이고, 북한 남방의 일부까지도 여기에 속한다고 주장하였다. 북한은 백두산이 양강도 삼지연에 위치해 있는 우리나라 산이라고 지도를 제작했다.[25] 이후 양국 간의 사이가 좋아지자 양국 간에 합의된 문서는 공개되지 않았으나, 1969년 천지를 양분하여 중국과 북한에 국경을 표시하는 비석들이 세워졌다. 지금 많은 우리나라 사람들이 중국을 통하여 장백산이라고 하는 백두산에 오른다.

김일성의 외줄타기는 독자적인 노선을 말해 주는 일면이기도 하였다. 중국과 소련에 어쩔 수 없이 끌려가면서도 이를 적절히 이용했고, 비동맹 운동과 제3세계에 북한을 각인시키는 계기가 되었다.

천상천하 주석 김일성

1972년 남북한 간에는 정치적인 면에서 볼 때 커다란 사건이 있었다. 남북한 고위당국자들이 평양과 서울을 비밀리에 오가며 만들어 낸 7·4

남북공동성명이 바로 그것이다. 이는 적대적 구조에서 선의의 경쟁 구조로 전환하고자 하는 시도였다고 볼 수 있었다. 그러나 남북한 양측은 남북대화를 통해 오히려 이념과 제도 차이를 서로 재확인하고 자기들의 정치 체제를 공고히 하는 작업에 들어갔다. 박정희는 '10월 유신'을 단행하여 반공적인 군사 정부를 강화했고, 김일성은 헌법을 제정함으로써 모든 권력을 틀어쥐었다. 이리하여 박정희와 김일성은 유사한 권력을 소유하게 되었다.

1972년 10월 17일, 박정희는 대통령 특별 선언 형식으로 기존의 헌법을 폐지하고 국회를 해산하였다. 그리고 유신 체제라는 고도의 강권지향적인 정치 체제를 만들었다. 이는 과거 어느 정권과 비교해도 가장 노골적인 독재적 성격을 띤 권위주의 정권이었다.

북한에서는 1972년 12월 27일, 최고인민회의 제5기 1차 회의에서 새로운 헌법을 채택하였다. 이로써 북한의 사회주의 헌법은 소련식 사회주의 헌법의 틀에서 벗어나 북한식 사회주의 헌법이 된 것이다. 새로운 헌법을 통하여 김일성 특유의 전인권력을 더욱 강화하기 위한 제도적 장치가 마련되었다. 모든 권력이 김일성에게로 집중되었다. 이때의 헌법에서 공산주의 이데올로기는 주체사상으로 대치되고, 그의 혁명 전통이 북한의 전통으로 확립되었다. 또한 새 헌법으로 바뀌면서 선거권을 18세에서 17세로 낮추었고, 수도를 서울로 규정했던 옛 헌법과는 달리 평양으로 규정했다.

이 헌법의 가장 큰 특징은 주석과 막강한 행정기관인 중앙인민위원회가 설치되었다는 점이다. 주석은 형식적으로 최고인민회의에서 선출되지만, 실제는 당의 최고 권력자인 총비서가 국가주석을 겸하고 있어 국가기관에 대한 감독자의 역할을 함으로써 국가기관은 필연적으로 당에

예속되어 있다. 국가주석은 연임 금지 조항 없이 최고인민회의의 임기와 같은 5년으로 하였다. 주석은 국가원수인 동시에 전군의 최고 사령관이었고 국방위원회 위원장이었다. 김일성은 법령공포권, 특사권, 조약의 비준 및 폐기권을 가졌다. 이러한 주석의 위상은 1992년 헌법이 개정되기 전까지 약 20년간 지속되었다.

1972년 헌법 개정 이후 북한의 권력 구조의 특징적인 측면은 김정일 후계 체제의 구축 작업이 시작된 점이다. 특히 이 헌법에 따라 김일성이 내각의 수상에서 공화국의 주석으로 격상되고 새로운 기구들이 창설되었다. 이때부터 시작한 '김일성 주석'은 그가 사망한 1994년까지 계속되었고, 아직도 그는 북한의 영원한 주석으로 남아 있다.

명실상부한 제2인자 김정일

김일성은 신헌법의 제정으로 권력의 중심을 당에서 정부로 이전하고, 당의 운영은 자신의 치밀한 감독 아래 아들 김정일에게 맡겼다. 김일성 자신이 1940년대 후반과 1950년대에 그랬던 것처럼 아들로 하여금 당의 운영을 장악케 함으로써 장차 권력 승계에 대비하고자 하였던 것이다.[26] 김일성은 당을 유일사상 체제로 정비하면서 정적들을 숙청하였고, 유일사상을 안전하게 승계하기 위한 작업의 하나로써 아들 김정일로 하여금 당 지도체계를 장악하도록 하였다.

김일성의 후계자로 김정일이 공식적으로 부각된 것은 1980년 10월 조선로동당 제6차 대회에서였다. 여기에서 김정일은 김일성을 제외하면 정치국·비서국·군사위원회라는 당내 3대 권력 기구에 모두 선출되는 유일한 인물이 되었다.

1982년 4월 평양에 건립된 높이 170m의 주체사상탑이다.
김일성이 살아온 날짜 수만큼 돌로 쌓아 올린 것으로 북한에서는 이 탑이 세계에서 가장 높은 돌탑이라고 설명한다.

1982년 4월 15일은 김일성의 만 70세 생일이었다. 이를 기화로 두 개의 큰 행사가 있었는데, 그 행사들은 모두 김정일이 지휘했다. 하나는 개선문의 건립이었다. 모란봉 앞에 세워진 이 문은 높이 60m에 폭이 52.5m로 화강암 1만5천 개로 만들었다고 한다. 여기에는 70세를 상징해 70개의 진달래꽃을 부조하고, 김일성 장군의 노래 1·2절을 개선문 전면과 후면에 새겼다. 김일성이 일본군을 물리치고 개선장군으로 입국한 것을 기념한다는 뜻이었다. 파리의 개선문을 본 땄으나, 김일성의 개선문이 더 컸다.

다른 하나는 화강석으로 만든 주체사상탑 건설이었다. 대동강 기슭에 세워진 이 탑의 높이는 170m로 미국의 초대 대통령 조지 워싱턴을 기념하는 비보다 1m 더 높다. 1912년 4월 15일부터 1982년 4월 15일까지 김일성이 살아온 날을 계산하여 25만5천500개의 돌을 쌓아 올린 이 탑을

북한에서는 세계에서 가장 높은 돌탑이라고 설명하고 있다.[27]

1984년 10월 10일에 조선로동당은 창건 39주년을 맞아 〈조선로동당은 혁명 위업 계승 문제를 빛나게 해결한 당〉이란 논평을 발표했다. 이는 달리 해석하면 다른 나라에서는 할 수 없는 일을 북한의 로동당은 했다는 표현일 수도 있었다. 김일성은 1985년 5월 19일부터 6월 21일까지 소련을 비롯해 동구 국가를 순방한 적이 있다. 그 후 평양방송은 당시 김일성을 만난 국가원수들이 모두 김일성의 국내 부재중에도 김정일이 북한을 슬기롭게 잘 이끌어 나간 점을 높이 평가했다고 보도했다. 이러한 정황으로 보아 이때부터 김일성은 그의 아들에게 정치를 맡기고 일선으로 물러나 앉은 것이 아닌가 한다. 즉, 북한이 "김일성 영도, 김정일 관리 체제"로 들어간 것이다.

김일성의 평상복이 바뀐 것도 이때부터라 한다. 인민복 대신에 양복에 넥타이를 맨 것이다. 대체로 이 시점부터 북한 주민들의 옷에도 변화가 일어났고, 전자음악단도 생겨났다고 볼 수 있다. 영화배우나 가수가 인민들의 폭발적인 관심을 받았고, 현재 남한 사회에서도 들을 수 있는 전혜영의 〈휘파람〉도 이 당시에 유행한 것이다.

또 하나 변화된 모습으로 북한은 1984년 초에 자본주의 국가들과도 경제협력을 추구할 것임을 밝혔고, 9월에는 합영법(합작회사경영법)을 제정하였다. 합영법에 의하여 시작되었던 것이 평양에 있는 105층짜리 빌딩인 유경호텔이다. 유경호텔의 상층부는 아직도 골조가 그대로 남아있다. 이것은 북한의 합영법의 성과를 보여주는 단편적인 예이기도 하다.

특히 1980년대 말에 동구권의 대 변혁과 소련의 혼란은 사회주의 경제권에 의존하던 북한에 치명타를 가했다. 김정일에게 국내를 맡기고 외교권을 행사했던 김일성은 불리한 국내 상황의 타개를 남북 관계 개선에서 찾으려 했던 것으로 보인다. 남북한 간에 기본합의서가 채택이 되고, 유엔에 남북한이 동시에 가입하게 된 것이다.

권력 승계를 대비하다

김일성은 중앙인민위원회 산하에 있던 국방위원회를 분리·확대·개편하고, 김정일을 제1부 위원장에 선출하였다. 김일성 주석을 위원장으로 하여 오진우 인민무력부장, 최광 총참모장을 부위원장으로 하는 국방위원회는 군사 조직에 대한 최고 지도 기관이다. 이러한 일련의 조치는 김정일에게 통수권을 넘겨주기 위한 김일성의 치밀한 계획에서 나온 것이다. 1991년 12월 24일 김정일은 최고사령관직에 올랐는데, 당시 북한 헌법 제93조에는 주석이 최고사령관과 국방위원회 위원장을 겸하는 것으로 되어 있었다.

1992년 4월 9일 개정된 북한 헌법의 주요 골자는 이런 제약을 벗어나 국가주석과 중앙인민위원회가 가지고 있던 군사 관련 제반 기능과 권한을 국방위원회로 이관함으로써 군사 정책 수행의 일원화와 김정일의 군부 장악을 법적으로 뒷받침한 것이었다. 이어서 1992년 4월 20일에는 김정일이 원수 칭호를 수여받았다. 북한의 원수 계급은 특히 김정일의 원수 칭호는 단순히 군의 계급이 아닌 정치적 의미로 해석되어야 한다. 북한에서 원수 칭호는 김정일을 포함하여 5명만이 받았다. 김정일을 제외한 4명(김일성, 오진우, 최광, 리을설)은 항일 빨치산 출신들이다. 김정일이 원수 칭호를 받던 1992년 4월 김일성은 대원수로 추대되었다. 원수의 칭호를 받은 5명 중에 생존자는 김정일과 리을설 뿐이다. 83세인 리을설은 호위사령관의 직책을 맡고 있다.

북한의 소학교에서는 '위대한 수령 김일성 대원수님의 어린 시절', '경애하는 지도자 김정일 장군님의 어린 시절', '공산주의 투사 김정숙 어머니 어린 시절' 등의 과목을 1학년에서 4학년까지 일주일에 한 시간씩 배운다. 중학교에서는 '혁명활동', '혁명력사'로 된 과목을 1학년에서 6학년까지 한두 시간씩 배우고 있다. 북한에 살고 있는 한 '대원수 김일성', '원수 김정일 장군'에 대한 학습은 어릴 적부터 시작하여 죽을 때까지 지속된다.

최고인민위원회는 1993년 4월 7일에서 9일까지 3일간에 걸쳐 개최된 제9기 5차 회의에서 김정일을 마침내 '국가주권의 최고군사지도기관'인 국방위원회 위원장으로 추대하였다. 그 후 김정일은 국방위원장에 재추대되었다. 현재 북한 인민들이 김정일에 대한 일반 호칭으로 '장군님'을 쓰는 것은 바로 그가 인민군 최고사령관이기 때문이기도 하지만, 군사국가에서의 최고 지도자에 대한 표현이기도 하다.

이로써 1980년 제6차 당 대회를 계기로 공식적으로 부각된 김정일은 13년 만에 당(총비서), 정(국가주석), 군(국방위원장 겸 최고사령관) 중에 군정권과 군령권을 포함하는 군 통수권을 완전히 이양 받았다. 김일성은 그의 생존할 때 김정일에게 완전히 권력을 승계하지는 않았지만, 군 통수권만은 이양하여 김정일이 권력을 안정적으로 승계할 수 있도록 대비한 것이었다.

회고록은 끝나지 않는데 주석은 가고

1990년 초 핵을 무기로 한 북한의 미국과의 담판은 무모한 도박으로 비추어졌다. 그러나 김일성은 그 길을 택했다. 북한은 핵 사찰을 새롭게 받아야 한다는 국제원자력기구(IAEA)의 요구가 높아지자, 1993년 3월 12일 핵확산금지조약(NPT)를 탈퇴한다고 선언했다. 미국은 서둘러 북한과 쌍무회담에 들어갔고 북·미고위급회담이 뉴욕과 제네바에서 열렸다. 이 회담은 김일성이 사망하기 전에 매듭지어진 것은 아나나 그 후 얼마 지나지 않아 북한의 존속을 보장하는 제네바회담이 타결되었다. 한편 김일성은 카터 미국 전 대통령의 중재를 받아들여 김영삼 전 대통령과 정상회담을 하려 하였으나 김일성의 사망으로 무산되었다.

1994년 7월 8일 김일성은 그의 생을 마감했다. 북한 당국은 사망 34시간 만인 7월 9일 특별 방송을 통해 '의학적 결론서'를 첨부하고 "겹쌓이는 헌신적인 과로로 인하여 1994년 7월 7일 심한 심근경색이 발생되고 심장쇼크가 합병되었다. 즉시 모든 치료를 한 후에도 불구하고 심장쇼크가 증악되어 1994년 7월 8일 2시 사망하시었다."고 세상에 알렸다.

김일성은 그의 나이가 80세가 넘자 회고록을 펴기 시작했다. 『세기와 더불어』라는 회고록은 1994년 제5권까지 펴낸 바 있다. 아마 그는 계속해서 회고록을 펴내, 2000년 정도에 마치려 했는지도 모른다. 그러나 인명은 재천이라 했던가!

김일성이 사망한 후 주석 자리에는 그의 아들 김정일이 오르라는 것이 일반적인 예견이었다. 그러나 이러한 예측은 빗나갔다. 김정일은 주석 자리에 오르지 않은 채 삼년상(?)을 치렀고, 1998년 9월 5일 헌법이 개정되면서 1972년에 만든 주석의 자리는 북한 헌법에서 사라져 버린 것이다. 하지만 정치 체제 기구로서의 주석은 사라졌지만, 영원한 주석으로 김일성은 남아 있다.

북한의 새로운 헌법 서문에는 "조선민주주의공화국과 조선인민은 조선로동당의 영도 밑에 위대한 수령 김일성 동지를 공화국의 주석으로 높

외국어로 번역된 김일성의 저서이다.
김일성은 80세가 넘으면서 회고록을 펴내기 시작했는
데, 1994년 사망할 때까지 총 5권이 나왔다.

이 모시며, 김일성 동지의 사상과 업적을 옹호 고수하고 계승 발전시켜
주체혁명위업을 끝까지 완성해 나갈 것이다."라고 되어 있다. 북한에서
는 5억5천만 달러의 공사비가 들어갔다는 금수산기념궁전에 김일성의
시신을 안치하여 그의 육신도 영원히 보전하려 하고 있다. 현재 북한 헌
법의 서문에서는 그의 위대성을 합창하면서 "조선민주주의인민공화국
사회주의 헌법은 위대한 김일성 동지의 주체적인 국가건설사상과 국가
건설업적을 법화한 김일성 헌법이다."라 하고 있다.

3 후계자 김정일은 어떻게 달라졌는가

김정일이 태어난 곳은 백두산 밀영?

이제 다시 김정일의 이야기로 돌아가자. 김정일은 백두산 밀영에서 태어났다는 북한 측의 주장과 구소련에서 태어났다고 하는 북한을 제외한 다른 학자들의 주장이 얽혀 출생지도 정확하지 않다. 그러나 지금까지 많은 학자들이 연구한 것과 언론사들의 취재 결과로 보아 김정일은 1942년 2월 16일 러시아 공화국 블라디보스토크 부근 오케얀스카야의 하마탄 마을에서 태어났다는 것이 거의 확실시되고 있다. 김정일의 부모인 김일성과 김정숙은 1940년 12월 일본의 관동군에게 쫓기어 소만국경을 넘었고, 해방이 될 때까지 그 지역에서 활동하였다. 당시에 김정숙은 아기를 낳기 위해 일부러 백두산을 찾을 처지는 아니었다.

북한에서 김정일의 출생지를 백두산 밀영이라고 공식화한 것은 1984년부터였다. 그의 약력을 양강도 삼지연군에 있는 백두산 밀영으로 구체화하고 있다. 이렇게 김정일이 백두산 밀영에서 태어났다고 하는 주장은 북한이 '탄생 설화'를 만들어 내기 위해서이다. 즉 북한이 김정일의 출생지를 백두산 밀영으로 고집하는 이유는 김일성의 항일 혁명 활동의 근거지를 백두산으로 하고자 하는 것과 출생부터 백두산의 정기를 받은 민족의 지도자라는 것을 부각하려는 것이다. 북한은 백두산 귀틀집 뒤의 산봉우리는 김정일의 이름을 따서 '정일봉'이라 하고, 큰 바위에 이를 새겨 놓고 인민들을 성지 순례시키고 있다. 그가 태어났다는 귀틀집은 김일성의 생가인 만경대와 함께 인민들의 혁명 전통 교육장이다.

북한 최고 지도자의 불행한 어린 시절

김정일의 어릴 때 이름은 유라(Yura)였다. 1942년 2월 16일 김정일이 태어난 뒤 4개월 후에 소련군 제88특별저격정찰여단이 창설되어, 김일성이 이 여단의 제1대대장으로 배속됨에 따라 하바로프스크 부근 브야츠크의 제88여단 사령부 막사로 이사하여 살았다. 어린 김정일은 김일성의 호위병·전령병의 등에 업혀서 자라났고, 삭막하고 열악한 환경에서 그는 병사들의 마스코트였다. 이곳에서 동생 슈라(Shura)도 태어났다.

1945년 8월 8일 소련은 일본에 선전포고를 하고 한반도를 분할 점령했다. 김일성은 9월 19일 소련 함정을 통해 원산항에 도착했다. 김정일은 1945년 11월 25일 어머니와 함께 웅기(현 선봉)에 상륙해 평양에 와서 살았으며, 1946년에는 동생 경희가 태어났다. 현재 김경희의 남편 장성택은 김정일의 최측근 실세이다. 그는 김일성종합대학과 김일성고급당학교를 나왔으며, 당 청년사업부와 3대혁명소조부장을 거쳐 당 중앙위원에 올랐다. 김정일의 최대 신임을 바탕으로 당내 중요 직책의 인사권을 가지고 막강한 힘을 발휘하고 있다.

다시 이야기를 돌려 그 당시로 돌아가면, 북한에 들어온 지 얼마 후 김정일의 가정에는 불행이 한꺼번에 들이닥쳤다. 1948년 여름 김일성 관저의 연못에서 놀던 김정일의 동생 슈라가 물에 빠져 죽었다. 다음해 6월에는 그의 생모인 김정숙이 해산을 하다 사망하였다. 이 같은 일들은 어린 김정일의 마음에 큰 상처를 입혀 성격 형성에도 상당한 영향을 미쳤을 것이다. 생모에 대한 애정이 남달랐던 김정일은 후에 다시는 임신으로 목숨을 잃는 일이 없도록 평양에 북한이 자랑하는 대규모의 산원을 만든 것도 이 때문이라고 한다. 어린 김정일을 많이 돌보아 주었던 사람들은 빨치산 1세대 가족들이다. 특히 1997년 2월 사망한 전 인민무력무장 최광의 아내 김옥순과 조선혁명박물관장으로 있는 황순희 등은 김정일을 극진히 보살펴 주었다.

김정일은 여섯 살에 남산인민학교에 입학했으며, 1950년 전쟁이 일어나자 숙부인 김영주를 따라 중국 길림으로 피난 가 그곳 길림학원에 다녔다. 1952년 11월 전선이 고착되자 김정일은 후방에 있던 만경대혁명유자녀학원(만경대학원 전신)에 잠시 다녔다. 전쟁이 끝나고 평양으로 돌아온 그는 삼석인민학교를 거쳐 1954년 8월 평양제4인민학교를 졸업했다.

동생의 죽음, 여덟 살 때 생모의 급사, 아버지의 재혼 그리고 전쟁으로 인한 피난, 잦은 전학 등 충격적인 사건과 사고의 연속으로 김정일은 어린 시절에 쓰라린 경험을 많이 했다. 이러한 가정환경은 김정일에게 불신과 증오, 무절제에서 오는 자제력 결여 등을 갖게 만들었다.

김정일이 계모 김성애와 함께 살기 시작한 것은 인민학교를 졸업할 무렵이었다. 김일성이 정식으로 김성애와 결혼을 선포한 것은 1963년이지만, 정식으로 결혼하기 전에 이미 자식을 낳은 상태였으므로 김정일은

1980년 3월에 개원한 평양산원은 북한의 유일한 여성종합병원이다.
해산을 하다 숨진 생모에 대한 애정이 남달랐던 김정일이 다시는 임신으로 목숨을 잃는 일이 없도록 하기
위해 대규모의 산원을 만들었다고 한다.

열 살 위인 계모 밑에서 유년시절을 보낸 것이다. 김성애는 전처에서 난 김정일과 김경희를 잘 대해 주었다. 당시 김일성 관저에는 김성애의 어머니 고영칠도 같이 살았다고 한다.[28]

김정일은 평양제4인민학교를 거쳐 1954년 9월 1일 평양제1중학교, 1957년 9월 남산고급중학교에 입학해서 본격적인 엘리트 교육을 받았다. 김정일·경희·경진·평일·영일 등 김일성의 자녀 모두가 남산고급중학교를 거쳐 김일성종합대학에 들어갔다. 남산고급중학교는 북한의 간부 자녀들이 다니는 학교로 최신식 시설을 갖추고 있고, 학생 수도 적

었다. 이 학교를 세운 목적은 간부 자녀들을 좋은 교육 환경에서 공부시켜 당·군·정의 간부로 육성한다는 것이었다. 이 당시 김정일과 같이 학교에 다녔던 동창들에 의하면 "김정일은 아무 친구와도 잘 사귀었고, 무엇이든지 정열적으로 하는 스타일이었다. 또한 동료 교우들 사이에서 리더십을 발휘했다."고 한다.[29]

김일성종합대학에 들어가다

김일성종합대학에 입학하기 전에 김정일은 1959년 7월 남산고급중학교를 졸업하고, 1960년 9월에 김일성종합대학에 입학하기 전 약 6개월 동안 동독 항공학교에 비행 기술을 훈련받기 위해 갔다. 졸업을 앞둔 김정일이 진학할 대학을 선택하기 위해 소련과 동유럽을 탐방한 것이다. 김정일이 동독에 유학했다, 혹은 모스크바 대학에서 공부했다 하는 말들은 바로 고등중학교 시절 잦은 해외여행 때문에 생긴 것이라 한다.[30]

황장엽은 1959년 1월 김일성을 수행하고 소련공산당 제21차 대회에 참석하기 위하여 모스크바에 갔을 때 김정일이 동행했다고 말한다.[31] 이때 김정일이 모스크바종합대학에 가 보고 싶어 해 안내했는데, 같이 간 소련공산당 조선담당과장이 김정일에게 고급중학을 졸업하고 모스크바종합대학에서 공부하겠냐고 물으니, 그는 평양에도 김일성종합대학이라는 훌륭한 대학이 있어 그곳에서 공부할 것이라 했다고 황장엽은 이야기한다.

1960년 9월 김정일은 김일성종합대학에 입학하여 정치경제학을 전공하고, 1964년 5월 18일 졸업했다. 김정일이 입학한 김일성종합대학은 북한을 대표하는 명문대학으로 이 대학에 입학하려면 성적 못지않게 출신도 중요하다. 김정일은 입학한 다음 해에 로동당에 입당했고, 대학 당 위원회에서도 활동했다. 대학 시절 김정일은 현장 지도에 동행하는 한편 당 중앙위원회 같은 고위회의에도 참석했다 한다. 그러니 그는 '수령님 자제 분'으로 특별대우를 받지 않을 수 없었다. 대학 생활과 동시에 활동 영역도 넓어졌고, 이에 따라 그를 경호하는 인력도 자연스럽게 많아졌 다.

김정일이 대학에 다닐 때 황장엽이 김일성종합대학 총장이었고, 김정 일에게 철학을 가르쳤다는 내용의 국내 저작들이 있는데 이는 사실과 다 르다. 황장엽은 모스크바대학 유학 후 54년부터 김일성종합대학 철학 강좌 장으로 근무하였으나, 김정일이 이 대학에 입학하기 이전에 로동당 중앙당 서기실로 자리를 옮겼다. 그리고 김정일이 졸업한 후인 65년에 황장엽은 마흔 두 살의 나이로 김일성종합대학의 총장이 되었다. 김정일 은 대학 재학 시절 황장엽을 만나러 중앙당 사무실로 찾아오곤 했다고 한다. 황장엽은 김정일을 자주 만나면서 그가 정치적으로 영리하지만 성 격이 과격하고 질투심이 강하며 수단을 많이 부리는 것으로 봐서 앞으로 권력을 장악하게 되면 나라 일을 망칠 수도 있다는 걱정을 하게 되었다 고 말했다.[32] 어쨌든 김정일은 대학 시절 김일성을 따라 해외여행을 했 고, 세계청년학생 북한 대표로도 참석하는 등 국제적인 안목을 기르는 데 주력했다. 김정일은 대학 생활을 통하여 지도자의 훈련 과정을 받은 셈이다.

남한에서는 1960년대에 대학을 다닌 세대를 '4·19세대'라 하는데, 북한에서는 이를 '천리마세대'라 한다. 북한에서는 1957년 초부터 공업 생산력을 높이기 위하여 '천리마운동'을 시작하였다. 천리마운동이 한 창 전개되기 시작한 시기에 대학에 들어간 김정일도 건설 현장에 자주

1946년 10월 1일에 설립된 북한 최고의 대학인 김일성종합대학이다.
이 대학은 북한을 대표하는 명문대학으로 입학하려면 성적 못지않게 출신도 중요하다.
김정일 위원장을 비롯해 북한 고위 관료 약 60%가 김일성종합대학 출신이라고 한다.

나갔다. 당시 북한은 제1차 5개년인민경제발전계획을 조기 완성하고, 제1차 7개년계획을 실시하고 있던 시기였다.

또한 김정일이 대학에 다니면서 관심을 가졌던 분야는 영화였다. 그는 매일 중앙영화보급소로 등교하다시피 했다. 영화에 대한 이야기는 뒤로 미루어 놓는다. 그는 대학 생활에서 다른 일반 학생들이 경험할 수 없었던 많을 것들을 경험했고, 활동 영역도 넓어지게 되었다. 김정일은 대학 졸업 논문으로 『사회주의 건설에서 군(郡)의 위치와 역할』을 제출했으며 졸업 후 곧바로 사회생활을 시작하였다.

사회의 첫발은 당의 일을 맡는 것으로

김정일은 1964년 대학을 졸업하면서 바로 조선로동당 중앙위원회 비서처 참사실의 지도원이 되었다. 그의 첫 근무지는 당이 어떤 식으로 움직이고 있는지를 종합적으로 파악할 수 있는 곳이었다. 당시 중앙당 조직지도부장이었던 숙부 김영주는 김정일을 당 중앙위원회 내부 사업에 참여시키는 등 당 사업에 대한 전반적인 교육을 시켰다.

김정일은 약 2년간 당·정 업무를 파악하는 과정을 거친 다음 조선로동당 중앙위원회 조직지도부 중앙기관지도과 책임지도원이 되었다. 책임지도원은 직제상 과장 아래지만, 그가 하는 일이란 직위에 한정될 수 없었다. 실제로 김일성은 김정일을 현지 지도 등에 동행시켜 정치 수업을 쌓게 하였다.

앞에서 이야기한 갑산파 숙청과 5·25교시 사건은 김정일이 권력의 중심으로 이동하는 계기가 되었다. 당시 북한에서는 영화가 인민 대중의 인기를 독점하고 있었는데, 갑산파의 숙청 과정에서 김일성은 영화 예술 분야에 이들이 가장 많이 포진하고 있다는 사실을 알게 되었다. 김일성은 영화 예술 분야에서 '반당 종파분자들의 여독'을 완전히 청산하라는 지시를 내렸다.

1967년 9월 예정에 없던 당 정치위원회 회의가 평양의 조선예술영화촬영소에서 열렸고, 이 자리에서 김일성은 박금철 등을 소재로 한 '일편단심'을 신랄하게 비판한 다음 어떻게 하면 영화를 당의 혁명적인 예술로 발전시킬 것인가를 주문했다. 김정일은 일할 것을 자청했고, 그는 곧 당 선전선동부 문화예술지도과장이 되었다. 그 후 당 선전선동부부장, 문화예술부장, 선전선동부장을 역임하였다. 김정일이 영화와 관련을 맺은 것도 이 같은 과정을 통해서이다. 당시에 영화는 당의 직접적인 선전·선동 수단이었다.

김정일은 당의 유일사상 체계를 지지하고 아버지를 수령으로 받들면서 자신의 충성과 효성을 잘 표시했다. 그는 영화나 예술 작품을 이용해서 이러한 자신의 입장을 충실히 전달하려고 노력했던 것이다. 김정일은 이즈음부터 자신이 후계자가 되어야겠다는 야심을 가진 것 같다. 그러기 위해서는 아버지로부터 능력을 인정받는 것이 가장 중요하다고 생각했을 것이다.

'당 중앙'이 된 김정일

김정일은 1974년 당 중앙위원회 정치국위원으로 선출되었다. 이로써 김정일은 조선로동당 정치위원회(정치국 전신) 위원, 중앙당 조직비서 겸 조직지도부장, 사상담당비서 겸 선전선동부장의 직책을 갖게 되었다. 상술한 바와 같이 김일성은 주석제와 중앙인민위원회 신설을 골자로 한 사회주의 헌법을 1972년 12월 27일 제정해 권력의 중심을 당에서 정부로 이전하였다. 그리고 당의 운영은 자신의 치밀한 감독 아래 아들 김정일에게 맡겼다. 당시 김정일은 '당 중앙'이라는 호칭으로 불리기 시작했다. 실제로 당의 인사권, 감찰권과 사상 사업이 그의 수중에 있었다. 물론 이것이 김일성의 후계자로 김정일을 대외적으로 선포한 것은 아니다. 김일성은 아들로 하여금 당의 운영을 장악케 함으로써 장차 권력 승계에 대비하고자 하였던 것이다.

김일성의 이러한 배려에 김정일은 모든 역량을 총동원하여 김일성을 신격화하기 시작하였다. 가장 먼저 시도한 것이 김일성의 혁명 사상을 '김일성주의'로 정식 선포한 것이었다. 김정일은 1974년 2월 19일 선전 선동 부문 책임일꾼들을 소집하여 『온 사회를 김일성주의화 하기 위한 당 사상 사업이 당면한 몇 가지 과업에 대하여』라는 논문을 발표하였다. 논문에서 김정일은 유일사상 교양, 혁명 교양, 계급 교양 철저, 사상전의 추진, 경제 선동의 전개, 당 사업 체계 등을 주장하면서 김일성 혁명 사상을 '김일성주의'로 부각시켰다.

김정일은 '김일성주의'로 선포한 다음, 1974년 4월 14에는 그 실천적 지침이라 할 수 있는 〈당의 유일사상 확립의 10대 원칙〉을 발표하였다. 10개조 64개항으로 구성된 '10대 원칙'은 전문에 김일성의 위대성과 절대성을 담고 있고, 조항마다 6~7개씩의 시행 세칙을 두고 있다. 5월 7일에는 『우리 당의 보도 출판물은 전 사회의 김일성주의에 봉사하는 위력 있는 사상적 무기이다』는 논문을 발표함으로써, 모든 미디어가 '김일성주의' 확산에 어떻게 해야 할 것인가 하는 지침을 제시한 것이다. 북한에서 살아가려면 10대 원칙을 모르고는 살아갈 수 없었다.

⑴ 위대한 수령 김일성 동지의 혁명 사상으로 전체 사회를 일색화하기 위하여 목숨 바쳐 투쟁하여야 한다. 수령의 혁명 사상으로 전체 사회를 일면화하는 것은 우리 당의 최고 강령이며 당의 유일사상 체계를 확립하는 사업의 새로운 높은 단계다.

⑵ 위대한 수령 김일성 동지를 충성으로써 우러러 받들어야 한다. 위대한 수령 김일성 동지를 우러러 높이 받든다는 것은 수령에게 한없이 충성하는 혁명 전사의 가장 숭고한 의무이며, 수령을 우러러 받드는 바로 여기에 우리 조국의 끝없는 영예와 우리 인민의 영원한 행복이 있다.

⑶ 위대한 수령 김일성 동지의 권위를 절대화시켜야 한다. 위대한 수령 김일성 동지의 권위를 절대화한다는 것은 우리 혁명의 지상 요구이며 우리 당과 인민의 혁명적 의지이다.

⑷ 위대한 수령 김일성 동지의 혁명 사상을 신념으로 받아들이고 수령의 교시를 신조화하여야 한다. 위대한 수령 김일성 동지의 혁명 사상을 확고한 신념으로 받아들이며 수령의 교시를 신조화한다는 것은 수령에게 무한히 충성하는 주체형의 공산주의 혁명가가 되기 위한 가장 중요한 요구이며 혁명 투쟁과 건설 사업의 승리를 위한 선결 조건이다.

⑸ 위대한 수령 김일성 동지의 교시 집행에서는 무조건성 원칙을 지켜야 한다. 위대한 수령 김일성 동지의 교시를 무조건적으로 집행하는 것은 수령에 대한 충성심의 기본 요구이며 혁명 투쟁과 건설 사업의 승리를 위한 결정적인 조건이다.

⑹ 위대한 수령 김일성 동지를 중심으로 한 전 당의 사상의지적 통일과 혁명적

단결을 강화하여야 한다. 전 당의 강철 같은 통일 단결은 당의 불패의 힘의 원천이며 혁명 승리의 확고한 뒷받침이다.

(7) 위대한 수령 김일성 동지에게 배워서 공산주의적 풍모와 혁명적 사업 방법, 인민적 사업 작풍을 가져야 한다. 위대한 수령 김일성 동지가 몸에 지닌 고매한 공산주의적 풍모와 혁명적 사업 방법 및 인민적 사업 작풍을 배운다는 것은 모든 당원과 근로자의 신성한 의무이며 수령의 혁명 전사로서의 영예로운 사명을 다하기 위한 필수적인 요구이다.

(8) 위대한 수령 김일성 동지로부터 부여된 정치적 생명을 소중히 지키고 수령의 커다란 정치적 신임과 배려에 대하여 높은 정치적 자각과 기술에 입각한 충성으로써 보답하여야 한다. 위대한 수령 김일성 동지로부터 정치적 생명을 몸에 지닌다는 것은 우리의 가장 높은 영예이다. 이와 같은 수령의 정치적 신임에 대하여 충성으로써 보답한다는 일이야말로 정치적 생명을 제일의 생명으로 인식하고 목숨을 다하는 마지막 순간까지 자기의 정치적 신념과 혁명적 지조를 굽히지 않아야 한다.

(9) 위대한 수령 김일성 동지의 유일한 영도 밑에 전 당, 전 국(국가), 전 군(軍)이 시종일관 변함없이 활동할 수 있는 강력한 조직 규율을 확립하여야 한다. 위대한 수령 김일성 동지의 유일한 영도 체계를 튼튼히 확립한다는 것은 당을 조직 사상적으로 강화하며 당의 영도적 역할과 전투적 기능을 높이기 위한 근본적인 요구이며, 혁명과 건설 승리를 위한 확고한 보증이다.

(10) 위대한 수령 김일성 동지가 개척한 혁명 위업을 대를 이어 끝까지 계승하여 완성시켜 나가야 한다. 당의 유일한 지도 체제를 확립한다는 것은 위대한 수령의 혁명 위업을 고수하고 빛나게 계승, 발전시키며 우리 혁명 위업의 종국적 승리를 쟁취하기 위한 보증이 된다.

3대혁명 소조운동의 책임을 맡다

이즈음 김일성이 실행한 가장 중요한 프로그램은 1973년 2월부터 착수한 '3대혁명 소조운동'이다. 김일성은 사회주의가 정착되어가자 사상·기술·문화의 세 분야에 구시대의 잔재를 혁명으로 청산하고 새로운 기술 혁신 등의 새바람을 불어넣는 3대혁명 운동을 시작하였다. 김일성은 3대혁명 담당세력으로서 당 핵심들과 청년 엘리트들을 수십 명씩 소조로 구성하여 공장, 기업소, 농장들에 내려 보냈다. 김일성은 젊은이들의 과업을 강조하며 3대혁명을 이어받아 '대를 이어' 추진해 나갈 것을 촉구했다.

김일성은 3대혁명 소조운동을 김정일에게 넘겨주었고, 이를 계기로 3대혁명 소조운동은 건설·운수·과학·교육 등 모든 부문으로 확대됐다. 김정일은 이러한 과정에서 3대혁명 소조원과 직접 접촉하여 소조원으로 파견되는 사람들에게 직접 파견증을 교부하는 등 그들과 밀접한 관계를 맺어 갔다. 김정일은 3대혁명 소조원에 대한 교육을 철저히 하였고 직접 강습 계획과 강습 내용까지 지도하였다. 그는 3대혁명 소조사업을 독려키 위해 1976년 한 해만 30차례의 실무 지도를 했고, 400여 건의 친필 과업을 주었다. 그리고 김정일은 소조원들에게 각종 선물과 '공화국 영웅'이라는 칭호를 줌으로써 생산 의욕을 고취시켰다.[33] 이 같은 접촉을 수없이 거듭하면서, 김정일은 각 개개인에게 그가 후원자이며 출세배경이라는 의식을 심어 주어 자신을 지지하는 신봉자들을 확대해 나갔던 것이다. 20여 년이 지난 지금 당시의 3대혁명 소조원들은 북한의 각분야에 중견들로 자리 잡고 있다.

김일성은 인치에 치중했으나 김정일은 조직 관리 능력에 뛰어나다.

사람을 관리하는 면에 있어서는 오히려 김일성을 능가했다. 김정일은 인사 관리 방식에 있어서 집단 면담보다는 1대1 독대 방식을 선호한다. 이렇게 함으로써 측근들로부터 확고한 충성심과 복종을 유도했다.

명실상부한 제2인자로 등장

김정일이 북한에 명실상부한 제2인자로 등장한 것은 1980년 10월에 개최된 제6차 당 대회에서다. 그는 당 중앙위원회 정위원(서열4위), 당 정치국과 상무위원회 위원, 비서국 비서, 당 군사위원회 위원으로 선출되어 김일성의 후계자로 공식적으로 등장하였다. 김정일이 제2인자로 등장하기까지는 자신의 노력도 있었지만 아버지의 특별한 배려가 크게 작용했다.

김정일은 후계자로 공식 인정된 후 많은 일을 하였다. 그러나 그가 주력했던 일은 역시 아버지에 대한 극진한 충성이었고, 이것은 또한 후계자로서 자기 위상을 더욱 공고히 다지는 작업이기도 했다.[34] 당 제6차 대회 이후 김정일이 가장 주력한 것은 주체사상을 어떻게 침투시키고 발전시키느냐 하는 점이었다. 제6차 대회에서 개정된 당 규약에도 "조선로동당은 오직 위대한 수령 김일성 동지의 주체사상, 혁명사상에 의하여 지도된다."고 명문화함으로써 주체사상을 최고의 지도 이념으로 규정하였다.

북한에서는 주체사상의 시발을 1930년 김일성의 타도제국주의동맹 카룬회의라고 주장하고 있다. 그러나 북한에서 주체라는 용어가 처음 사용된 것은 1955년 12월 28일 김일성이 로동당 선동선전 일꾼 앞에서 한 〈사상 사업에서 교조주의와 형식주의를 퇴치하고 주체를 확립할 데 대하여〉라는 연설에서였다. 중소분쟁과 국내의 종파분쟁 그리고 인민동원에서 김일성은 자기의 입장을 정당화하고 합리화하는 사상적 무기로 주체를 내세웠다. 이는 북한에서 지배 이념으로 발전하여 1967년에는 주체사상이라는 말을 사용하기 시작하였고, 1970년 로동당 제5차 대회에서는 마르크스·레닌주의와 함께 당의 공식 이데올로기로 내세웠다.

김정일의 주체사상에 대한 주된 관심은 '김일성주의', '유일사상 체계 10대 원칙' 등과 함께 정치이데올로기의 담지자로서 자신의 위상을 확립하는 데 있었다. 북한에서는 1982년 3월에 발표된 김정일의 『주체사상에 대하여』라는 논문이 "주체사상을 체계적이고 이론적인 사상 체계를 갖추게 했다."고 평가하였다. 김정일은 그동안 강조되었던 자주성, 창조성과 더불어 의식성을 추가하였다.

이 논문에서 김정일은 주체사상의 지도 원칙을 '당 및 국가의 활동과 혁명과 건설의 모든 분야에서 주체를 세우기 위한 지침'[35]이라 하고 있다. 그리고 자주적 입장을 견지해야 하며 창조적 방법을 구현시켜야 하고, 사상을 기본으로 해야 한다는 지도적 원리를 표명하고 있다.

1986년 7월 김정일은 『주체사상에서 제기되는 몇 가지 문제에 대하여』라는 논문을 발표하였다. 이 논문에서 김정일은 '사회정치적 생명체론'을 내놓았다. 즉 "사람은 부모로부터 생물학적 생명을 받았으나, 수령으로부터는 사회적 생명체 또는 정치적 생명체를 받았다."는 것이다. 개별적인 사람의 생명 중심이 뇌수에 있는 것처럼 정치사회적 생명의 중심은 이 집단의 최고의 뇌수인 수령이라 규정하고 있다. 그러므로 "사회주의 사회에서 수령은 인민대중의 최고의 뇌수이며 통일 단결 중심이다."[36]라는 것이다.

김정일은 주체사상에 대한 해석권을 독점함으로써 김일성을 주체사상의 창시자로, 김정일을 구현자로 부각시켜 사상적 후계자로서의 이미지를 확실하게 구축해 갔다. 김정일은 이 즈음에 김일성과 더불어 페루의 시클라요대학으로부터 명예박사 학위를 받았는데, 김정일로서는 첫 번째 명예박사 학위였고 김일성으로서는 세 번째이면서 마지막이 되는 명예박사 학위였다.[37]

이와 같이 김정일은 북한 정치이데올로기의 담지자가 되기 위해 정치 사회화의 매체로써 영화를 내세워 주체사상을 주입시켰다. 김정일은 1980년 말 사회주의 변혁에 따른 논리로 '조선민족제일주의'를 주장해 민족 개념을 부각시켰으며, 1989년 동구 사회주의 대 변혁과 구소련의 해체에 대한 이론적 대응으로서 '우리식 사회주의'를 제기하게 되었다. 그리고 김정일 체제의 공식적인 출범과 함께 북한에서 제기된 것이 '강성대국 건설'이었다.

# 왕세자의 라이벌은 누구인가

삼촌 김영주, 조카 김정일에게 밀리다

북한의 권력 승계 양상을 들여다보고 있노라면 조선조의 왕위 계승인 것 같은 착각을 하게 된다. 왕위 계승에서 나타나는 종친들과 그들을 둘러싼 인물들의 이야기같이 복잡하지는 않지만, 여기에도 분명 숙부와 동생과의 관계 속에 김정일이 존재했다. 다시 말해 체제의 족벌 성향과 개인을 우상화하는 정치 환경 속에서 진행되어 온 북한의 승계 작업에서 이야기될 수 있는 두 인물이 있다. 하나는 1970년 전후 후계자로 지목되는 듯한 양상을 보였던 김일성의 동생 김영주였고, 다른 하나는 김일성이 아꼈다는 김정일의 동생 김평일이었다.

김일성의 3형제 중 막내인 김영주는 형을 보필하여 제2인자인 조직비서로 있었다. 1966년 10월 5일부터 12일까지 로동당 제2차 대표자대회와 함께 개최된 당 중앙위원회 전원회의에서 중요한 결정을 하였다. 당 중앙위원회 정치위원회 안에 김일성을 수반으로 하는 상무위원회를 설치한 것이다. 또한 당 중앙위원회 하에 비서국을 설치하고, 중앙위원회 위원장 부위원장의 직제를 총 비서·비서직제로 개편하였다. 김일성이 총비서에 추대되고, 조직부장이었던 김영주가 조직비서로 선출되었다. 이때 김정일이 당에 들어와 있었지만 아직은 그와 자리를 놓고 다툴 정도는 되지 못하였다. 10명의 비서 중 갑산파의 선전비서 김도만과 국제비서 박용국은 김영주의 측근들이었다. 모두 소련 유학생 출신인 이들은 당시 로동당의 엘리트 그룹으로 실세들이었다.

차기 후계자로 탄탄대로를 걷는가 했던 김영주는 앞에서 설명한 갑산파의 숙청으로 김도만과 박용국이 축출되자 당내 기반이 약화되었다. 그러나 이때까지만 해도 중요한 것은 김일성 유일 체계 확립이었다. 갑산파에 이어 강경 군부 세력까지 제거되자 각자 몸조심하기에 바빴고 오직 김일성에게 충성을 다하는 것만이 그들이 살아남는 길이었다.

1970년 당 5차 대회가 열렸는데 당의 가장 핵심인 비서국의 비서에는 총비서 김일성 그리고 10명의 비서 중 최용건과 김일, 그리고 김영주만이 다시 선출되어 외견상으로는 김영주가 김일성의 후계자처럼 보였다. 이즈음에 김일성은 후계자 문제를 놓고 심사숙고하기 시작한 것으로 보인다. 특히 사회주의 종주국이었던 소련이 후계 문제로 권력투쟁이 치열해지자, 김일성은·후계 구도 문제를 완벽하게 놓아야겠다는 생각을 한 것이다.

이렇게 되면서 김영주와 김정일은 삼촌과 조카의 관계라기보다는 파워게임을 하는 라이벌의 관계에 가까웠다. 그러나 이 게임은 생각보다 쉽게 끝나고 말았다. 김일성의 생각이 동생보다는 장남에 기울어졌고, 결정적으로 김영주가 건강이 좋지 않았다. 1971년경 김영주는 '식물성 신경부조화증' 이라는 심각한 병에 결렸다. 그는 1972년 7·4남북공동성명 서명자이면서도 그 역할을 박성철이 한 것도 바로 병 때문인 것으로 후일 알려졌다.

김영주는 1974년 2월에 정무원 부총리로 임명된 뒤 해외 순방과 외국 사절단 접견 등의 활동에 이름을 비치기도 하였다. 황장엽은 김일성의 동생인 김영주에 대하여 다음과 같이 쓰고 있다. "내가 아는 김영주는 똑똑하고 성실한 사람이었다. 소련 유학도 하여 서양식 생활에 대해서도 일정한 이해를 가지고 있었다. 이 점에서 김일성보다도 낫고 김정일과는 상대도 안 될 정도였다. 그런 만큼 권력투쟁에서 교활하고 무자비한 김정일을 당해낼 수 없었던 것이다", "김정일은 김영주가 부총리에 있는 것도 껄끄럽게 생각했다"[38]

김영주는 1975년 7월 7·4남북공동성명 발표 3주년을 기념한 성명 발표를 끝으로 정치 무대에서 사라졌다. 성명 발표 후 중앙당 청사에서 나와 운전사를 돌려보내고, 김일성종합대학 학생이던 맏딸과 남산고급중학교 재학 중인 쌍둥이 아들을 데리고 강계로 떠났다. 그 후 그의 자녀들은 지방 학교에 다녔고, 18년간 아무도 이들에게 관심을 갖지 않았다.

그런 김영주가 근 20년간의 정치 공백을 깨고 당 정치국 위원, 국가부주석으로 컴백한 것은 1993년 12월이었다. 그 해 김일성은 김영주가 김정일의 경쟁 상대가 안 된다는 생각에 보호막으로 필요해서였는지, 아니면 형제간의 우애 때문이었는지 김영주를 평양으로 불러들였다. 이때 김영주의 나이 72세였다. 김영주는 김일성 사망 후에도 아무런 실권도 없이 부주석 자리를 지키다가 1998년에 주석제가 폐지되면서 자동적으로 부주석에서 물러났다. 그리고 김영주는 신설된 최고인민위원회 상임위원회 명예부위원장으로 밀려났다.

김정일은 김평일에게 콤플렉스를 느꼈을까?

김성애는 조선조로 말할 것 같으면 중전이었다. 세자인 김정일이 다음 왕위를 계승하는 데 가장 강력한 적이 있었다면, 바로 중전인 김성애였을 것이다. 그녀의 소생에는 평일, 영일, 경진이 있었다. 만약 김정숙 중전이 타계하지 않았더라면 왕위 계승 다툼 따위는 벌어지지 않았을 것이다.

새로운 중전 김성애는 만만치 않은 인물이었다. 김성애는 1969년 조선민주여성동맹(여맹) 위원장에 올랐다. 여맹은 로동당 외곽 조직에 불과하지만, 북한 전역의 여성들이 여맹원으로 되어 있어 숫자상으로만 보면 만만치 않은 조직이었다. 김성애가 여맹위원장을 맡고부터는 당 사업, 행정 사업에 가리지 않고 뛰어들어 로동당 부장이나 책임자들도 그녀의 말이라면 무조건 복종하였다.

김성애가 여맹위원장에 취임하고 야심 차게 밀어붙인 사업은 다름 아닌 그동안 여맹에서 벌여 왔던 김정일의 생모인 김정숙 숭배 사업을 중지시킨 것이었다. 그 대신 김성애가 들고 나온 것은 김일성의 어머니인 강반석 숭배 사업이었다. '강반석 여사 따라 배우기 운동' 이것은 김일성 가문을 추앙한다는 명분이 있었지만, 김정일로 봐서는 화가 나는 일이었다. 김성애는 각 직장에 '어머니 교양실'을 만들어 강반석 여사 행적 따라 배우기 운동을 전국적으로 벌였으며 『강반석 어머니를 따라 배우자』는 소책자를 만들어 전국적으로 보급하였다. 모든 여맹 사무실에는 김정숙 사진 대신에 강반석과 김성애의 사진이 걸려졌다.

이러한 일련의 상황을 손광주는 "김성애가 노린 것은 다른 데 있지 않았다. 김영주가 병으로 인해 후계자 대열에서 확고한 자리를 굳히지 못하자 그 틈을 뚫고 자신의 입지를 굳힌 다음, 여론이 좋은 큰아들 김평일을 후계자 대열에 한번 올려볼 심산이었다. 그러자면 아직 어린 김평일이 성년이 될 때까지 자신이 2인자로 김일성을 보좌할 필요가 있었다. 이 때문에 김성애는 김일성의 처남이 되기도 하는 성갑, 성호 등 자신의 남동생을 요직에 앉혀 놓았다."[39]라 쓰고 있다.

김성애가 염두에 두고 있었던 것은 후계자 김평일이었을 것이다. 실제로 김정일은 그의 이복동생 중의 맏이인 김평일에게 가장 많은 신경을 썼다. 우선 그는 외모상으로 김정일을 압도한다. 키도 크고 얼굴도 젊었을 때의 김일성을 빼어 닮았다. 그래서 김일성은 자신을 닮은 평일을 평소에 무척 예뻐했다. 김평일은 1954년생으로 김정일과 12살 차이이고 성격이 과묵한 신사 타입으로 알려져 있다. 김정일이 아이디어가 반짝이고 추진력이 있는 편이라면, 김평일은 조직적이고 논리적이다. 김평일은 남산고급중학교를 거쳐 김일성종합대학 경제학부에 입학하였다.

김성애의 이러한 행동에 대하여 가장 불만을 나타낸 집단은 소위 빨치산 가족들이었다. 김정숙과 생사를 같이 했던 이들은 당시 김성애의 힘 때문에 직접 대놓고 이야기할 처지는 아니었지만 두고 볼 수만은 없었다. 당시 김정일도 로동당 선전선동부장이라는 상당한 지위에 있었기 때문에 빨치산 가족들은 김정일에게 생모의 명예를 지켜주는 '빨치산의 아들'이 되어 줄 것을 간청하였다. 김정일은 그의 측근들을 시켜 여맹에서 벌어지는 일을 샅샅이 보고하라고 했고, 극비리에 김성애에 대한 뒷조사도 벌였다.

그러나 김정일도 김성애를 함부로 할 수는 없었다. 그녀는 분명 아버지의 부인이었고, 김일성의 신임도 컸기 때문에 결정적인 문제가 나타나기 전에는 김정일이 그녀를 끌어내리기에는 힘든 상황이었다. 물론

1972년 새로운 헌법을 제정하고 김일성이 막강한 주석 자리에 오르면서 당을 김정일에게 맡긴 상황이었기 때문에 후계 문제는 어느 정도 가닥이 잡힌 상태였다. 이 과정에는 빨치산 1세들의 김정일에 대한 적극적인 후원이 있었다. 이것에는 죽은 김정숙에 대한 의리가 작용했는지도 모른다.

1973년 결정적인 문제가 발생하였다. 그렇지 않아도 김일성은 김성애의 동생 성갑과 성호가 권력을 남용한다는 보고를 자주 받은 터인데, 이번에는 자신이 인민학습당을 지으려고 아껴왔던 부지에 처남들이 자기 어머니를 모실 집을 지었다는 보고를 받았다. 김일성은 대노했고, 이 사건을 계기로 김성애는 그녀의 뜻을 접어야 했다. 검열단이 여맹에 보내지고 평양시에 책임을 물어 관련자를 문책하였다.

김정일은 다시 생모 김정숙 숭배 사업을 시작했다. 지금도 북한에 지명이나 유적지, 관공서, 유치원 등에 김정숙의 이름을 따서 지은 곳이 다른 누구의 이름보다도 많이 있다. 2002년에 북한을 방문한 러시아 여기자가 김정일에게 이 세상에서 가장 절친한 사람이 누구라고 생각하느냐고 묻자 "제가 어렸을 때 돌아가신 제 어머니입니다. 어머니는 혁명 전사였습니다. 어머니는 당신의 아들이 올바른 길로 잘 성장하기를 바라셨습니다. 그러나 어머니는 제가 오늘날의 김정일이 되리라고는 생각하지 못하셨을 겁니다. 저는 어머니의 은혜를 많이 입었습니다."[40]라고 답했다고 했다. 지금도 이렇게 말하고 있는데 그 당시 김성애가 자신의 어머니 숭배 사업을 중지시킨 것에 대단한 분노를 느꼈을 것이다.

김일성종합대학을 졸업한 김평일은 곧바로 장교로 임관했다. 김평일은 상위로 임관함과 동시에 김일성군사종합대학 작전전술과정을 수료한 뒤, 호위사령부 장갑차 대대장으로 임명되었다. 그러나 1979년 말 그는 갑자기 유고 주재 북한대사관 부무관으로 임명되어 평양을 떠났다.[41] 김평일 뿐만 아니라 그의 누나와 동생도 동유럽으로 보내졌다. 이때는 로동당 제6차 대회가 있기 바로 전해이고, 앞서 이야기한 바와 같이 김정일이 공식적으로 북한의 서열 제2위에 오르기 전이다. 김정일은 국내에 이들이 거주하면 아무래도 신경이 쓰이고, 혹시 그들이 세력을 키워나가지 않을까 염려했던 것이다.

김평일은 귀국 후 인민무력부 부국장을 끝으로 군복을 벗고 1988년 헝가리 대사로 임명되었다. 그 후 불가리아, 핀란드 대사로 주로 해외에서 빙빙 돌고 있다. 김평일은 한번도 김정일에게 도전한 일이 없었는데도 권력으로부터 항상 멀리 떨어져 있어야 했다.

김정일의 약력을 보아서 알 수 있는 바와 같이 그는 군 경력이 없이 원수에 올랐다. 그러므로 김정일이 평일에게 가지는 콤플렉스도 바로 이 문제이다. 김정일은 김평일이 권력의 중심부에 접근할 기회를 주지 않고, 그의 잠재적 경쟁자인 동생을 내몰고 있다. 1994년 김일성이 사망했을 때, 김평일의 이름은 장의위원회 명단에 빠져 있었다. 김평일의 어머니인 김성애는 김일성이 죽은 이후에도 줄곧 조선민주여성동맹 위원장으로 있었으나, 1998년 하반기에 그 직에서 밀려났다.

어찌 보면 김정일은 그의 이복동생과 계모가 그의 자리를 넘볼 수 있는 여지를 주지 않았다. 이러한 모습을 보면서 조선조에서 흔히 보았던 임금과 중전 그리고 그의 아들 간의 갈등의 모습을 그려본다.

5 로맨스인가 스캔들인가

김정일의 아들과 딸은 몇 명인가?

김정일의 앞에 붙는 '알 수 없는 인물' 이라는 수식어가 더욱 그럴듯하게 느껴지는 대목은 바로 그의 가족 관계에 관한 것이다. 우리가 일반적으로 알고 있는 김정일은 성혜림과의 사이에서 아들을 하나 낳았고, 지금의 부인인 김영숙과의 사이에서 딸 하나 아들 하나를 낳아 2남 1녀를 두고 있는 것으로 알고 있었다. 그러나 국내의 많은 저서들이 주장하는 김정일의 가족 관계는 서로 비슷한 것도 있으나 전혀 상반된 것도 있다. 하여튼 이것은 김정일의 여자관계가 단순하지 않다는 것을 반증해 주는 것이기도 하다.

이상우 교수는 김정일의 가족 관계를 "김정일은 김철만 상장의 딸과 결혼했으나 이혼했으며, 1967년 성혜림과 결혼하여 1971년 장남 정남을 나았으나 성혜림과도 곧 이혼했다. 1973년에 결혼한 현 부인 김혜숙과 사이에서 1974년 딸 설송을 낳았다."[42]고 아주 간단명료하게 이야기하고 있다.

전 김일성종합대 김현식 교수와 동아일보 손광주 기자가 쓴 『다큐멘터리 김정일』은 비교적 상세하게 적고 있다. 성혜림과는 정식으로 결혼하지 않았고, 그녀는 김정일보다 다섯 살 위다. 배우였던 성혜림과 동거에서 낳은 아들이 장남인 김정남으로 1971년 5월 10일생이다. 아들 김정남을 낳은 이후 김정일과 김영숙은 결혼을 하였고, 1974년에 딸 설송을 낳았다. 북한에서는 '퍼스트레이디'의 역할이라는 것이 거의 없고 공식석상에는 잘 나타나지 않기 때문에 더욱 드러나지 않는다. 김정일의 성혜림에 대한 애정도 아들 정남을 얻고 난 뒤부터 사그라졌다. 성혜림이 신경쇠약 불안우울증세가 심해진 것은 김영숙이 딸 설송을 낳은 뒤부터다. 김정일이 만수대예술단 무용단원 당시 22살인 고영희를 1976년에 집에 들어 앉혔다. 이 사이에서 1981년 태어난 것이 차남인 정철이다. 놀라운 사실이지만 김일성은 1994년 7월 사망할 때까지 첫손자인 김정남의 존재를 몰랐다.[43]

조영환 교수는 그의 저서 『매우 특별한 인물, 김정일』에서, 김정일의 처로 대우받았던 성혜림은 장남 김정남을 낳았다고 한다. 북송교포의 딸인 만수대 예술단원 고정자(일명 고영희)는 19세에 김정일에게 발탁되어 딸을 하나 낳았고 지금도 호화롭게 살고 있다. 김정일은 동거해 온 여자 중 한 명과 결혼식을 올렸는데, 그녀는 김영숙(일명 김혜숙)으로 김정일이 최은희에게 정식 아내로 소개한 적도 있고 그렇게 알려진 사람이다.

중앙일보 기자 정창현은 전 조선로동당 고위간부로 제3국에 망명했다는 신경완과 인터뷰 형식으로 『곁에서 본 김정일』이라는 책을 출간했다. 여기에서는 김정일의 가족 관계를 달리 이야기하고 있다. 김정일은

1965년 김일성대학 동기생인 홍일천과 결혼하고, 68년경 첫딸 김혜경을 낳고 얼마 후 이혼했다는 것이다. 그리고 1973년 10월 10일에 현재의 부인인 김영숙과 결혼하였다. 여기서 김정남이 태어났고 어렸을 때는 설송이라고 했다. 1978년에 딸을, 1980년에 아들을 더 낳은 걸로 알고 있다고 한다.[44] 이 증언에서 보면 아들 정남과 설송은 동일인이고, 김정일은 2남 1녀를 두었다는 것이다.

또 하나 눈길을 끈 기사는 동아일보 심규선 도쿄 특파원의 〈김정일 농구에 관심 NBA팬 차남 영향─아사히신문 보도〉 기사였다. 북한의 김정일은 미국 프로농구 열렬한 팬인 차남 정철의 영향을 받아 농구에 상당한 관심을 갖고 있다. 김정일의 가족 관계는 비밀에 쌓여 있으나, 정철은 전 만수대예술단 무용수 고영희와의 사이에 태어난 것으로 전해졌다. 한편 장남 김정남의 어머니 성혜림이 1996년 모스크바를 망명했다는 정보가 있었다. 그리고 93년에는 김정남이 여자 문제로 평양에서 발포 사건을 일으켰다는 정보도 있기 때문에, 김정일의 후계자로 지목받지 못하는 것으로 알려졌다고 한다.

성혜림의 조카인 이한영은 그의 수기에서 김정일의 가족 관계를 상당히 소상하게 쓰고 있다. 그의 어머니의 동생인 성혜림은 영화배우로 20세가 채 되기 전에 결혼 생활을 시작했으나 이혼을 했다고 한다. 김정일이 28세이고 성혜림이 33세 때 둘은 교제를 했는데, 당시 김정일은 당 선전선동부 부부장으로 영화에 큰 관심을 쏟고 있을 때이고, 성혜림은 공훈배우의 칭호를 받은 때였다고 했다. 이들 둘은 1969년 동거에 들어갔고 1971년 5월 10일 장남 김정남이 태어났다. 손광주의 주장과는 달리 이한영은 "정남의 존재는 할아버지에게까지도 한참 동안 비밀이었다고 한다. 내가 알기로 김정일이 김정남의 존재를 김일성에게 알린 것은 75년경이었다고 한다."[45] 하여 김일성도 김정남을 큰 손자로 인정했던 것 같다. 성혜림은 우울증과 신경쇠약증 등으로 1974년부터 모스크바로 치료를 다니기 시작했고, 1976년부터는 모스크바에 거주하다시피 했다.

이들을 종합하여 김정일의 가족 관계를 추론해 보면 성혜림과의 사이에서 장남 정남을 나았고, 김영숙과의 사이에서 딸 설송을 나았으며, 고영희에게서 2남 정철과 3남 정운을 낳은 것으로 생각된다. 종합해 보면 김정일은 3남 1녀의 자녀를 둔 셈이다. 최근에는 딸 둘이 더 있는데, 하나는 홍일천에게서 낳고 또 한 명은 고영희의 딸이라고 한다.

이한영의 수기에 의하면 장남인 정남은 어릴 때 스위스 베른에 있는 국제학교에 몇 년간 다닌 적이 있다고 한다. 김정남은 몇 년 전 미국의 디지니랜드에 가기 위해 일본에 입국했다가 위조 여권이 발각되는 바람에 망신을 산 적이 있어 그 얼굴이 우리들에게 알려졌다. 그는 이모인 성

2001년 5월 4일 나리타공항, 일본 불법 입국 혐의를 받고 중국으로 추방되는 김정일 국방위원장의 장남 김정남의 모습이다.

혜랑(이한영 어머니)과 모스크바를 탈출, 서방 국가로 망명하여 입지가 불안하다는 보도가 나오기도 했다.

보편화되지는 않았지만 북한의 후계 구도에 대한 이야기는 가끔씩 나오고 있다. 이는 북한에서 나오는 이야기라기보다는 국내 전문가들의 간헐적 언급에서 찾아 볼 수 있다. 즉 "소식통들은 한때 군부가 정철, 정운을 후계자로 내세우려는 의도에서 고씨를 우상화하는 데 나섰다가 김 위장의 반대로 중단된 것에 주목한다. 특히 지난 해 불었던 고영희의 국모 추대 운동은 김정일 위원장이 후계자로 지목되기 전 그의 어머니 김정숙이 국모로 추대되었던 과거 역사로 볼 때 더욱 주목받고 있다."[46]는 내용 등에서 볼 수 있었다. 그런데 '존경하는 어머님' 으로 우상화하려 했던 고영희의 중병설이 끊임없이 나돌더니, 『연합뉴스』가 베이징의 중국 소식통을 이용하여 사망 사실을 보도했다. 그 후 확인된 바에 의하면 고영희는 2004년 6월 프랑스에서 암 치료 중 숨진 것으로 밝혀졌다. "신병 치료차 파리에 머물고 있던 고씨가 숨지자 북한은 고려 항공 특별기 편으로 시신을 평양으로 운구했다. …… 북한은 고씨의 장례식을 가족과 핵심 권력층만 참석한 가운데 극비리에 치렀다."[47]고 보도했다. 고영희 사망으로 관심을 끌고 있는 것 역시 후계 구도 문제이다. "일본 시사 주간지 『이에라』가 8월 30일 고영희의 큰 아들인 정철이 지난 4월 당 조직 지도부 요직에 취임했고 이는 후계자가 정철로 굳어졌음을 의미한다."[48]는 보도가 있었다는 등 후계 구도를 둘러싼 이야기는 계속 나오고 있다. 그러나 어느 것도 신빙성을 가지고 있지 않다.

북한을 전공하는 학자들의 의견을 종합해 보면 '김정일의 경우 10년 이상의 조직 경험과 치열한 권력투쟁을 거쳐 후계자가 되었는데 세 아들에게는 그런 징후가 없다.', '김정일의 후계자는 패밀리 구도로 가지 않을 것이고 3대에 걸친 세습은 없을 것이다.', '군부나 테크노크라트가 승계할 가능성도 있다.', '군부밖에 없다.' 등 다양하다.

북한과 김정일을 이야기하면서 '알 수 없는' 이라는 수식어를 계속 쓰고 있다. 그렇기 때문에 단정한다는 것 자체가 어렵다. 김정일의 장남인 김정남의 나이도 34살이다. 이 나이면 김정일은 당을 운영하는 막강한 권력을 가지고 있을 때이다. 심심찮게 흘러나오는 이야기가 북한의 IT 분야를 김정남이 관장하고 있다는 것이다.

성혜림도 사망했고, 고영희도 51살의 나이로 세상을 떴으니 어찌 보면 김정일도 기구한 운명을 가진 사람이다.

김정일과 기쁨조

김정일도 술을 아주 즐기는 편이었다. 남한에도 잘 알려진 바에 의하면 김정일이 주최하는 만찬의 연회장 입구에는 코냑이 놓여 있다고 한다. '입장료' 인 셈이라 한 잔 마셔야 연회장에 들어갈 수 있단다. 황장엽의 말에 의하면 40도짜리 코냑을 맥주 컵에 부어 마신다고 한다. 김정일은 주량이 도량이다 하면서 술을 많이 마시는 사람을 인물로 치기도 하였다.

김정일이 즐겨 마시는 술은 프랑스제 '헤네시 코냑' 으로 연회 때 잔에 가득 부어 마시고 다른 사람에게도 강권했다고 한다. 최근에 『김정일 : 북한의 친애하는 지도자』를 지은 브린은 그의 책에서 "몇 년 전 헤네시의 대표 이사가 나에게 김정일이 파라다이스 코냑에 관해서는 회사의 제일 큰 고객이었다는 것을 확인시켜 주었다. 김정일은 1년에 약 70만 달러를 파라다이스 코냑을 사는 데 썼다."[50]라고 쓰고 있다.

일단 술이 들어가면 춤을 추거나 노래를 부르는데 김정일은 직접 하는 것보다 남이 하는 것을 즐기는 편이라고 한다. 그러나 가끔 흥이 나면 지휘봉을 잡고 밴드를 지휘하는데 최은희는 이 광경을 보고 김정일이 대중음악, 경음악, 클래식 등에 상당한 조예가 있는 것처럼 보였다고 전하고 있다. 여기서는 남한의 대중가요도 불려졌다고 한다.

고영환의 증언에 따르면 김정일은 술을 마시다가 기분이 좋으면 미국 돈 1만 달러짜리를 다발로 가져오라고 해서, 그 돈 다발 묶음을 뜯어서 손에 잡히는 대로 1백 달러짜리를 참석자들에게 던져 준다고 한다.[51] 손광주는 다음과 같이 쓰고 있다. "파티가 무르익으면 김정일이 노래를 시킨다. '누구 누구 노래하라.'는 식이다. 이 자리에서는 남조선 노래가 판을 친다. 〈이별〉, 〈사랑의 미로〉, 〈하숙생〉, 〈동백아가씨〉 등이 나온다. 김정일은 〈찔레꽃〉, 〈섬마을 선생님〉, 〈이별〉 등을 즐겨 부른다. 러시아 노래도 많이 등장한다. 파티는 대개 새벽 1시쯤 되어야 끝난다."[52]

술을 마시고 파티를 하는 곳을 중앙당 휴게소라고 하는데 여러 곳에 있다. 황장엽은 이러한 시설들이 김정일을 위해 지어진 것이라고 한다. 여기에서 진행되는 파티에는 예술단이라고 하는 공연단이 공연을 하게 되는데, 국내에서는 이를 일명 '기쁨조'라 한다. 김정일은 한 달에 한 번씩 파티 참석자들에게 선물을 나누어준다. 남자들에게는 양복천이나 구두, 공연 무용수들에게는 화장품 세트나 일본제 고급 내의 등이 나온다고 한다.

실제로 김정일은 남한의 대중가요를 좋아한다. 이러한 것은 남북정상회담 이전에 소문으로 들려왔으나, 정상회담 이후에 사실로 확인되었다. 김정일이 좋아하는 남한 가수로는 조용필, 이미자, 심수봉, 김연자, 최진희 등이 있다고 박재규 전 통일부 장관이 전했다. 좋아하는 노래도 대부분 이들의 노래인데 특히 최진희의 〈사랑의 미로〉가 애창곡이고, 이미자의 〈동백아가씨〉도 애창곡의 하나로 알려졌다.[53]

남북정상회담을 전후로 우리의 대중가수들이 평양에서 공연을 가진 바 있다. 최진희, 이미자, 태진아, 현철 등의 가수가 참여했다. KBS 간판 프로그램인 전국노래자랑이 송해를 사회로 평양에서 열렸다. 우리 가수로는 송대관, 주현미 등이 노래를 불렀다. 방북 공연 중 특이한 경우는 김연자의 경우로, 김정일이 지켜보는 가운데 공연을 하였다. 우리나라의 50~60대 층과 같이 김정일의 노래 취향도 트로트 계열의 감상적인 노래를 좋아하는 것 같다.

오래전 미국 펜실베니아대학의 이정식 교수가 쓴 글이 생각나서 여기에 옮겨 본다. "지금까지 일본이나 한국의 언론들은 김정일을 술 좋아하고 여자 좋아하는 난봉꾼으로 묘사해 왔다. 설령 이런 것이 사실이라 하더라도 그것은 동서양의 정치에서 보편적으로 볼 수 있는 스캔들이고, 어느 면에서는 보통 인간의 행위가 아닌가 생각된다."

6 스타일인가 전략인가

인민복은 고도의 자기 연출인가?

김정일 하면 떠오르는 것은 파마 머리에 둥근 얼굴 그리고 인민복 차림의 모습이다. 그는 거의 모든 장소에 같은 차림으로 나타난다. 겨울철에 입는 방한코트를 제외하고는 한결같다.

1992년 김정일이 조끼를 받침 한 양복을 입은 모습이 처음 공개되어 화제가 된 적이 있었다. 국내외 소개된 김정일의 양복을 입은 사진은 이때의 것이 유일하다. 평상시에는 거의 인민복이나 점퍼를 즐겨 입고 있다. 많은 전체주의 국가의 지도자의 경우 군복을 즐겨 입는 것을 우리는 보아 왔다. 군사 국가인 북한에서 김정일도 군복을 입을 법도 한데, 그러한 모습을 한번도 본 적이 없다. 김정일은 수없이 인민군 부대를 시찰하지만 군복을 입지 않는다.

이것은 고도의 자기 연출이라고 한다. 인민복은 혁명하던 시대에 사

1992년 2월 김정일은 연형묵 당시 정무원총리와 함께 조총련 동포들이 기증한 잡화류를 둘러보고 있다. 평상시에는 인민복 차림인 김정일의 양복 입은 모습은 보기 힘들다.

람들이 입었던 옷이다. 김정일은 자신이 그러한 이미지로 떠올려지길 바라고, 인민들에게 소박한 모습으로 보이길 좋아한다. 겨울에는 무릎까지 내려오는 외부 포켓 장식의 방한복을 착용한다. 『로동신문』에서 군부대를 방문하는 김정일의 이러한 모습을 사진으로 간혹 볼 수 있다. 일본의 어느 방송인은 이렇게 말한다. "언제나 같은 패션이라는 것은 그의 유례없는 탁월한 센스를 보여 주는 것이다. 이것은 천재 예술가인 그가 고심 끝에 고안한 자신의 이미지 전략이다."[49]

텔레비전에서 보아서 압니다

김정일이 남한의 텔레비전 방송을 즐겨 본다는 것은 여러 경로를 통하여 흘러 나왔다. 그런데 이러한 것이 본인의 입을 통하여 입증이 되었다. 그는 김대중 대통령에게 "오늘 아침 비행장에 나가기 전에 텔레비전을 봤습니다. 공항을 떠나시는 것을 보고 대구 관제소와 연결하는 것까지 본 뒤에 비행장으로 나갔습니다." 등의 말을 하였다. 또한 박지원과 박재규에게도 "텔레비전에서 많이 봐서 잘 알고 있습니다."고 농담 아닌 농담을 건넸다.

김정일은 자신의 관저에 미국의 CNN 방송은 물론 남한의 KBS와 MBC 등 10여 개의 채널을 설치하여 놓았다. 그의 집무실을 방문해 본 인사들에 따르면 벽에 걸린 12대의 텔레비전 수상기가 가장 인상적이라고 전한다. 또한 그의 별장인 특각에도 위성 수신용 안테나가 설치되어 있다. 그가 텔레비전을 즐겨보는 것은 취미이기도 하지만 많은 정보를 접하고 국제 감각을 익히는 매체로써 활용하고 있기 때문이다. 북한과 남한은 주사방식이 PAL과 NTSC로 서로 다르기 때문에, 김정일도 남한 방송을 보기 위해서는 NTSC 방식 전용 수상기로 볼 것이다.

김정일의 건강은 김치가 지키는가?

김정일의 일과는 불규칙하다. 김정일은 일을 하거나 파티 때문에 밤을 새는 일이 자주 있다고 한다. 그러므로 새벽 3~4시에 건설 현장이나 행사 준비장에 갑자기 나타나기도 하고 간부들에게 전화를 걸기도 한다. 그의 측근들마저도 저렇게 잠을 적게 자고 어떻게 버티는가 하고 의아해 할 정도이다. 또한 그는 한밤중에 전화를 잘한다고 한다. "서류를 결재하던 중 의문이 생겨 늦은 시간이지만 부득이 전화했다."고 하면서 고위 인사들에게 시간을 가리지 않고 전화를 한다. 어쩌면 그의 이러한 행동이 야행성이기 때문이기도 하지만, 거의 잠을 자지 않고 일을 하고 있다는 것을 과시하는 것인지도 모른다. 그런데 김정일의 이러한 야행성은 김일성으로부터의 내림이라고도 한다.

남북정상회담 때 비친 그의 모습을 보면서 건강에 이상이 있느니 하는 말이 있었다. 그러나 그의 건강이 어떠한가는 알 수 없다. 단지 그와 접했던 사람들의 이야기를 통해서 들을 수 있을 따름이다. 김정일은 건강에 좋지 않다 하여 1982년 담배를 끊으려고 시도한 적이 있는데 끊지 못하고, 1999년에야 확실히 결심해서 금연을 했다고 한다. "술도 50세까지 좋아했지만, 의사가 굴복시켜 독한 술은 금하고 있다."고 김정일의 이야기를 전하고 있다.[54] 『나는 김정일 경호원이었다』를 쓴 이영국은 김정일의 건강 상태를 다음과 같이 말한다. "김정일의 신체는 '누구도 따르지 못할 정도' 라는 수식어를 붙여 주고 싶을 정도로 건강하다. 겉으로는 비만해 보이지만 3~4㎞ 거리인 정동산 길을 등산하고 계단 오르기 운동을 하는데 수행원들이 따라가지 못할 정도이다. 그래서 혼자서 달리는 일도 많았다. 또한 실내 바닷물 수영장에서 길이 120m 되는 구간을 다섯 번 이상 왕복한다." 이것을 100% 다 받아들이지 않는다 하더라도 그의 건강은 우리가 걱정하지 않아도 될 듯하다. 또한 1999년 방북을 해 김정일과 대낮에 2시간 정도 면담을 가졌던 정주영 전 현대명예회장은 "김정일은 다소 뚱뚱한 체구에 풀 먹인 인민복 차림으로 면담 장소인 함경남도 흥남 부근 서호 초대소에 나타났다. 비만으로 당뇨병과 고혈압을 앓고 있다는 소문과는 달리 활기가 넘쳤다."고 말한 적이 있다.

어느 나라 지도자라 할 것 없이 그들의 식생활을 책임진 관리 부서에서는 음식의 세밀한 부분까지 신경을 쓸 것이다. 북한의 경우 더 특별히 '장수 연구소'로 불리는 곳이 있어, 김정일의 건강과 음식을 체크하고 관리하는 것으로 알려져 있다. 예를 들어 쌀은 문덕 지방의 농장에서 나오는 쌀이어야 하고, 물은 신덕 샘물로 한다는 것 등이다. 물론 이 정도가 아니라 음식의 종류, 성분, 칼로리 등 과학적인 연구가 진행되어 최대한으로 건강에 좋은 것을 추천할 것이다. 폴리코프스키는 특별 열차에서도 러시아식 · 중국식 · 북한식 · 일식 · 프랑스식 등등 어떠한 요리든 다 주문할 수 있었다 하니, 평소 그 관저에서는 더 하면 더 했지 덜하지는 않을 것이다. 그는 김정일을 미식가로 표현하면서 식사는 매우 간소하고 적당하게 한다고 했다.

김정일은 김치에 대하여 대단한 애착을 가진 듯하다. 식탁에는 언제나 다양한 한식 반찬이 제공되었는데, 김치는 반드시 나왔다고 한다. 김정일은 김치에 대하여 장황하게 설명하면서, 조선 사람들은 음식물을 소화시키는 데 필요한 일정한 효소가 결핍된 지구상의 유일한 민족이어서 매운 음식이 꼭 필요하다며 강조했다고 한다.[55] 김대중 대통령에게 남한 사람들이 김치를 세계화한 것은 큰 업적 중에 하나라고 말했다는 것에서도 알 수 있다.

이런 것으로 보아 김정일은 대단히 건강하고 부지런하다는 것을 알 수 있다. 술을 좋아했지만 지금은 삼가는 편이고, 예술 방면에도 대단한 조예가 있다는 것을 알 수 있다. 특히 김정일 하면 떠오르는 것은 영화일 정도로 영화를 광적으로 좋아하는데 이는 뒤에서 자세히 이야기하기로 하자.

통 큰 정치도 좋지만

북한에서는 김정일의 통치 스타일을 가리켜 광폭정치와 인덕정치라고 부른다. 그는 '통이 크고 넓으며 아량이 있고 자애로운 상'을 지향한다. 실제로 김정일은 통이 크고 대담한 모습으로 비춰지길 원하고 있으며, 그가 벌인 일 중에는 대담한 것들이 적지 않다. 어릴 적에 어머니가 죽자 주위에서 그에게 항상 대담하고 통이 큰 사람이 되어야 한다며 그를 위로했다 한다. "너는 앞으로 훌륭한 사람이 될 것이니, 너무 집착하지 말고 대범한 행동을 해야 한다." 등의 위로의 말을 들으며 성장한 김정일은 그렇게 되려고 노력했기 때문에 행동뿐만 아니라 사고도 스케일이 큰 것을 선호했다. 이렇게 사람들을 놀라게 하고 이목을 집중시키면서 쾌감을 느끼는 것 같다.

김정일의 광폭정치 스타일은 일상생활에서 뿐만 아니라 정책 영역에서도 나타난다. 서해갑문, 유경호텔, 평양산원, 인민대학습당, 개선문, 주체사상탑 등 대형 건축물은 김정일이 기획한 것이다. 인민대학습장은 연건평 10만㎡, 장서 능력 3천만 부, 1일 수용 능력도 1만2천여 명이나 되는 일종의 종합도서관이다. 모란봉 앞에 세워진 개선문은 파리 개선문을 본 땄으나 그보다 더 크고, 대동강 기슭에 있는 주체사상탑은 높이 170m로 미국의 조지 워싱턴을 기념하는 탑보다 1m나 더 높다. 김일성의 시신이 안치된 금수산기념궁전의 총면적은 105만 평이다.

KAL기 폭파 사건, 아웅산 폭파 사건 등 이른바 통이 크고 대담한 수법도 대부분 김정일의 작품이라는 것이 정설이다. 김정일이 김일성 사망 후 군 지휘관 600여 명을 일제히 진급시킨 것도 우리는 이러한 유형으로 보아야 한다. 1993년 3월 인민군 최고사령관의 명령으로 전당·전군·전 인민에 대한 준전시 지령을 내린 것이나, NPT(핵확산금지조약) 탈퇴를 표명하고 전쟁 직전까지 긴장을 고조시킨 것에 대해 북한에서는 김정일의 '강철 같은 의지와 산 같이 높은 담력'을 나타낸 것이라고 칭송하고 있다.

김정일은 1991년 김일성 생일에 '5천 명의 대공연'을 직접 기획하여, 대공연 뒤에 5천 명 참가자 전원에게 일제 소니 텔레비전을 선물했다고 한다. 외국인들도 김정일의 통 큰 선물에 입을 다물지 못했다는 기록들

1982년 김일성 주석의 만 70세 생일을 기념하여 김정일은 개선문을 건립하였다. 1945년 김일성이 일본군을 물리치고 돌아와 연설한 자리에 세운 이 문은 높이 60m에 폭이 52.5m로 화강암 1만5천 개로 만들었다고 한다. 70세를 상징해 70개의 진달래꽃을 부조하고, 김일성 장군의 노래 1·2절이 개선문 전면과 후면에 새겨져 있다.

을 볼 수 있다. 평양에서 김정일을 만난 식사 자리에서 농담처럼 한 말인데 실제로 비행기 한 대에 송이버섯을 가득 실어 보냈다는 등의 이야기도 있다.

그러나 이러한 김정일의 광폭정치 스타일이 국고를 낭비하고 관료의 부패를 촉진시키는 역효과를 낳고 있다. 기념비적인 대 건축물도 마찬가지로 비경제적이며 비효과적이다. 통일부가 밝힌 금수산기념궁전의 관리 비용이 연간 미화 475만 달러로 추정된다고 하니, 통이 큰 것도 좋지만 굶주리는 인민들은 어떻게 할 것인가. 또한 그 대담함이 잘못되어 너 죽고 나 죽기식으로 이어질 때는 우리 민족 전체의 불행을 초래할 수도 있다.

인덕정치는 주민들에게 덕을 베푸는 정치를 한다는 것이다. 김정일은 60년대 후반부터 주민들의 지지를 얻기 위해 각종 선심 정책을 폈다. 관혼상제 때 선물을 보내는 것이 일상화되어 있고 광범하게 이루어졌다. 직위와 관계없이 특수한 대상에게 선물을 보내고, 나라에 이익을 주었을 때나 공로 위훈을 세웠을 때는 하나하나의 평가 · 감사의 편지 · 표창을 빠짐없이 보내 주었다고 신경완은 진술하였다.[56] 김정일은 자신을 배신하지 않는 한 빨치산 원로 1세대들에게도 인색하지 않을 뿐만 아니라 그들을 원로로 대접한다. 이와 같이 인덕정치의 미명 아래 환갑잔치를 차려주면서 인기 위주로 끌어가는 통치 방식은 추종자 세력을 확보하는 데 효과적일 뿐만 아니라, 원로들의 후광 효과를 이용하면서 반대 정적들을 견제하는 힘의 원천이 되기도 한다.

1998년 2월 15일 북한의 중앙방송은 이례적으로 이산가족 찾기 주소안내소 설치에 관한 보도를 했고, 3월 1일에 사회안전성 내에 주소안내소를 설치하여 국내(북한)와 해외동포에 대한 가족 찾기 사업의 적극화를 표명했다. 그 후 북한은 1998년 12월까지 460여 명이 상봉했다고 발표하면서 알선 활동의 성과를 소개했다. 이를 통해 '미제 침공에 의한 이별'과 '김정일의 은정에 의한 상봉'을 대비시켜 김정일의 인덕정치를 부각시켰다.

김정일이 주민을 배려하여 인덕정치를 펼친 대표적인 것으로 북한 내에서는 생활필수품난의 해소와 인민 생활의 향상에 대한 의지와 노력을 들고 있다. 김정일의 이 같은 관심과 노력은 1984년 8월 3일 경공업 제품 전시장의 현지 지도로 나타났다. 이를 계기로 북한에서는 생필품 부족을 타개하기 위한 전 군중적 '8·3 인민소비품 생산운동'이 적극 추진되었다. 북한은 최근 8·3 인민소비품 생산운동 20주년을 맞아 인민문화궁전에서 기념 중앙보고회 및 전시회를 개최하였다. 박봉주 내각 총리 및 경제 관련자들이 참석한 대회에서는 이 운동을 계기로 전 인민적인 소비품 생산을 높여 나갈 수 있는 길이 열리게 되었다고 성과 보고를 하였다. 북한이 20년이 지난 현재까지 기념회 등을 통해 이를 선전하는 것을 보면 이 운동에 얼마나 많은 비중을 두고 있는지 알 수 있다.

〈휘파람〉은 북한 최고의 인기가요

북한 인민들의 생활에 변화가 일어나기 시작한 것은 대체로 1984년경부터였다. 이 시점부터 북한 인민들의 옷에도 변화가 일어났다. 그들은 인민복 대신에 색깔 있는 옷을 입게 되었다. 우리가 흔히 패션쇼라고 말하는 '옷 전시회'도 때때로 열리게 되었다. 보천보전자악단(보천보예술단)과 같은 전자경음악단도 생겼다. 심지어는 디스코장도 한때 허용되었다.[57]

이 부분에 대하여 좀 더 살펴보자. 북한 최초의 경음악단은 김정일의 지시에 의해 1983년 7월 22일 결성된 왕재산경음악단(왕재산예술단)이다. 김일성의 혁명 전적지인 왕재산 혁명 전적지(함경북도 위성군)의 이름을 따서 지은 것이다. 이 악단은 16명의 전속악단과 6명의 가수, 16명의 무용수 등으로 구성되어 있으며 주로 김정일이 주최하는 당·정 고위

간부들의 모임이나 외국인이 참석하는 행사 등에서 공연하고 있다. 보천
보예술단은 북한 최초의 현대판 팝 앙상블로서 김정일의 지시로 1985년
6월 4일 결성되었다. 이 명칭도 역시 북한이 최고의 김일성 항일 전적지
로 자랑하고 있는 보천보 혁명 전적지(량강도 보천군)에서 따온 것이다.

보천보예술단은 왕재산예술단과 더불어 북한의 2대 경음악단으로 북
한의 전자음악을 상징하는 단체이다. 보천보예술단의 공연은 로동당의
문예 방침에 의해 리듬보다는 가사를 중시하는 북한식 음악이 핵심을 이
루고 있지만, 팝송 등 세계 각국의 대중음악도 공연 레퍼토리로 삼고 있
다. 김정일은 "참다운 음악은 시대의 요구에 충실하며 시대의 사명에 이
바지한다."라고 말했다.

창작곡 가운데 가장 사랑받는 곡은 〈당신이 없으면 조국도 없다〉인
데, 김정일에게 끝까지 충성하겠다는 의지가 담겨진 내용이다. 보천보예
술단이 근래에 발표한 노래로는 〈병사여 말하라〉, 〈아니나 다를까〉, 〈선
군닐리리〉, 〈내나라는 선군의 대가정〉, 〈언제면 그 언제면〉 등이 있다.
이러한 노래들은 매스컴을 타며 인기를 끌고 있다. 특히 〈병사여 말하라〉
는 최근 인기곡 중의 하나인데, 평양방송은 "지금 거대한 감화력을 불러
일으키며 온 나라 이르는 곳마다 급속히 파급되고 있다."고 전했다.

보천보예술단의 리드 싱어는 김광숙과 전혜영이다. 전혜영의 대표곡
으로 알려진 것은 바로 〈휘파람〉이다. "어젯밤에도 불었네 휘파람 휘파
람, 벌써 몇 달 불었네 휘파람 휘파람, 복순이네 집 앞을 지날 때 이 가슴
설레여, 나도 모르게 안타까이 휘파람 불었네." 이런 내용을 빠르고 경쾌
한 리듬에 담아 전자악기 연주를 바탕으로 노래를 만든 것이다.[58] 이 노
래는 한때 남한에서도 젊은이들이 많은 관심을 보인 바 있다. 이어 내놓
은 〈처녀시절〉이라는 노래도 인기를 끌었다. 이 노래 가사는 "아리따운

처녀, 활짝 핀 꽃, 웃음도 많아요. 아침에도 호호호 저녁에도 호호호. 전차공장의 로동자 아가씨야 웃음을 참아요. 오늘 다 웃어 버리면 내일은 어떡하려고. 석탄 채굴공인 그이가 영웅으로 됐을 때, 웃음도 한가득, 노래도 한가득, 사랑도 안겨드려요."이다. 전혜영의 〈휘파람〉 위력이 어느 정도인지를 보여주는 사건(?)이 평양 시내에서 일어나고 있다. 평양에 처음으로 상업 광고판이 등장했다. 평화자동차 공장에서 나온 자동차를 광고하는데, 자동차 이름이 '휘파람'이고 전혜영이 모델로 등장한다.

보천보예술단은 원래 김정일의 개인 파티용에서 재편성된 악단으로 출발하였는데, 북한뿐 아니라 일본과 중국 등에 순회공연을 실시하는 등 대외적인 외교관 역할을 하고 있다. 보천보예술단은 일본 순회공연에서의 공로를 인정받아 1991년 리더 싱어인 김광숙과 전혜영이 공훈배우 칭호를 받았고, 이듬해에는 최고 영예인 인민배우 칭호를 받기도 하였다. 이들은 북한 인민들로부터 최고의 인기를 누리고 있다.

1999년이 저물어 갈 무렵 평양에서는 남북한 가수들이 참여하는 공연이 있었다. 한번은 미국 대통령의 동생이 단장이 되어 패티 김, 젝스키스 등의 가수들이 북한의 배우들과 공연한 것이었고, 또 하나는 MBC 방송국과 북한이 공동으로 주최한 남북음악제였다. 차인태가 사회를 보고 최진희, 김종환 등의 가수들이 노래를 하였다. 방송을 보면서 우리에게 가장 인상이 남았던 것은 한복을 곱게 차려입은 북한의 5인조 여성 보컬 그룹이었다. 악보도 없이 테이프만 듣고 남한의 노래를 연습했다는 그들의 연주 솜씨는 아주 훌륭했다. 그러나 이것을 보면서 북한의 가장 대표적인 연주단이 바로 5인조 여성 보컬 그룹인가 하는 의구심을 가졌다.

문제는 앞에서 설명한 바와 같이 북한에는 대표적인 왕재산예술단과 보천보예술단이라는 악단이 있다. 실제로 1999년 8월에 평양에서 남북한 노동자 축구 대회가 열렸을 때, 우리 측 대표단을 환영하기 위하여 나온 것은 왕재산예술단이었다. 두 차례의 축구 대회가 끝나고 8월 13일 민주노총 축구단이 북한을 떠나기 전날, 국빈과 외국사절만이 관람할 수 있다는 만수산예술극장에서는 만찬을 겸한 왕재산예술단의 축구단을 위한 공연이 있었다. 공연이 있은 후 무대 위에서는 북한의 여배우들이 우리 선수들과 어우러져 함께 노래를 부르는 장면을 볼 수 있었다. 그리고 이들을 위하여 연주를 한 왕재산악단의 연주자는 13명이나 되었다. 원래 왕재산예술단은 16명의 연주자와 6명의 가수, 16명의 무용수로 구성되어 있다.

2천여 명이 관람을 했지만 초라한 무대 위에서 5인조 여성 보컬 그룹에 맞추어 중간박수 한번 없이 노래를 불렀던 우리나라의 유명한 가수들과 왕재단예술단의 공연을 보며 그들과 어깨동무를 하고 만수산예술극장에서 환대를 받는 모습이 뇌리를 스쳐갔다. 정말로 알 수 없다는 말을 다시 한번 되뇌어 보았다.

특히 북한에는 군인들을 위한 공연을 많이 하는데 가장 대표적인 것은 '인민군 청년기동선전대' 이다. 중앙방송은 최근 김정일 위원장이 총참모장 김영춘 차수와 당 비서 김국태, 김기남 등 당·군의 책임간부들과 조선 인민군 청년기동선전대 공연을 관람했다고 보도했다. 관람 후에 훌륭한 공연에 만족을 표시하며, 김정일은 "군인 교양에서 예술 선전이 매우 중요한 자리를 차지하고 있다. 군인들의 영웅적 투쟁심을 불러일으키게 하는 혁명적 예술 선전을 전격적으로 벌리기 위한 과업을 제시하였다."고 한다.[59]

아버지의 생일, 태양절

북한에서의 명절은 국경일·기념일·전통민속명절 등을 총칭하여, 10대 국가명절과 5대 민속명절이 있다. 북한은 민족 최대의 명절인 추석을 1967년 5월부터 "봉건잔재는 뿌리 뽑아야 한다."는 김일성의 교시에 따라 공식 명절에서 제외시켰다. 그러나 1972년부터 다시 추석 성묘를 허용하였고, 1980년대 이후에는 추석에 한하여 통행증이 없이도 성묘를 갈 수 있도록 함으로써 추석 성묘가 활발히 이루어졌다. 1988년에는 추석을 휴일로 지정한 데 이어 1989년부터는 설날(음력설)과 한식, 단오도 휴식일로 인정하여 민족 고유의 명절을 부활시켰다. 그러나 이는 완전한 법정 공휴일을 의미하는 것이 아니고, 내각이 고시한 그 전후의 일요일에 따로 보충노동을 하기로 되어 있다. 1993년부터 음력설만은 따로 노동일을 고시하지 않고 있다.

북한의 언론 매체들은 2000년 음력설을 앞두고 전래의 풍속을 소개하는 등 이례적인 모습을 보였다. 중앙방송은 "올해 민속명절은 경애하는 장군님의 배려에 의해 더욱 의의 있게 쇠고 있다."고 보도하면서, 김정일이 "우리 인민들이 음력설 명절을 잘 쇠라고 친히 말씀하시고 축등과 장식 등으로 설 분위기를 훌륭히 조성할 데 대하여 일일이 가르쳐 주셨다."고 그 자상함을 칭송하였다.

2003년부터는 양력설을 대신해서 음력설을 '기본 설 명절'로 정하고 휴무일로 하였다. 휴식일과 달리 휴무일은 완전히 쉬는 날이다. 정월대보름도 음력설과 함께 크게 쇠고 있다. 단오와 추석도 예로부터 불러오던 수릿날, 한가위로 바꿔 부르고 있다. 북한의 명절은 조상들이 전통적으로 지켜 온 명절을 부활하는 추세에도 불구하고, 소위 사회주의 명절에 더 높은 비중을 두고 있다. 현재 민속명절 중 휴무일로 지정되어 있는 날은 음력설과 한가위이다.

10대 국가명절에는 북한 최대의 명절인 김일성 생일과 김정일 생일이 있다. 김일성의 경우 1962년 50회 생일에 처음으로 임시 휴무일로 정해 명절의 의미를 부여했다. 그 후 국가명절로 정했다가 1972년 60회 생일인 회갑을 기하여 '민족 최대의 명절'로 정하였다. 김정일의 경우 33회 생일을 처음으로 임시 휴무일로 정한 후, 다음해 국가명절로 지정하였다. 1985년에 김정일의 생일을 아버지의 생일과 버금가는 '민족 최대의 경사'로 정하고, 1986년에는 이틀 휴무일로 하였다. 김정일의 생일을 '민족 최대의 명절'로 제정한 것은 1995년이었다. 그 밖에 국제부녀절, 인민군창건일, 국제노동자절, 해방기념일, 정권창건일, 로동당창건일, 헌법절 그리고 1993년 7월부터 김정일에 의해 '제2해방의 날'로 지정된 '조국전쟁승리기념일(휴전일)'도 국가명절이다.

김일성 주석 사망 5주기(1999년 7월 8일)를 맞아 김일성광장에서 열린 중앙추모대회 모습이다.
북한에서는 김일성이 태어난 4월 15일을 태양절이라 정하고 북한 최대의 명절로 기념하고 있다.

그렇다면 현재 북한에서 가장 큰 명절날은 어떤 날일까? 그것은 태양절이다. 태양절에 대하여는 이야기를 하지 않았는데, 바로 죽은 김일성의 생일이다. 북한에서는 김일성을 가리켜 '민족의 태양'이라는 말을 자주 써 왔다. 그래서 김일성 사후 만 3년이 되던 1997년 7월 8일에 김일성이 태어난 4월 15일을 태양절이라 정하였다.

아리랑축전 못 보면 평생 후회할 것입니다

북한에서는 김일성 탄생 90주년을 기념해 '아리랑축전'을 2002년 4월 29일부터 2개월간 평양의 5·1경기장에서 마련하였다. 이 아리랑 공연은 총 10만여 명이 동원되었으며, 첫 배경에 1만8천 명이 한꺼번에 출연하는 집단체조 형식의 대규모 공연이었다. 우리가 일반적으로 매스게임이라고 하는 집단체조의 장대함은 사회주의 국가의 특징 중 하나이다. 북한의 집단체조는 그중에서도 특히 아름답고 화려하며 한 치의 어긋남이 없이 지휘에 따라 움직여 예술의 경지에까지 도달했다는 평가를 받고 있다.

이 집단체조는 참가하는 인원이 10만 명, 5만 명, 3만 명 등으로 축하 정도나 환영 정도에 따라 달라진다. 이 집단체조를 직접 현장에서 본 적은 없지만 북한 연구에 도움을 주는 비디오테이프에서 수없이 보았다. 정말로 입이 다물어지지 않을 정도다. 특히 외국의 주요 사절들이 왔을 때 그들을 환영하는 의미에서 보여 주는 집단체조는 그들로 하여금 넋이 나가게 한다.

1999년 미국의 클린턴 대통령 특사로 북한을 방문한 올브라이트 국무장관에게도 집단체조를 보여주었는데, 아름다움과 경이로움을 넘어서 살기마저 느꼈다고 올브라이트는 말한 적이 있다. 올브라이트가 평양에

북한에서는 김일성 탄생 90주년을 기념해 '아리랑축전'을 2002년 4월 29일부터 2개월 간 평양의 5·1경기장에서 마련하였다. 이 아리랑 공연은 총 10만여 명이 동원되었으며, 첫 배경에 1만8천 명이 한꺼번에 출연하는 집단체조 형식의 대규모 공연이었다.

도착한 날 밤, 김정일은 평양종합운동장에서 펼쳐진 10만 명의 집단체조를 그녀에게 보여 주었다. 운동장 위의 스탠드에서 펼쳐지는 카드섹션에 갖가지 문구와 그림들이 나타났다. 여기에서 1998년 8월 북한이 쏘아 올린 대포동 1호의 발사 장면을 가리키며, 김정일은 올브라이트에게 이것이 북한에서 발사한 최초의 위성이며 마지막 위성이 될 것이라고 이야기하였다. 이때는 북미 관계가 우호적인 때이고, 또한 올브라이트와의 구체적인 회담 전이라 김정일이 전달하는 의미 있는 메시지였다.

이러한 집단체조를 할 수 있는 북한이기에 그 대규모 인원이 참가한 아리랑축전이 가능했다. 북한에서는 아리랑축전을 하기 전에 대대적인 홍보를 하였는데, '누구나 아리랑 공연을 볼 기회를 놓친다면 일생을 두고 후회할 것'이라며 열을 올렸다. 2월 5일 평양방송에서는 〈다가오는 평양의 봄은 세상 사람들을 부른다〉는 제목의 보도물을 내보내면서, 대

집단체조와 예술 공연 아리랑을 보러 평양에 오게 되면 관람자의 희망과 요구에 따라서 여러 곳을 관광할 수 있으며 이름 있는 예술 공연도 볼 수 있다고 밝혔다. 이 방송은 "현재 남조선과 해외동포 및 세계 각국 사람들 속에서는 평양에 대한 관심이 나날이 높아가고 있다."고 보도하였다. 이 같은 대외적인 홍보에도 불구하고, 이 행사는 결국 북한의 내부 행사에 머물렀다.

북한이 갑자기 아리랑 공연을 내부 행사로 규정하고 남한의 관광객을 초청하지 않은 이유에 대해 정확히 밝혀진 것은 없다. 그러나 아리랑 공연에 남한의 관광객이 대규모로 참관하는 것이 남북 양측에 모두 부담을 줄 수 있기 때문에 피하지 않았나 생각된다. 이 공연은 정치적 색채를 피하려 했기 때문에 북한은 남한의 관광객을 유치하는 데 문제가 없다고 생각했는지는 몰라도, 남한 측의 입장에서는 공연 주제가 결정이 되면서 새로운 문제점을 제기했을 것이다. 왜냐하면 아리랑 공연의 주제에는 '조선의 별', '선군아리랑' 등이 포함되어 있었다. '조선의 별'은 일제치하에서 신음하던 우리 민족이 김일성 주석의 영도 아래 해방을 맞이했다는 것이고, '선군아리랑'은 김정일 총비서의 선군정치에 따라 북한이 발전할 것이라는 내용이었다. 이러한 공연이 북한 체제의 찬양으로 비춰질 가능성에 대하여 우리 측에서 부담을 가졌을 것이다. 북한의 입장에서는 체제를 선전하고 홍보하는 것도 좋지만, 많은 관람객들이 요구하고 희망하는 평양의 이곳저곳을 보여 주는 부담은 정말 없었을까?

북한은 아리랑축전을 처음 기획할 때는 행사 이름이 '아리랑'이 아니었고 '태양의 첫 노래'였다 한다. 이는 김일성 주석의 생일 '태양절'을 기념하기 위한 것이기 때문이다. 그러나 김정일이 '작품 창작의 원천인 종자의 핵을 아리랑 정신에서 찾을 것'을 직접 지시하여 아리랑으로 정해졌다 한다.

중앙일보 이영종 기자는 아리랑축전 참관기에서 "해외 동포와 외국 관광객을 위해 마련된 3천500석의 관람석에는 400명 정도만 들어찼고, 요금이 300달러의 특등석과 150달러의 일등석은 거의 비어 있었다."고 언급하고 "선군아리랑, 통일아리랑, 강성부흥아리랑 등 모두 6개장으로 이루어진 아리랑 공연은 평양 시내 학생, 군인, 주민들이 지난해부터 준비한 작품답게 일사 분란하고 한 치의 차질도 없이 진행되었다."며 먼저 그 상황을 적고 있다. 이영종 기자는 공연 내용의 일부를 "'선군아리랑'에서는 북한군 5천여 명이 함성을 지르며 총검술 시범을 보이는 갸운데 낙하산 시범까지 곁들여졌다. 배경대에는 '우리를 당할 자 세상에 없다'는 구호가 등장했다. 김일성 주석의 혁명 일대기를 그린 '조선의 별'에는 인공기가 등장했다."고 하면서 남북한이 아리랑축전의 참관에 합의하지 못한 이유를 이해할 수 있었다고 하였다.

그러면 북한은 이 공연에 대하여 어떻게 평가했을까? 『로동신문』은 〈자주 시대와 더불어 길이 빛날 태양 칭송의 대축전, 위대한 수령 김일성 동지의 탄생 90돌과 조선인민군 창건 70돌을 성대히 기념, 세계 60여 개 나라에서 온 290여 대표단, 대표들과 해외 동포 대표단들 참가〉라는 긴 제목을 달고 "5월 1일 경기장에서는 새 세기의 최대 걸작으로 창작 완성된 대 집단체조와 예술 공연 '아리랑' 이 체육 예술의 대서사시적 화폭으로 펼쳐졌다. 어제 망국노의 설움 속에 리별과 눈물의 〈아리랑〉 노래 구슬프게 흐르던 이 땅이 어버이 수령님과 위대한 장군님의 은덕으로 〈강성부흥아리랑〉, 〈군인아리랑〉, 〈통일아리랑〉 노랫소리 높이 울리는 자랑 높은 주체의 조국으로 전변된 현실을 황홀한 신비경 속에 펼쳐 보인 대 집단체조와 예술 공연 '아리랑' 은 뜻 깊은 4월의 명절을 더욱 빛나

중앙일보 이영종 기자가 뽑은 방북기의 제목은 〈피자를 먹을 땐 콜라가 제격입니다〉였다. 스코틀랜드 출신의 요리사까지 채용한 이탈리아 피자 전문점의 북한 지배인은 16달러짜리 피자를 시키자 "콜라는 안 하시겠습니까. 피자는 콜라랑 해야 제격입니다."라 했다고 한다.

게 장식하였다."[60]라고 보도하였다.

아리랑축전은 상당한 비용을 부담했음에도 불구하고 기대에 미치지 못하는 수입을 얻어 경제적으로도 손해였던 것으로 평가되었다. 그럼에도 아리랑축전 같은 대규모 제전을 실시한 것은 대외적인 난관에도 불구하고 체제가 굳건하며 사회적 안정이 유지되고 있다는 것을 대내외에 과시하기 위한 것이었다.

사망한 김일성의 생일인 태양절. 그 90회 생일을 기념하면서 만든 '태양 칭송의 대축전' 이라는 아리랑축전. 이것은 두 마리의 토끼를 잡으려는 북한의 안간힘으로 보였다. 하나는 민족 최대의 명절인 '태양절' 을 인민들의 가슴속에 더 깊이 스며들게 하여 체제를 유지하는 데 보탬이 되게 하자는 것이었고, 또 하나는 남한을 비롯한 외국 관광객을 모아 외화를 벌어보려는 것이었다.

# 영화는 선전선동일 뿐인가

영화는 인간교양의 무기

김정일 하면 떠오르는 단어 중의 하나는 '영화' 일 것이다. 그를 가리켜 '영화광' 이라고도 한다. 앞에서 이야기한 바와 같이 김정일은 영화에 대해 많은 관심을 가지고 있을 뿐만 아니라, 그가 권력의 핵심부에 등장하면서 가장 먼저 장악한 분야도 영화이다. 영화와 예술 분야를 통하여 정치권력을 강화해 나갔고 김일성의 신임을 얻었다.

북한에서는 김정일이 1966년 2월 26일 영화 예술 부문의 창작가, 예술인들 앞에서 한 〈혁명적 영화 창작에서 새로운 전환을 일으키자〉라는 연설에서 다음과 같이 말했다고 한다. 즉 "인민들을 혁명적으로 교양하는 데 영화만큼 영향력이 큰 예술은 없습니다. 영화는 짧은 시간 안에 많은 군중을 대상하여 언제 어디서나 돌릴 수 있는 가장 대중적인 예술이며 기동적인 예술입니다. 영화는 생활을 생동한 화면을 통하여 직관적으로 보여 주기 때문에 누구나 내용을 쉽게 리해할 수 있습니다. 영화는 문학, 음악, 미술을 비롯하여 다른 예술의 특성을 자체 내에 포함하고 있는 종합 예술이기 때문에 영화를 앞세워 발전시키는 것은 문학예술 전반을 발전시키는 데서 매우 중요합니다.”였다. 이 말에서 김정일이 영화에서 무엇을 얻으려 했으며, 어떻게 이해하고 있는지를 알 수 있다.

북한에서 영화는 다른 분야에 비해 그 위상이 현저하게 높다. 북한 영화의 질적 향상 및 위상 제고가 본격화된 것은 1960년대 후반 이래 김정일이 영화에 대한 현장에서의 ‘지도’와 ‘당적 통제’를 강화하면서부터이다. 김일성은 “영화를 하나라도 잘 만들어 낸다면 그것은 주민들을 크게 고무할 것이며, 수천수만의 새로운 인간들을 교양해 내는 힘 있는 무기가 될 것이다.”고 하였다.

김정일은 1967년 로동당 내에 문화예술지도과장이 되었다. 김정일은 이때 시나리오 창작사인 4·15창작사를 만들고 현대적 기계와 영화 제작 설비를 사들였다. 그리고 작가, 연예인들의 대우를 개선하고 직접 당증을 교부해 주는 등 회유와 특혜를 베풀어 이들을 사로잡았다. 1970년 6월에는 작가와 연출가들을 모아 놓고 “사회주의 현실을 반영한 혁명적 영화를 더 많이 창작하자.” 했다고 한다.[61]

당시 매스커뮤니케이션이 덜 발달된 상황에서 영화는 이데올로기를 장악할 수 있는 유력한 수단이었다. 때문에 김정일은 영화를 통하여 인민들의 사상의식을 고취시키자 했던 것이다. 그런데 어찌 보면 이는 북한만의 문제는 아니었다. 나도 어렸을 때 동네의 학교 운동장에서 고무신 깔고 앉아 국군이 인민군을 항상 통쾌하게 무찌르는 장면을 열심히 보아 왔다. 그리고 박수를 치면서 그것을 보며 울고 웃었다. 공짜로 상영하는 영화가 언제 다시 오는가 하는 것은 커다란 관심사였고, 어두워져야 시작하는 영화를 보려고 두어 시간씩 먼저 가 운동장에 앉아 있던 생각이 난다.

그만큼 영화는 시청각적 이미지를 통해 직접적으로 전달함으로써 다른 장르보다 강한 이미지를 남긴다. 한번 만들어진 영화는 복제를 통해 여러 편을 동시에 만들어 상용할 수 있으며, 영사기와 막만 있으면 이동이 쉽다. 이 점은 특히 북한에서 영화가 선전선동 수단으로 애용되는 다른 면이기도 하다.

김정일의 영화사랑

북한에서 일반 주민들이 가장 즐기는 보편적인 대중문화는 영화이다. 북한은 문화시설이 낙후되었고 여가를 즐길 만한 다양한 놀이문화가 부족할 뿐만 아니라, 전문 영화관 외에 생산 현장내의 영화 시설이나 시·군 문화회관 등에서도 영화를 쉽게 접하고 부담 없이 관람할 수 있으므로 영화를 가장 즐긴다는 것이다. 특히 청소년들은 월 2~3편 정도의 영화를 자유로이 관람하여 영화 주인공을 모방하는 등 영화를 통한 대중교양에 가장 빨리 민감하게 반응하는 계층이라고 한다.[62]

60~70년대 김정일은 중앙당 사무실은 거의 비우다시피 하고 평양대극장과 조선영화촬영소에서 상근하면서 작가와 영화인들을 독려했다. 이 시기에 김정일은 영화 『피바다』, 『꽃 파는 처녀』, 『당의 참된 딸』, 『금강산의 노래』, 『밀림아 이야기하라』 등을 제작했다. 그리고 이 영화들을 5대혁명가극으로 만들어 무대에 올렸다. 혁명가극은 음악·무용·연극 등이 조합되었다는 점에서 우리의 악극이나 서양의 오페라와 비슷하다. 한 작품에 보통 200명 이상의 배우들이 등장해 김일성의 주체사상에 의

식화된 주민들이 혁명을 일으켜 악덕지주나 외세를 물리치는 내용을 담고 있다. 이는 북한식 표현대로라면 문예혁명이다.

김정일은 영화에 대한 관심이 각별해 『영화예술론』이라는 책을 집필하기도 했다. 이는 김정일이 배우의 연기 동작 하나에서부터 영화문학 · 영화음악 · 영화미술 등 전반에 걸친 문제, 촬영소의 기자재, 영화인에 대한 양성과 대우, 영화의 보급에 이르기까지 전반적인 관심이 있었음을 반증하는 것이다. 특히 '종자론'으로 대표되는 자신의 독자적인 이론을 제시함으로써 당 선전선동 부문에 확고한 위치를 다졌다. 종자는 생활 속에서 인간의 문제를 탐구하는 과정에서 작가가 독창적으로 찾아낸 생활의 씨앗이며 사상적 알맹이다. 종자는 소재와 주제, 사상을 유기적 연관 속에서 하나로 통일시키는 작품의 기초이며 핵이다.[63]

이한영은 그 수기에서 1970년대를 회상하면서 다음과 같이 쓰고 있다. "김정일에게는 영화문헌고라는 개인 영화 창고가 있다. 1만 편 정도의 영화 필름이 보관돼 있다. 거기에는 한국영화도 많았다. 그때 한국영화 하면 문희, 윤정희, 남정임 등 세 여배우가 유명했다. 남자 배우는 신영균, 신성일 최고였다."[64]

북한은 1978년 7월 영화배우 최은희와 신상옥 감독을 납치했다. 이것도 김정일의 강한 의지에 의한 것이다. 김정일은 이들로 하여금 평양에 영화사 '신 필름'을 차리게 하고 인원과 장비 면에서 파격적인 대우를 해 주었다고 한다. 신상옥 감독이 북한에서 직접 만들었거나 제작 지도해 만든 영화는 10여 편에 이른다. 모스크바영화제에 신상옥 감독은 『소금』을 출품했는데, 여기에서 최은희가 여자 주연상을 받았다고 한다.

『민족과 운명』이 어떠한 영화이기에

『민족과 운명』 시리즈는 김정일이 제작에 마지막으로 관여한 영화라는 점에서 각별한 의미를 가진다. 이 영화는 당초 20부작으로 기획되었으나 제작 과정에서 50부작 이상으로 늘어났다. 그때까지 북한에서 볼 수 없었던 여러 가지 장면들이 들어가 선풍적인 인기를 끌었다. 영화의 곳곳에 남한의 카페 모습이나 대중가요 등이 들어간 것 뿐 아니라, 미국식 자본주의 상징인 '빨간 스포츠 카' 등이 등장한 것은 북한 주민들에게는 일종의 문화적 충격이었다.[65] 조명이 찬란한 남한의 카페와 그곳에서 화려한 옷차림으로 노래를 부르는 여가수 그리고 남한의 대중가요들은 북한의 주민들에게 호기심의 대상이었고, 그들이 살고 있는 세계와는 다른 세계였다. 이 영화에 삽입된 대중가요들은 북한 청소년의 애창곡이 되었는데 〈그때 그 사람〉, 〈낙화유수〉, 〈홍도야 우지마라〉 등이다.

이 영화는 1부에서 24부까지는 남한에서 상당한 지위에 올랐다가 정치적인 이유 때문에 해외로 망명한 뒤 친북 인사가 된 실존 인물들과 사회주의 이념에 투철했다는 사람들을 주인공으로 하고 있다. 예를 들면 최덕신, 윤이상, 최홍희, 이인모, 여운형 등이다. 이 영화에는 "남한의 박정희 전 대통령, 김형욱 전 중앙정보부장 등도 실명으로 등장하고 있다. 아직까지 공식적으로 생사가 확인되지 않은 채 '실종'으로 처리된 김형욱 전 중앙정보부장은 이 영화에서는 박정희 전 대통령에 의해 청와대에서 살해된 것으로 그려져 있다."[66]

25부부터 33부까지는 북한의 노동자들이 주인공으로 등장하고, 다시 34~42부에서는 이찬, 이기영, 한설야 등 카프 계열의 작가들이 주인공으로 설정돼 있다. 43부부터는 김일성의 항일 빨치산 동료들이 등장한다. 1992년부터 개봉된 『민족과 운명』은 54부까지 나왔고, 2001년 5월 에는 9년 만에 100만 회 상영 기록을 세우기도 하였다.

북조선에도 사랑영화 있수다

1990년대 북한의 대중문화는 정치성과 사상성, 혁명성을 원색적으로 강조한 기존의 창작 경향을 벗어나고 있다. 정치성과 사상성을 흥미와 오락으로 채색하여 간접적·우회적으로 강조하는 경향을 나타내고 있 다. 영화도 역시 소재와 주제의 다양성을 추구하고, 외형적으로 대중성 과 오락성을 강화하고 있다. 예를 들면 신구 간의 의식 격차 문제, 신세 대의 직업 선택과 직업의식 문제, 신세대의 연예와 결혼 문제, 여성의 자 아 정체성 문제 등이다.

1990년대 중반 이후 제작된 『청춘이여』가 대표적인 영화라 볼 수 있 다. 이 영화는 1남 5녀를 둔 북한의 한 가정에서 일어나는 일을 내용으로 한다. 다섯 명의 딸은 모두 운동선수이고, 아버지는 체육 관련 기자이다. 어머니는 연구원의 준 박사 과정에 있는 단 하나뿐인 아들을 다소곳하고 평범한 여자와 결혼시키고 싶어 한다. 그런데 아들이 사랑한 여인은 태 권도 국가대표선수였다. 이를 둘러싼 가족 간의 갈등과 아름다운 사랑 그리고 극적인 반전을 그리고 있다. 물론 민족정기인 태권도를 아들의 논문에 접목시키는 과정에서 사상성을 깔고 있기는 하지만, 영화는 전반 적으로 부담 없이 웃을 수 있다.

이 영화뿐만 아니라 다른 영화에서도 부모가 생각하는 배우자감과 실 제로 사랑하는 사람 간의 차이를 극복해 가는 과정을 재미있게 풀어가는 내용이 자주 등장한다. 결론은 거의 해피엔딩이다. 이렇게 북한의 영화는 수용자인 인민들의 관심을 높여 나가고 있다.

만화영화, 우리도 그것 잘 만듭네다

북한의 영화는 형식상 예술영화, 기록영화, 과학영화, 아동영화로 분류된다. 이 중에서 아동영화는 만화영화를 말한다. 북한의 만화영화는 제작 기술이 상당한 수준에 올라 있다. 만화영화는 '4·26아동영화촬영소'가 만들고 있다.

북한의 만화영화는 우리가 생각하는 수준보다 높다. 만화 천국인 일본뿐 아니라 미국, 프랑스, 이탈리아에서 원화 제작을 하청 받을 정도이다. '소년장수', '영원한 너구리'가 북한의 대표적인 만화영화이고 우리에게 낯익은 월트디즈니의 '라이언 킹,' '사자왕 심바,' '포카 혼타스'의 원화를 제작한 경험을 가지고 있다.[67] 일본의 대표적인 만화영화인 『은하영웅전설』도 북한이 만든 영화이다.

1988년부터 1996년까지 7년간 매주 1~2회씩 미국 월트디즈니의 『톰과 제리』를 방영하기도 하였다. 이때의 제목은 『우둔한 고양이와 꾀 많은 생쥐』였다. 이를 방영한 이유 중의 하나는 '아무리 힘이 약해도 머리만 잘 쓰면 힘센 자를 얼마든지 이길 수 있다.'는 의미를 청소년들에게 전달하고자 한 것일 테다. 이 영화에 나오는 고양이는 미국을, 생쥐는 북한을 의미하는 것으로 받아들여져 고양이를 골탕 먹이는 생쥐를 보고 대리만족을 느꼈다는 설명이다.[68]

북한에서는 각 생산 설비의 컴퓨터화 바람이 불면서 만화영화 제작에서 컴퓨터의 활용이 두드러지고 있는 것으로 알려졌다. 최근에는 남북한 간에 합작 영화가 만들어지기도 하였다. 북한의 4·26아동영화촬영소에

서 원화·동화 제작 작업이 이루어진 남북합작영화 『황후 심청』은 2004
년 '서울국제만화애니메이션 페스티벌(SICAF)' 에 출품되었다.

영화배우에도 등급이

김정일의 영화에 대한 관심은 자연스럽게 영화배우로 이어졌다. 결국
얼마나 훌륭한 배우가 있느냐에 따라 영화의 완성도가 결정되기 때문이
다. 이미 최은희를 북한으로 데려온 경험이 있는지라 북한의 관계자는
'지도자 동지를 즐겁게 해드리기 위해' 어떻게 하면 남한의 여배우를 데
려올 수 있을까 하는 작전을 폈다. 당시 남한 여배우의 트로이카는 문
희·윤정희·남정임이었는데, 문희는 한국일보 사장의 아내였고, 남정
임은 일본에 있었다. 제일 데려오기 쉬운 사람이 프랑스에 있는 윤정희
라고 판단했다. 그러나 백건우·윤정희 부부 납치 사건은 결국 실패로
끝나고 말았다.[69]

물론 북한에도 훌륭한 배우들이 많이 있다. 북한에서 배우의 비중은
그 사람이 받는 칭호와 급수에 따라 달라진다. 영화배우의 급수 가운데
최고의 칭호는 인민배우이다. 그 아래 공훈배우가 있고 다음에는 1등급
에서 8등급까지 등급이 부여된다. 인민배우는 주로 원로 연기자들이 차
지하며, 공훈배우는 중견 연기자들이 차지한다.

오미란은 북한의 영화계에서 가장 뛰어난 여배우라고 평가받으면서
절정의 인기를 누리고 있다. 김정일은 오미란을 일러 북한 최고의 여배
우라고 평하기도 했다. 그녀는 30대에 인민배우의 칭호를 받음으로써
명실상부한 북한 최고의 영화배우가 되기에 이른다. 우리에게도 어느 정
도 알려져 있는 『도라지꽃』으로 오미란은 1987년에 평양에서 열린 제1

차 비동맹영화제에서 금연기상을 받기도 하였다. 또한 박봉익, 곽명서 등이 최근 인민배우 칭호를 받았다. 영화인을 양성하는 대표적 교육 기관인 평양연극영화대학의 입시 경쟁률은 평균 150:1을 넘어설 만큼 인기가 좋다.[70]

북한의 예술잡지 『조선예술』 2003년 1월호에서는 "미국의 압력을 받고 있는 상황에서 선군시대의 기념비적 영화를 많이 창작하자."고 촉구했다고 한다. 최근 나온 작품 중 관심이 높았던 작품은 『철령의 대대장』, 『녀병사의 수기』, 『사랑의 종소리』, 『한 장의 사진』 같은 군사 관련 영화였다. 인민배우 신명옥, 장유성과 공훈배우 김철, 채기영, 리영호, 현창걸 등이 출연했다. 『조선예술』 12월호에서는 "올해 나온 영화들이 하나같이 강한 심리정서극이라 평가할 만큼 인간 내면세계의 변화를 풍부하고 섬세하게 그려내고 있다."고 평가하고 있다.[71]

『공동경비구역(JSA)』 잘 만든 영화입니다

김정일이 북한 영화에 끼친 영향은 절대적인 것이다. 그는 영화에 대한 광적인 취미로 많은 필름을 소장하고 있고, 그가 머무르는 곳은 어디든지 영사실이 마련되어 있어 영화를 감상할 수 있다고 한다. 손광주는 "현재 평양에는 김정일 개인을 위한 영화문헌고가 운영되고 있다. 직원으로서는 성우 · 번역사 · 자막사 · 녹음기사 등 250여 명이 일하고 있다. 이곳에는 1만5천여 편에 이르는 각국의 영화필름이 소장돼 있다. 남한의 영화필름도 300여 편 따로 챙겨 '남조선실'에 보관 중인데, 그중에는 서울에서는 원본이 상실된 필름도 있다고 한다. 1970년대 남한의 영화진흥공사가 홍콩을 통해 남한 영화를 싼값으로 동남아에 수출했는데 이때 김정일이 그 필름을 모두 수중에 넣었던 것이다."[72]고 쓰고 있다.

2000년 정상회담이 있은 후 남한의 언론사 사장단이 북한에 초청되어 김정일을 방문할 때 가지고 간 중요한 선물 중의 하나는 한국영화필름이었다. 이러한 것은 김정일이 영화를 좋아하고 전문가라는 사실을 모두가 인정하는 대목이기도 하다. 또 하나의 재미있는 일화가 있다. 2002년 남북 관계가 교착 상태에 있을 때, 이 문제를 풀기 위하여 임동원 특사가 방북하여 김정일을 만났다. 김정일 위원장은 이야기 도중에 우리 영화 『공동경비구역(JSA)』에 대하여 이것저것 이야기를 하는데, 임동원 특사는 실제로 이 영화를 보지 않았기 때문에 얼버무리느라 진땀을 뺐다는 후일담을 들었다.

김정일이 영화에 대하여 관심을 가지게 된 것은 그가 권력의 핵으로 들어가는 수단이 되었기 때문이었는지도 모른다. 당시 매스커뮤니케이션이 덜 발달된 상황에서 영화는 이데올로기를 장악할 수 있는 유력한 수단이었다. 결국 이러한 지속적인 관심들로 후에도 김정일이 영화를 사랑하게 된 것이 아니었나 생각한다.

김정일은 『영화예술론』에서 "종자는 생활의 씨앗이며 사상의 알맹이이다."라 하고 있다. 우리 영화 『실미도』나 『태극기 휘날리며』의 종자는 분단이다. 그동안 김정일의 영화에 대한 관심과 사랑으로 볼 때, 1천만 이상의 관객을 끌었던 『실미도』나 『태극기 휘날리며』도 김정일은 보았을 것이라고 생각한다. 김정일은 영화 『실미도』에서 '우리의 임무는 김일성의 목을 따오는 것이다.' 하는 장면을 보면서 어떤 생각을 했을까?

여기서 영화 『실미도』만으로는 알 수 없는 북한의 시대 배경에 대하여 잠깐 살펴보자. 1960년대 빨치산파들의 북한 정치권력 핵심부의 진출은 군의 모험주의 경향으로 나타났다. 남한의 군대는 베트남 파병의 대가로 미국의 도움을 받아 현대화에 박차를 가하고 있었다. 남북한 간에 격차가 생기기 시작하고, 남한에 대한 불안감은 다방면으로 나타났다. 북한의 대남 정책은 빨치산 출신의 강경파인 허봉학이 맡아서 하였다. 남한에 대한 공작을 강화하면서, 1968년 1월에는 청와대를 습격하여 박정희 대통령을 암살하려는 특수부대 요원을 내려 보냈으나 실패하였다. 또한 동해에서 북한의 정보를 탐지하던 미 해군 함정 푸에블로(USS. Pueblo)호를 납치하기도 하였다. 결국 김일성에 의하여 이들은 숙청되었다. 김일성이 수족같이 여기던 갑산파도 제거했기 때문에 빨치산파도 예외일 수는 없었다. 김일성은 자신과 정권의 안위를 위해서는 자기 파벌들까지도 과감히 제거했다. 당시에 김정일은 갑산파의 제거에도 깊숙이 간여하였기 때문에, 허봉학 등의 군부 숙청에도 전혀 무관심하지는 않았을 것이다. 청와대 습격 사건이 있은 후 남한에서 만들어진 것이 소위 북파특수부대인 소위 '684부대'라는 것이었다. 이러한 시대적 상황과 그 당시 남한에서 일어났던 사건을 최근에 영화화한 것이 『실미도』이다. 김정일은 이러한 영화가 만들어질 수 있는 우리 사회에 대하여 무엇을 생각했을까?

북한에서 만든 영화 중에서 김정일이 '최근 만든 영화 중에서 제일 잘 만들었다.'고 극찬을 했다는 영화도 한국전쟁을 소재로 한 영화였다. 『한 장의 사진(제1·2부)』은 6·25전쟁 당시 전선사령관에서 내각 부수상으로 자리를 옮긴 김책이 각종 장애를 극복하고 경제정책에 힘 쏟는 과정을 그렸다 한다.[73] 같은 한국전쟁을 소재로 다룬 『태극기 휘날리며』를 보았다면 김정일은 어떤 생각을 가졌을까?

『실미도』와 『태극기 휘날리며』를 보면서 분단이 가져다 준 쓰라린 아픔이 내 가슴을 후벼 파는 것을 느꼈다. 서로가 서로를 미워하며 총 뿌리

를 겨냥하고 있어야 하는 우리 민족의 비애……. 김정일 당신은 어떻게
생각하고 있는지요?

제2부
선군영도정치는 만능의 보검

'우리식 사회주의'를 '고난의 행군'으로

몰락하는 사회주의 국가, 당황하는 북한

1980년대 중반 이후 우리가 동구라고 부르던 유럽의 사회주의 국가들은 대 변혁기를 맞았다. 많은 국가에서 집권하고 있던 공산당이 소수당으로 전락하는가 하면, 사회주의를 포기하기도 하였다. 북한에 가장 큰 충격을 준 것은 루마니아와 동독의 상황 그리고 소련의 붕괴였다.

루마니아의 통치 체제는 북한과 유사하였다. 루마니아의 차우세스크는 1965년 당 제1서기가 된 이후, 당 서기장과 대통령뿐만 아니라 통일전선·국방 등 주요 기관의 의장직을 독점하였다. 차우세스크는 24년간 철권으로 통치하였고, 그의 자리도 아들에게 세습하려 하였다. 그러나 차우세스크는 1989년 12월 민중 봉기로 권좌에서 쫓겨났으며, 바로 그 달 25일에 아내와 함께 공개 처형이 되고 말았다. 루마니아 사태가 있기 전에는 북한 『로동신문』의 국제 면에 차우세스크가 많이 등장했었다. 차우세스크의 영도력으로 루마니아가 번영하고 발전한다는 등의 기사였다.

1989년 11월 9일 동서 냉전의 상징물이던 베를린 장벽이 무너졌으며, 장벽이 무너진 뒤 1년이 되지 않은 1990년 10월 3일 동독과 서독은 통일을 이루었다. 독일 통일은 여러 가지 복합적인 요인이 있기는 하지만 동독 주민들의 강력한 개혁 요구가 작용한 결과이기도 했다. 당시 호네커를 비롯한 동독의 지도자들은 소련의 개혁·개방 정책을 따르지 않았으나, 주민들은 계속해서 개혁을 요구했다. 동베를린의 서독 상설 대표부는 이주를 희망하는 동독 시민들이 몰려들어 폐쇄될 수밖에 없었다. 1989년 9월 헝가리가 이주를 원하는 동독 시민들을 위해 국경을 개방함에 따라 수천 명이 오스트리아를 경유하여 서독으로 넘어 올 수 있었다.

1989년 10월 동독의 제2도시 라이프치히에서 민주화를 요구하는 촛불시위가 시작되었지만 동독 정부는 이러한 새로운 시민운동들을 단지 '극단주의자들의 난동'일 뿐이라고 해석했다. 베를린 장벽 철거에 대하여 호네커는 "반독재주의적인 보호벽은 그것의 설치를 가져온 조건들이 변화되지 않는 한 그대로 존재할 것이다. 그것은 50년, 100년 후에도 그대로 남아 있을 것이다."라고 했다.

마침내 호네커가 사임하고, 이어서 에곤 크렌츠가 동독 국가주석이 되었다. 하지만 그의 미온적인 변화에 대한 약속은 국민들의 불신과 더불어 내각의 총 사퇴를 불러왔다. 비폭력의 부드러운 혁명이 국가 조직의 마비를 가져온 것이었다. 그리하여 1989년 11월 9일 새로운 이주 자유를 담은 여행 규칙이 공표되는 그날 저녁 베를린에서는 수천 명의 시민들이 국경을 넘었다. 당국은 그저 바라볼 수밖에 없었고, 이미 통제력은 그로부터 벗어나 있었다. 장벽은 열렸다. 그리고 곧 철거되었고, 조그만 콘크리트 조각이 되어 전 세계에 기념물로 제공되었다.

당시 호네커에 대한 흥미로운 사건이 최근 밝혀져 이목을 끌었다. 북한의 외무성 제1부상 강석주가 쓴 『김정일 열풍』에서는, 독일 통일 직후인 1990년 12월 호네커가 김정일에게 북한으로 망명하기를 요청했다고 한다. "당시 외무성 관계자들은 호네커의 망명을 받아들일 경우 초래될 정치적, 경제적, 외교적 파장 등을 고려해 그의 망명을 망설였다고 한다. 그러나 김정일 위원장은 이 사실을 김일성 전 주석에게 곧바로 보고한 뒤 외무성 관계자들에게 호네커를 북한으로 데리고 올 비행기를 독일 현지에 대기해 놓으라고 지시했다."[74]고 한다. 그러나 호네커는 북한으로 가지 않고 러시아로 피신했다.

결국 동독에는 새로운 정치세력이 들어선 데 이어 1990년 3월에는 역사적인 자유 총선거가 있었다. 이 선거에서 선출된 드메지어 총리를 수반으로 하는 동독의 연립 정부는 서독의 콜 정부와 통일 조약을 체결하였다.

북한의 더 큰 충격은 고르바초프의 실각이었다. 1991년 12월 24일 소비에트 사회주의 공화국 연방 고르바초프 대통령이 사임을 하면서 소련은 역사에서 사라지게 되었다. 1987년 1월 고르바초프 서기장은 소련공산당 중앙위원회 보고를 통해 페레스트로이카와 글라스노스트 및 데모크라찌야를 개혁의 기치로 천명하였다. 고르바초프가 의도하는 것은 새로운 사회주의였다. 소련은 공산당 권력의 독점 포기와 대통령제 도입 등의 개혁을 시도하였고, 고르바초프는 소연방의 대통령으로 선출되었다. 그러나 환상적이고 불완전한 개혁 정책은 국가의 위기를 초래하였고, 개별 공화국들은 독립을 요구하였다. 중앙정부와 개별 공화국 간의 타협인 신연방을 조약 체결하기 전날인 1991년 8월 19일 쿠데타가 일어나 진압되었으나, 이미 권력은 고르바초프를 떠나 버린 상태였다. 옐친은 최초의 국민 직접 선거로 러시아 연방 공화국의 대통령에 이미 당선된 상태였기 때문에, 고르바초프가 가지는 소연방에 대한 집착은 단지 소망일 따름이었다. 고르바초프는 소연방 대통령에서 사임하고, 결국 소연방은 러시아를 포함한 15개 독립국가로 분리되었다.

소련의 붕괴 이후 탄생한 러시아는 북한과의 동맹 관계를 사실상 파기하고 친한 일변도의 대한반도 정책을 추진하였다. 1992년 11월 러시아의 옐친 대통령이 방한하여 한·러 기본관계 조약을 체결하였고, 한·러 군사관계 의정서를 교환하였다. 이러한 관계에서 북한과 러시아의 관계는 극도로 악화되었다.

한편 동구 사회주의 국가의 대 변혁과 독일의 통일 그리고 소련의 붕괴 등은 북한에게는 커다란 충격으로 다가왔지만, 남한 사회는 흡수 통일에 대한 기대감으로 부풀어 있었다. 북한은 점점 고립되어 결국은 남한에 흡수 통일될 수밖에 없다는 것이었다. 북한은 남한에서 제의한 남북고위급회담을 받아들였다. 또한 남한이 유엔 가입을 추진하자 동시 가입을 하게 되었다. 남북한은 1991년 9월 17일 유엔에 동시 가입을 하였다. 그리고 12월 13일에는 '남북 사이의 화해와 불가침 및 교류·협력에 관한 합의서(남북기본합의서)'에 서명하였다. 남북한은 서로 상대방을 인정하고, 무력으로 침략하지 아니하고, 분쟁 문제를 대화와 협상을 통하여 평화적으로 해결하자는 것이 주된 내용이었다.

이는 국제적인 환경이 자기들에게 유리하게 돌아가지 않는 상황에서, 남한과 대립 각을 세워서 이득을 볼 게 없다는 판단에서였을 것이다. 이때 남한 사회에서는 조금만 더 북한을 압박하면 북한의 붕괴를 볼 수 있을 것인데 왜 대화와 협력을 하느냐는 소리가 나오기도 했다. 과연 더 압박했더라면 북한이 붕괴되었을까? 아마 그 결과는 전쟁밖에 없었을 것이다.

우리식 사회주의는 왜 나왔나?

차우세스크의 처형과 서독의 동독 흡수 통일은 북한에 큰 충격을 주었다. 북한에서 김정일이 우리식 사회주의를 주장하게 된 것은 바로 이 때문이다. 북한은 유럽의 사회주의 국가와는 다르다는 것이었다. 북한은 '우리식 사회주의'의 우월성을 선전하는 것으로 동구 사회주의 붕괴와 서독에 의한 동독의 흡수 통일 및 소련의 해체 충격을 극복하려 하였다.

우리식 사회주의는 1991년 5월 5일 김정일이 당 중앙위원회 책임일꾼들에게 행한 〈인민대중 중심의 우리식 사회주의는 필승 불패이다〉라는 담화를 계기로 본격적으로 제기되었다. 김정일은 사회주의 체제의 와해가 사상 교양을 통한 사회 통합에 실패했다는 점과 사회주의의 근본 원칙을 일관성 있게 고수하지 못한 데에 원인이 있다고 생각했다. 그러므로 북한이 해결해야 할 절대적인 과제는 주체사상으로 대표되는 우리식 사회주의가 이미 붕괴해 버린 다른 나라의 사회주의와 어떻게 다른지를 명확하게 차별화하는 일이었다.

이 과제를 해결하기 위해 북한은 주체사상을 참다운 사회주의·우리식 사회주의로 규정하고, 참답지 않은 다른 나라의 사회주의와 차별화하는 일에 전력하였다. 결국 우리식 사회주의는 북한 체제를 유지하기 위하여 극히 방어적인 차원에서 정당성을 전개한 논리였다. 북한의 『로동신문』은 〈'우리식대로 살아가자!' 당이 이 구호를 높이 들고 나가자〉는 제목의 사설에서 "우리 당의 로선과 정책은 주체사상을 구현하고 있는 가장 정당한 로선과 정책이다. 우리 당의 로선과 정책대로 할 때 우리는 못해 낼 일도 없고 점령하지 못할 요새도 없다." 하여 우리식 사회주의의 실현이 주체사상을 구현하는 것이라고 설명하고 있다.

유훈통치를 할 수 밖에 없는 김정일의 사정

김일성이 사망하기 전까지 북한은 '김일성 영도와 김정일 관리 체제'를 유지해 왔다. 그렇기 때문에 김일성의 사후 북한이 체제를 유지하기 위하여 가장 역점을 둔 것은 김일성의 유훈을 받들어야 한다는 것이었다.

현실적으로는 김정일 영도·관리 체제로 가야 했으나 어찌 보면 준비가 덜 된 상태였다. 때문에 비록 김일성은 사망했지만 김일성 수령에 대한 개인숭배를 더욱 높은 수준으로 끌어올리는 일은 북한의 입장에서 보면 대단히 중요한 일이 아닐 수 없었다. 오히려 김일성이 사망한 이후에 북한은 그에 대한 숭배를 더욱 강조하고 나섰다. 모든 매스미디어를 동원하여 김일성을 '사회주의 조선의 시조이며 주체의 태양', '조선민족은 김일성민족이다' 라고 하였다. 1996년 9월 9일 북한 정권 수립 48주년을 기념한 『로동신문』의 사설에서는 "조선은 김일성 국가이다."라고 표현하기도 하였다.

북한은 유훈통치를 지속하면서 김정일 정권을 강화해 나가는 데 역점을 두었다. 우선 인민들의 사상적 이탈 등 체제 동요를 최대한 억제하여 나가는 것이 급선무였다. 아무리 김일성이 사망했어도 인민들이 먹고사는 데 지장이 없다면 사상적 동요도 없을 것인데, 설상가상으로 하늘마저 북한을 도와주지 않았다. 1995년 북한에 최대의 비가 내렸다. 북한의 방송이나 신문에서는 국내의 재해에 대하여 보도하지 않는 관행을 깨고, 홍수로 인한 극심한 피해를 외부에 알렸다. 또한 국제기구에도 원조를 요청했다.

유엔세계식량계획(WFP)의 한 담당자는 북한을 돌아보고 난 뒤, 북한 전역에 걸쳐 기아와 영양실조가 만연하고 있다고 하였다. 유엔식량기구(FAO) 대표단은 피해 상황을 돌아보고 "홍수가 대단히 심각해 막대한 피해가 발생했다. 그런데 식량 수급 문제의 1차적인 원인이 홍수에 있다기보다는 이미 급속도로 악화되고 있던 식량 사정이 홍수로 인해 더욱 악화"된 것이라고 보고했다.[75]

북한의 주민들에게는 수령의 공백에서 오는 심리적 공허감과 경제적 피폐에서 오는 불안감이 존재하였다. 김정일이 최고 지도자의 위치에 오름으로써 형식적인 공백은 메울 수 있었으나 경제 악화의 상황은 반전시킬 수가 없었다.

유훈통치를 지속하면서 내세운 것은 '고난의 행군'이었다. 고난의 행군은 해방 전 항일 빨치산들이 1930년 말 만주에서 체험한 극한적인 상황을 빗댄 구호였다. 그 극한 상황에서도 우리는 이겨냈으니 이까짓 어려움 정도는 고난의 행군 정신으로 헤쳐 나가자는 것이었다.

이렇게 유훈으로 이루어진 3년간의 통치는 김정일이 혼란기에 책임을 직접 떠맡지 않으면서도 실제적으로 통치하는 효과를 거둘 수 있었고, 다른 한편으로 가부장적 국가라고 할 수 있는 북한의 상황에서 주민들이 볼 때 김정일은 죽은 부모에게도 효성을 다하는 그러한 지도자로 비춰졌던 것이다. 김정일 체제로의 가시적인 움직임은 삼년상이 끝난 후에 있었다. 1997년 10월에 김정일은 조용히 로동당 총비서직에 올랐는데, 만약 이때 북한의 경제가 호전되고 안정되었더라면 대대적으로 선전

하며 김정일 체제를 출범시켰을지도 모른다. 그러나 그때까지도 고난의
행군이 계속되었기 때문에 조금은 기다려야 했다.

북한은 2000년 로동당 창건 55주년을 맞아 '고난의 행군이 끝이 났
다.'고 선언하고, 12월 30일 평양방송에서는 "전쟁도 아닌 평화 시기에
공장들의 숨이 죽고 옥토가 터 갈라지며 나라의 동력인 전력마저 부족해
때때로 달리던 열차들이 멎어서고 수도의 거리들에서 불빛이 꺼졌다. 우
리 인민들은 배를 곯고 추위에 떨었으며 어려운 생활을 했다."라고 당시
의 참상을 대변하였다.[76]

우리는 북한의 참상에 대하여 많은 이야기를 한다. 그런데 평양방송
을 통하여 이렇게 당시의 상황을 말하고 있으니, 어느 정도였는지는 미
루어 짐작할 수 있다. 수많은 사람들이 굶주림을 견디지 못해 북한을 탈
출했고, 또한 굶어죽은 사람이 수두룩했다는 이야기도 이해가 간다.

김일성의 붉은 기를 김정일이 들다

이렇게 유훈통치가 이루어지면서 함께 등장한 것이 '붉은 기 사상'이
다. 거의 50년간 북한 정치의 중심에 서 있던 위대한 수령이 사망하고,
경제난이 극도로 악화되는 등 대내적 상황에 큰 변화가 발생함에 따라
'우리식 사회주의'만으로는 이를 극복하는 데 한계를 느꼈다. 바로 이러
한 상황 하에서 우리식 사회주의와는 다른 새로운 주체사상의 하위 통치
이데올로기가 필요하게 되었는데, 이것이 '붉은 기 사상'이다.

북한에서 붉은 기는 '로동 계급의 혁명 사상을 상징하는 깃발'로 이해
되어 왔다. 그리고 "붉은 기는 공산주의자들의 가장 아름다운 리상과 희
망의 표대이며 그 실현을 위하여 청춘도 생명도 서슴없이 바쳐 싸우는

굳은 신념의 상징"이라고 북한의 사전에 씌어 있다. 북한이 붉은 기의 상징성을 본격적으로 강조하기 시작한 것은 1995년 8월 28일자 『로동신문』에 〈붉은 기 높이 들자〉라는 정론을 실으면서부터이다.

1996년도 공동 사설의 제목은 〈붉은 기 높이 들고 새해의 진군을 힘차게 다그쳐 나가자〉였다. 여기에서는 "인민들과 청년들은 수령님에 대한 한없는 경모의 정에 넘쳐 있으며 수령님의 유훈을 지켜 계속 억세게 싸워 나갈 굳은 결의를 다지고 있다. 날이 갈수록 경애하는 수령 김일성 동지의 한 생이 어려 있는 붉은 기는 우리 혁명 대오의 진두에 높이 휘날리고 있으며 위대한 령도자 김정일 동지의 두리에 굳게 뭉쳐 나아가는 우리 인민의 진군을 힘차게 고무해 주고 있다."고 하고 있어, 붉은 기가 강조하는 것이 무엇이며 왜였는지를 짐작할 수 있다. 어찌 보면 붉은 기는 김일성을 상징하는 것이었다. 1997년의 공동 사설에서도 "붉은 기 사상으로 온 사회를 일색화하는 사업은 전체 인민들을 사회주의에 대한 필승의 신념과 수령 결사 옹위 정신으로 튼튼히 무장시키기 위한 일대의 사상전"이라 하고 있다.

이렇게 강조하던 붉은 기 사상도 1998년에 들어서면서 슬그머니 자취를 감추었다. 이것은 유훈통치의 끝을 의미하는 것으로도 볼 수 있었다. 김일성이 사망한 후 삼년상(?)을 치루고 김정일은 조선로동당총비서에 올랐다. 이제는 '주체의 새 시대'로 '김정일 동지의 두리에 굳게 뭉쳐' 나가야 한다는 것이었다.

2 김정일 체제의 출범, 주체의 강성대국 건설

100% 선거율을 자랑하는 국가

북한의 최고인민회의는 우리로 말하자면 국회이고, 대의원은 국회의원이다. 김일성 사망 등으로 미루었던 최고인민회의 대의원 선거가 1998년 7월에 치러졌고, 이렇게 하여 제10기 최고인민회의를 구성한 것은 북한의 정치 과정을 정상적으로 돌려놓은 것을 의미하였다. 북한의 헌법상에 최고인민회의 대의원 선거는 5년 만에 실시하도록 되어 있는데, 이때의 선거는 8년 3개월 만에 치른 것이었다.

북한의 헌법을 보면 각종 선거가 많은데, 인민들이 직접 선거를 하는 것은 최고인민회의와 지방인민회의 선거뿐이다. 남한으로 보자면 국회의원 선거와 지방의원 선거인 셈이다. 내각·총리 등 각 국가기관의 장은 최고인민회의에서 선거하는 것으로 되어 있다. 북한의 최고인민회의 대의원 선거의 선거구는 687개이다. 각 선거구마다 한 사람이 입후보할 수 있는 단일 입후보제로 이에 대하여 찬반 투표를 하는 방식이다. 후보를 선출하는 방법은 북한의 선거법에 각 직장, 사회단체, 리주민회의 등에서 선출할 수 있다고 규정되어 있으나, 사실은 로동당 조직부에서 선거구마다 후보자를 미리 선정하여 놓고 선거를 공고하며 당의 조직을 통해 각종 회의에서 지정된 입후보자를 지명하고 선출하는 형식을 취하고 있다. 김정일도 최고인민회의 대의원이다. 북한은 1998년 7월 26일 제 10기 대의원 선거의 투표율을 99.85%로 2003년 8월 3일의 제11기 투표율을 99.9%로 보도하였는데, 물론 찬성률을 모두 100%였다.

김정일 체제는 어떻게 구성되어 있는가?

1998년 9월 5일 개정된 헌법의 발효는 김정일 체제의 공식 출범으로 볼 수 있다. 개정 헌법으로 인하여 그동안 헌법상의 최고 수위였던 주석제는 폐지되고, 그 대신 김일성을 영원한 주석으로 모신다고 헌법 서문에 규정하였다. 중앙인민위원회도 폐지되고 정무원도 내각으로 바뀌고 그 위상을 강화하였다. 내각은 최고 주권의 행정적 집행 기관이며 전반적인 국가 관리 기관으로 총 33개 부서가 있다. 여기에 총리, 3명의 부총리, 위원장 그리고 우리의 장관에 해당하는 상(相) 등이 있다.

그리고 최고인민회의에 상임위원회를 두어 형식상 상당한 기능과 권한을 부여하였다. 헌법 제111조에서 "최고인민회의 상임위원장은 상임위원회 사업을 조직 지도한다. 최고인민회의 상임위원장은 국가를 대표하며 다른 나라 사신의 신임장을 접수한다."라 하고 있어, 헌법상의 의미만 보면 상임위원장이 국가원수라 칭할 수도 있다. 김정일 체제의 출범이라 할 수 있는 헌법의 개정과 더불어 가장 의미를 부여한 것은 국방 부

최고인민회의 제11기 1차 회의에 참석한 대의원들이 대원증을 들어 김정일을 국방위원장으로 재추대하는 데 찬성을 표시하고 있다. 제11기의 대의원 분포의 특징은 36~55세가 50.1%를 차지하고 있고, 대졸 학력을 가진 사람이 99.1%이고, 여성이 20.1%를 차지하고 있다는 것이다. 그리고 대의원의 50%에 달하는 인물이 교체되었다.

문의 강화를 통해 체제 안보를 확보하는 것이었다. 국방위원회에 관해서는 뒤에서 자세히 설명하겠다.

최고인민회의 제11기 1차 회의가 2003년 9월 3일 평양 만수대의사당에서 김정일 국방위원장이 참석한 가운데 진행되었다. 여기에서 김정일이 국방위원장으로 재추대되었을 뿐만 아니라, 김영남 최고인민회의 상임위원장도 계속 자리를 유지하였다. 그러나 총리는 홍성남에서 박봉주로 바뀌었다. 박봉주는 2002년 10월 경제시찰단으로 남한을 방문한 적이 있는 사람이다. 경제시찰단 이야기도 제3부에서 다룬다.

주체의 강성대국을 건설하자

김정일 체제의 출범과 함께 내세운 이데올로기는 '주체의 강성대국 건설'이었다. 헌법 개정으로 외형적인 틀을 갖추고, 선군정치로 체제를 유지하는 데에 어느 정도 자신감을 가진 김정일 정권이 추진한 발전 전략은 강성대국을 건설한다는 것이었다. 강성대국의 3요소는 사상·군사·경제인데, 그동안 고난의 행군과 군부 중시로 두 가지 요소는 완성되었다고 자평하면서 경제 건설에 더욱 매진할 것을 주민들에게 주문하고 있다. 최근 들어서 북한은 국제사회에서의 고립을 탈피하고 대외적인 이미지를 개선하고 경제문제를 해결하기 위한 수단으로 외교의 범위와 폭을 확대해 나가고 있다.

북한에서는 "사상과 군대를 틀어쥐면 주체의 강성대국 건설에서 근본을 틀어쥔 것으로 된다.", "나라는 작아도 사상과 총대가 강하면 세계적인 강대한 나라가 될 수 있다."[77]고 주장하고 있다. 이는 강성대국 건설의 근본이 사상과 군대임을 말하는 것이다.

북한은 1999년 신년사를 통해 강성대국을 건설하는 것이 무엇인가를 말하고 있다. "강성대국 건설에서 새로운 진격로를 열어 놓기 위해서는 우리식의 혁명 방식을 철저히 구현해 나가야 한다. 당·군·민의 일심 단결의 위력, 정치 사상적 위력을 발동하고 자체의 힘으로 모든 것을 풀어 나가는 것이 우리식의 혁명 방식이다. 영도자를 중심으로 하는 우리의 일심 단결을 철통 같이 다지고 그 힘으로 사회주의 건설을 밀고 나가야 한다."

이렇게 1998년부터 주장해 오던 강성대국 건설은 2000년에 들어서는 일종의 체계화를 갖추고 있다고 볼 수 있다. 소위 '강성대국 건설의 3대 기둥'이 바로 그것이다. 2000년도 신년사를 대신하는 공동 사설에는 "우리는 사상 중시, 총대 중시, 과학 기술 중시 로선을 틀어쥐고 올해 총진군을 다그쳐야 한다. 사상과 총대, 과학 기술은 강성대국 건설의 3대 기둥이다. 사상이 견결하고 총대가 위력하며 과학 기술이 발전하면 그것이 곧 주체사회주의 강성대국이다."[78]라고 주장하였다. 이것이 의미하는 바는 1990년에 들어 주장하던 우리식 사회주의와 우리식 혁명 방식의 우월성을 재강조하며, 지도자를 중심으로 똘똘 뭉쳐나가야 한다는 것이다. 또한 "전체 인민이 애국의 불타는 열정으로 강성대국 건설위업에 한결같이 떨쳐나서야 한다. 애국 속에 민족 부흥이 있고 참된 삶이 있다."라고 하며 애국심을 강조하고 있다.

주체사회주의를 건설하기 위한 노력이 오히려 민심 이반의 현상으로까지 나타나게 된 현실을 북한은 감지할 수 있었다. 그러므로 주민들의 민생 현안 문제를 개선할 수 있는 대안을 제시하고, 희망을 심어주는 일이 그 무엇보다도 중요했다.

이에 따라 강성대국을 제시함으로써 북한은 김정일의 경제 정책 실패에 따른 북한 인민들의 민심 이반 현상에 대비하고 체제 유지를 위한 발판으로 삼고자 하였다.[79] 인민들에게 철통같이 뭉쳐서 어려움을 이겨왔고, 이제 강한 국가가 되는 강성대국을 건설하는 작업이 진행되니 믿고 따르라는 것이다. 이는 지금까지 고난의 행군으로 인민들의 희생을 강요해 왔다면, 이제부터는 자신감을 심어줄 필요가 있기 때문이다. 심각한 경제난에도 불구하고 위성 발사를 통해 주민들에게 체제의 강건함을 인식시킨 것도 이러한 맥락에서 보아야 할 것이다.

　　그러면서 경계를 늦추지 않는 부문이 바로 주민들의 사상 동요이다. "제국주의의 사상·문화적 침투를 막기 위한 투쟁을 온 사회적으로 어려울 때일수록 강하게 벌여야 한다. 필승의 신심에 넘쳐 락관적으로 살며 싸워나가야 한다."[80] 는 내용에서도 북한이 우려하고 있는 것이 무엇인지는 알 수 있다.

　　북한의 군사 강국이라는 주장은 105만 명에 이르는 군대와 각종 재래식무기뿐만 아니라 미사일·생화학무기 등을 보유하고 군사 시설을 요새화하고 있다는 데서 찾아볼 수 있다. 그동안 세상을 떠들썩하게 만들었던, 그러나 아직도 있는지 없는지도 모르는 핵 보유 문제도 여기서 출발한다.

　　군사 강국에 대한 북한의 주장은 핵 문제와는 달리 그동안 북한의 미사일 개발 면에서 실제로 보여 주었다. 북한은 축적된 기술과 경험을 바

헌법 개정으로 외형적인 틀을 갖추고, 선군정치로 체제를 유지하는 데에 어느 정도 자신감을 가진 김정일 정권이 추진한 발전 전략은 강성대국을 건설한다는 것이었다.

탕으로 신 모형 중거리 탄도 미사일인 2천㎞ 사거리의 대포동1호와 3천 500㎞ 사거리의 대포동2호를 개발 또는 개발 중이다. 대포동1호는 1998년 8월 31일 발사 시험에 성공하였으나 북한은 이것이 미사일이 아닌 인공위성(광명성1호)이라고 주장하였다. 대포동1호는 로동1호와 달리 액체 연료와 고체 연료를 쓰는 3단계 로켓을 사용하는 것으로 북한 미사일 기술의 획기적인 진보를 전 세계에 과시하였다.[81]

이와 같이 북한이 강성대국 건설에서 중점을 두는 것은 체제를 유지하기 위하여 인민들이 똘똘 뭉쳐 애국심을 발휘하는 것이고, 군사력을 강화하여 작지만 강한 나라가 된다는 것이다. 또한 경제 건설로 발전의 발판을 마련한다는 것이다.

"선군의 새 시대 이 땅에 펼쳐주셨네"

국방위원회 위원장 김정일

공식적인 김정일 체제의 출범이 의미하는 것은 유훈통치의 의존에서 벗어나, 북한 최고 지도자로서의 자리를 확립하는 것이다. 이렇게 볼 때 새로운 헌법에서는 김정일을 최고 지도자로 명시하고 있어야 하는데, 개정된 내용으로만 보면 오히려 김일성에 비하여 권력이 축소되었다고 볼 수 있다. 그러나 액면 그대로만 볼 수 없는 것이 북한의 현실이다. 오히려 국방위원장에 재추대되고 헌법상의 다른 직위에 오르지 않았다는 것은, 군을 앞세우는 통치 형태인 선군정치에 대한 강력한 의지로도 볼 수 있다.

북한에는 〈우리의 장군님은 위대한 선군령장〉이라는 노래가 있다. "백두의 붉은 기 총대로 추겨 드시고/ 선군의 새 시대 이 땅에 펼쳐주셨네/ 아 내 조국 지켜 불구름 가리어 주신/ 우리의 장군님은 위대한 선군령장"이다.

북한에서 국방위원회는 언제 생겨난 조직인가? 1972년 헌법이 개정되면서 새롭게 탄생한 것이 주석제이고, 주석 김일성은 북한의 모든 권력을 한손에 움켜쥐었다는 이야기는 이미 앞에서 충분히 했다. 그런데 이때 새로 생겨난 또 하나의 조직이 있었는데, 그것은 로동당과 행정기관의 협의 기구 성격을 띤 중앙인민위원회였다. 중앙인민위원회는 최고인민회의와 내각이 가지고 있던 권한뿐만 아니라, 국방 사업을 지도하고 중요 군사 간부의 임명 및 해임, 유사시에 전시 상태와 동원령을 선포하는 권한까지도 가지고 있었다. 그 위원장은 당연히 주석이 겸하고 있었다.

국방위원회는 바로 이 중앙위원회 산하의 부문별 위원회의 하나로 설치되었다. 그러므로 이때의 국방위원회는 그 비중이 크지 않았다. 국방위원회가 힘을 가지기 시작한 것은 중앙인민위원회 밑에서 떨어져 나와 확대 개편되면서부터다. 위원장은 김일성이 맡고 있었으나 제1부위원장에 김정일이 오른 것이다. 당시의 다른 부위원장의 면면을 보면 혁명1세대라고 하는 오진우와 최광 등이 이 자리에 있었으니, 군부에서도 김정일이 그들의 위에 앉게 되었다.

1992년 4월 헌법이 개정되면서 국방위원회는 국가주석과 중앙인민위원회가 가지고 있던 모든 권력을 장악하는 기관이 되었다. 당시 헌법 제111조는 "조선민주주의 인민공화국 국방위원회는 조선민주주의인민공화국 국가주권의 최고 군사지도기관이다."라고 하고 있다. 그리고 그 위원장은 '일체의 무력을 지휘 통솔' 하는 자리가 되었다. 이때까지는 국방위원회 위원장은 김일성이었으나, 다음해 4월 김일성은 그 자리를 김정일에게 물려주었다. 김일성 사망 후에 김정일은 국방위원장 자리만 가지고 북한을 통치하였다.

1998년 개정 헌법에서 국방위원회는 '국가주권의 최고 군사지도기관이며 전반적 국방관리기관'으로 규정되어, 국방위원회는 국방 부문에서의 상설적인 최고 주권 및 행정기관으로서 국방 사업 전반을 장악하고 지휘하게 되었다. 따라서 국방위원장은 일체의 무력을 지휘 통솔할 뿐만 아니라, 국방 사업 전반을 지도하는 국가의 최고 직책으로서 나라의 정치·군사·경제 역량의 총체를 지휘 통솔하는 권한을 갖게 되었다.

최고인민회의 상임위원장인 김영남은 김정일을 국방위원장으로 추대하면서 "국방위원장의 중임은 나라의 정치, 군사, 경제 력량의 총체를 통솔 지휘하여 사회주의 조국의 국가 체계와 인민의 운명을 수호하며 나라의 방위력과 전반적 국력을 강화 발전시키는 사업을 조직 령도하는 국가의 최고 직책이며 우리 조국의 영예와 민족의 존엄을 상징하고 대표하는 성스러운 중책"이라고 밝혔다.

이러한 국방위원장은 어떻게 될 수 있는가? 물론 형식적이긴 하지만 국방위원장은 최고인민회의에서 선거를 통해 뽑도록 되어 있다. 임기는 최고인민회의 임기와 같이 5년으로 최고인민회의 상임위원회 위원장이 추대하고 이를 수락하는 것으로 선거는 끝난다. 당연히 연임에 대한 제한은 없어, 마음만 먹으면 마르고 닳도록 할 수 있다. 1998년 제10기 최고인민회의의 추대에 의하여 중임한 김정일은 다시 2003년 제11기 최고인민회의에서 추대되어 국방위원장이 되었다. 국방위원들 중에서는 86세인 백학림 전 인민보안상과 83세인 리을설 호위사령관은 고령으로 위원에서 빠졌다.

김정일이 국방위원장에 재추대된 것을 축하하는 평양시 경축대회가 2003년 9월 4일에 열렸다. 김일성광장, 4·25문화회관, 개선문, 만경대

최고인민회의 제11기 1차 회의에서 김정일이 국방위원장에 재추대된 것을 축하하기 위해 평양 곳곳에서 행사가 열렸고 100여만 명의 시민들이 모였다.

청소년궁전광장, 주체사상탑 등 평양 곳곳에서 열린 이 행사에 100만여 명의 주민이 참석했다. 김일성광장에서 열린 대회에서 정하철 비서는 김 정일 위원장의 재추대는 "장군님께 운명을 전적으로 의탁하고 장군님을 따라 이 세상 끝까지 가려는 우리 군대와 인민의 철석같은 신념의 발현" 이라고 의미를 부여했다.

실제로 북한에서는 국방위원장이 국가의 최고 직책이다. 국방위원장 은 헌법 조항에서 외형상으로는 크게 변화되지 않았지만 헌법의 규정과 관계없이 실질적인 최고 권력자이다. 평양시민이 약 300만 명 정도인데 1/3이상이 이 대회에 참여하여 그 위상이 어떠한지를 보여주고 있다.

김정일 원수 다음은 조명록 차수

북한의 최고 군사지도기관은 국방위원회이고 위원장은 군 통수권을 가진다. 인민무력부는 국방위원회 산하에서 군사 집행에 관한 업무를 담당하는 기관으로 예하에 총참모부를 두어 지상군의 정규군단, 기계화군단, 전차군단, 포병군단, 평양방어사령부, 정보교도지도국과 해·공군사령부를 직접 지휘하고 통제하는 단일군 지휘 체계를 형성하고 있다.[82]

북한군은 이 같은 군사·행정적 지휘 체계 외에 당 조직을 통한 정치·정책적 지도를 받는 이원화 구조로 되어 있다. 당 중앙군사위원회는 일선 인민군 각급 부대에 설치된 당 조직 전체를 유일하게 망라하는 군사 부분의 당 정책을 결정하는 기관이다. 현재 당 중앙군사위원회는 중요한 기본적 군사 정책이나 전략 수립 업무만을 관장하고 세부적인 업무는 국방위원회가 관장하고 있다.

이미 사망한 오진우와 최광 같은 소위 혁명1세대가 인민무력부장으로 있었을 때는 이들에게 실질적인 힘이 주어졌다. 김정일은 이들의 사망 이후에는 인민무력부를 거치지 않고 직접 총참모부를 통해 군을 통제하고 있다. 총정치국장인 조명록 차수는 국방위원회 제1부위원장으로 북한 서열상 인민무력부장의 상위에 있고, 총참모장 김영춘도 실질적으로 군사 작전을 지휘·관장한다. 굳이 북한 군부의 실세별 서열을 매긴다면 총정치국장 조명록 차수, 총참모장 김영춘 차수, 인민무력부장 김일철 차수, 국방위원회 부위원장 리용무 차수, 평양방어사령관 박기서 차수, 총정치국 조직부 총국장 현철해 대장, 총정치국 선전부 총국장 박재경 대장으로 볼 수 있다. 조명록 차수는 김정일의 특사로 백악관을 방문한 사람이고, 김영춘 차수는 북한 사열의 선두 차에 서서 지휘하는 장면에서 자주 보이고, 박재경은 정상회담 이후 송이버섯을 전달하러 남한에 온 사람이다.

북한의 장령(장성) 수는 약 1천400여 명 정도인데, 이들은 거의 김정일에 의하여 승진된 것으로 봐도 무방하다. 김정일의 군부 우대 조치는 김일성 사망 이후 더욱 두드러지게 나타났는데, 이는 위기를 관리하는 차원에서 군을 장악하는 것이 가장 중요했기 때문이었다.

사병의 복무연한, 줄어서 10년이라니!

북한의 병역 제도는 헌법 제86조에서 "조국 보위는 국민의 최대 의무이며 영예이다. 국민은 조국을 보위하여야 하며 법이 정한 데 따라 군대에 복무하여야 한다."고 해 남자에 한하여 의무 병역 제도를 택하고 있다. 만 14세가 되면 징집 대상자로 등록되고, 중학교 6학년인 16세 때 징병 신체검사를 받아 중학교 졸업 후인 17세를 전후하여 입대하게 된다. 군에 입대하지 않고 바로 대학에 입학하는 경우는 2학년 재학 시 6개월간의 군복무를 마치고 군부대 입소 훈련 후 예비역 소위로 임관하게 된다.[83]

하사관은 당성이 강한 현역이나 전문학교 실무 교육 이수자 중에서 선발한다. 남한의 장교에 해당하는 군관은 2~5년 이상 근무한 현역 사병이나 하사관 중에서 선발하여 각급 군관 학교에서 양성되고, 고급 군관 양성과 재교육은 김일성종합군사대학 등 각종 군사 대학이 담당한다. 여성들도 중학교 졸업 후 군에 지원할 수 있는데, 현재 지원율이 증가하는 추세에 있다. 북한의 여군은 정규군의 약 2.1%인 1만5천여 명으로 행정 · 보급 · 전투 등 모든 병과에 배치되어 있다. 여군으로만 구성된 일부 해안고사포부대도 있다. 여군의 최고 계급은 군의관 출신의 75살인 전구강 소장으로 현재 인민무력부 산하 종합 병원인 '제46병원' 의 원장으로 있다.[84]

군 복무연한은 지상군이 3년 6개월, 해 · 공군이 4년으로 규정되어 있었으나 실제 복무 기간은 5~8년간이었다. 그러나 1990년대 이후 '10년 복무연한제'를 실시하고 있는데, 1996년 10월 군복무 조례를 다시 변경하여 사병들의 복무 연령을 남자는 30세, 여자는 26세, 여자 군관은 28세로 정하였다.[85] 이렇게 하여 최장 13년간 복무하게 되었다. 이 같은 북한의 군대 복무 기간에도 변화가 왔다. 남자는 13년에서 10년으로, 여자는 10년에서 7년으로 각각 3년씩 군 복무연한을 단축하였다. 이 내용이 담긴 군사복무법을 2003년 3월 26일 최고인민회의에서 승인하였다.

복무 중에 휴가는 정규 휴가가 연 1회, 그 밖의 휴가가 규정되어 있으나 지켜지지 않고 있다. 탈북자들에 따르면 군 복무 중 1회 정도의 휴가가 대부분이라는 것이다. 군복무를 마치면 직장에 배치되는데, 대학에 진학하는 경우도 있다고 한다.

남북한 대학생들이 만났을 때, 남한의 대학생들이 북한의 대학생들을 보고 어리둥절히 바라보았다는 보도가 생각난다. 그럴 수밖에 없었을 것이다. 북한의 대학생들이라고 소개하는 사람들이 남한의 대학생들보다 10년 정도는 연장자였기 때문이다. 그도 그럴 것이 북한 남자들의 경우 군 생활을 10년 이상 한 뒤 제대하여 대학에 가는 사람들이 아주 많았으니 말이다.

'원수'는 어렸을 때 딱지에서 보았는데

북한에서는 계급을 '군사칭호'라 부른다. 군사칭호는 원수급, 장령급, 군관급(좌급군관, 위급군관), 하전사, 일반병으로 나눈다. 원수급은 군 계급이라는 차원보다는 정치적인 의미로 보아야 한다. 여기에는 대원수, 원수, 차수가 있다. 남한의 장군에 해당하는 장령급에는 대장, 상장,

중장, 소장 있다. 남한에서는 별 하나를 준장이라 하는데 북한에서는 소장이라 한다. 남한의 영관급 장교는 북한의 군관급에 해당된다. 군관급은 좌급군관(대좌, 상좌, 중좌, 소좌)과 위급군관(대위, 상위, 중위, 소위)으로 나뉜다. 그 밖에 하전사(사관)는 특무상사 · 상사 · 중사 · 하사로 분류하고, 전사(일반병)는 상급병사 · 중급병사 · 초급병사 · 전사로 분류한다.

정규군을 제외한 북한의 예비 전력은 교도대, 로농적위대, 붉은청년근위대로 나눌 수 있다. 예비 전력의 지휘 체계는 인민무력부와 당 민방위부로 이원화되어 있다. 교도대는 인민무력서 예하 후방 군단의 통제를, 로농적위대와 붉은청년근위대는 당 민방위부 관할 하에 있다.

교도대는 남한에서 보면 예비군 편제인 셈으로 제대한 군인을 주축으로 조직되었다. 17~45세 남자와 17세~30세의 미혼 여성으로 편성되며, 총병력은 173만 명이다. 교도대는 정규군에 준하는 편제와 무장을 하고 있는데, 정규군과 합동 훈련(자대, 동원 훈련)을 실시하고 있다. 대학생 교도대는 연간 160일간의 교내 훈련과 2학년 재학 시 6개월간의 입영 훈련이 있다.

로농적위대는 남한의 민방위대로 생각하면 된다. 46~60세의 남자를 위주로 하되, 17~45세의 남자와 17~30세의 미혼 여성 중 교도대 미편성 인원도 로동적위대로 편성된다. 로동적위대의 기본 임무는 민방위 업무와 함께 전시에는 직장 및 주요 시설을 경계하는 것은 물론 지역 방위와 대공 방어 임무를 수행한다. 훈련 때에는 개인 화기와 공용 화기의 일부도 지급된다.

붉은청년근위대는 중학교 4~6학년 정도의 남녀 학생들을 대상으로 학교 단위별 중대 또는 대대급으로 편성된다. 연간 160시간의 교내 훈련을 받는다. 5학년 재학 시에는 일주일간의 입영 훈련도 받는다. 유사시에는 후비대·결사대로서의 임무를 수행한다.

남한에도 이 정도까지는 아니었지만 군사 편제로 학교 시스템이 되었던 적이 있었다. 1975년에 긴급조치9호가 발동된 그해부터 생긴 학도호국단 편제가 그것이었다. 대학에 학생회가 없어지면서 총학생회장은 사단장이라 불렸고, 단과대학 회장은 연대장으로 불렸다. 그리고 학과회장은 대대장으로, 학년 대표는 중대장으로 불렸다. 소대장과 부소대장까지 만들어 임명장을 주었다. 물론 입영 훈련이라는 것이 있어 방학 때는 군 부대에 입소해야만 했다. 당시에 박정희도 선군정치를 생각했던 것인가?

군을 중시하는 정치

북한에서 김일성 사망 이후 김정일의 호칭은 '최고사령관님'과 '장군님'이었다. 물론 이때 김정일의 직책이 인민군 최고사령관이었기도 하지만, 김정일은 자기가 장군님으로 불려지길 원했는지도 모른다. 실제로 김일성이 사망하기 전 공식적으로 권력 승계가 이루어지기 전에도 이미 김정일은 군권만은 확실하게 장악하고 있었다. 김일성도 혹시 있을지 모르는 만일의 사태에 대비하여 헌법까지 위반하며 최고사령관직을 김정일에게 넘겼다. 그리고 김일성이 가지고 있던 군 통수권이라 할 수 있는 국방위원장 자리도 넘겨받았던 것이다. 상술한 바와 같이 김정일은 김일성의 유훈과 국방위원장으로 북한을 통치하였다. 이미 이 같은 과정에서 북한은 군사국가화 되어 가고 있었다.

특히 군사국가화의 경향은 김정일 체제가 공식 출범한 1998년에 들어 하나의 제도로 굳어진 것으로 보인다. 이러한 제도화의 징후는 선군정치라는 김정일의 통치 이론 정립에서 두드러지게 나타났다. 오늘날 김정일 정치의 특징으로 선전되고 있는 선군정치는 군을 중시하는 정치로 "군대를 중시하고 그를 강화하는 데 선차적 힘을 넣는 정치"로 규정하고 있다.[86] 그 방식은 "군사 선행의 원칙에서 혁명과 건설에서 나서는 모든 문제를 해결하고 군대를 혁명의 기둥으로 내세워 사회주의 위업 전반을 밀고 나가는 령도방식"이라 하고 있다.

실제로 북한의 경제활동에서 군의 역할은 중요하다. 군은 국가적 사업의 핵심 단위이며 경제건설의 주력 부대이다. 사회간접자본 건설에서 군의 역할은 일상화되어 있지만, 군은 농업·수출 산업 등지에서 동원된 노동력의 역할을 하고 있다.[87] 그러므로 북한에서는 군을 혁명의 기둥으로 내세우고 노동자와 농민을 비롯한 전체 인민들이 혁명적 군인정신으로 사회주의 건설을 밀고 나가도록 독려하고 있다. 이러한 선군정치는 "사회주의 정치 방식으로 빛을 뿌리고 있다."고 자평하였다.[88]

그런데 북한은 "우리 당의 선군혁명 로선은 단순히 오늘의 일시적인 난관을 극복하기 위한 전술적인 조치가 아니다. 선군정치는 주체혁명의 종국적 승리를 이룩할 때까지 계속 구현해 나갈 우리 당의 정치 방식이다."[89]라고 하여 선군정치의 지속성을 강조하고 있다. 북한의 학자들도 "우리 당의 선군정치는 철두철미 인민을 위한 정치이고 우리 인민의 자주적 권리와 근본 리익을 옹호 보장하는 정치이기 때문에 군대와 인민이 절대적으로 지지하며 충성의 한마음으로 받들어 나가고 있다."[90]고 주장하고 있다.

실제로 김정일은 북한의 권력 서열 우선 순위에 군부 출신을 많이 등용하여, 그들을 우대함과 동시에 김정일의 기반을 확실히 다져 나갔다.

처음 국방위원장에 오를 당시 김정일을 측근에서 보좌하는 군 간부들은 세 부류로 나누어졌다. 첫째로는 명예집단으로 이을설 호위총사령관·백학림 사회안전상 등 항일 유격대 출신, 둘째로는 북한 군대 편제상 조선인민군 상층부의 인물들로 조명록 총정치국장·김영춘 총참모장·김일철 인민무력상, 셋째로는 실무적으로 김정일을 최측근에서 보좌하는 장년의 실세로 현철해·박재경·리명수 등을 들 수 있었다.[91]

김정일이 각별한 관심을 가진 것은 군의 상층부뿐만이 아니라는 것은 그의 빈번한 군부대 방문에서도 알 수 있었다. 그리하여 최고 지도자의 각별한 관심과 애정이 군인들에게 있다는 자부심을 심어주고, 군에 대한 정치사상 교육을 실시하였다. 이러한 정신적 군사 역량을 강화하기 위한 정치사상 교육은 김정일 정권에서 군의 통제를 위한 수단으로 이용되고 있다.[92]

김정일은 '군대는 곧 인민이고 국가이며 당이다.' 라 하여 선군정치는 군에만 해당하지 않는다는 것을 확산시켰다. 그리고 모두가 선군정치에 따라야 한다는 이유로 김정일이 내세운 이유는 다음과 같다. "군사를 중시하는 사회적 기풍을 세워야 한다. 우리는 군사를 중시하는 사회적 기풍을 세워 전체 인민이 인민군대를 사랑하고 적극 원호하게 하여 전면 무장화와 전국 요새화를 철저하게 실현함으로써 그 어떤 적도 덤벼들 수 없게 우리나라를 고슴도치처럼 만들어야 한다."[93] 김정일은 이 선군정치를 "나의 기본 정치 방식이며 우리 혁명을 승리로 이끌어 나가기 위한 만능의 보검"이라고까지 표현하였다. 결국 군대를 중심으로 사회주의를 이끌어간다는 것이다.[94] 이 같이 군사국가화를 제도화하면서 북한은 정치적 안정을 확보했다고 볼 수 있다. 안으로 주민들의 통제에도 군이 이용되었고, 밖으로는 군사적 시위를 통하여 안전판을 박은 셈이다.

이와 같이 북한은 자신들의 정치체제를 "선군의 원칙을 구현한 불패의 사회주의 정치체제"라 하면서, 자본주의 국가의 정치체제를 비판하고 있다. 즉, "자본주의 국가의 정치체제가 언제나 불안정하고 취약한 것은 그의 정치적 지반이 서로 다른 리해 관계를 가진 계급과 계층들로 이루어져 있고 그들 간에는 상시적으로 마찰과 모순, 갈등과 대립의 관계가 작용하기 때문이다. 다당제와 량당제를 바탕으로 하는 부르죠아 국가 정치체제에서 치렬한 선거전이 벌어지게 되고 빈번한 정권 교체가 진행되는 것은 정권을 둘러싼 정치세력들 간의 모순이 작용하기 때문이다."[95] 이다.

2003년 신년 공동 사설의 제목은 〈위대한 선군기치 따라 공화국의 존엄과 위력을 높이 떨치다〉였고, 여기에서 김일성 사망 후 10년간의 북한의 상황을 술회하면서, 김정일의 선군영도가 정당했고 미래의 번영이 있다고 했다. "시련과 난관은 형언할 수 없었지만 경애하는 수령 김정일 동지의 선군령도에 따라 위대한 수령께서 열어주신 주체의 한길로만 꿋꿋이 걸어온 것이 천만번 정당하였으며 이 길에 내나라, 내 조국의 무궁한 번영이 있다는 것이 지나온 10년 력사의 귀중한 총화였다."[96]

4 김정일은 왜 선군정치를 해야만 하는가?

모든 것을 군민일치 정신으로

김정일이 선군정치를 중시하는 것은 당면한 대내외적 위기를 효율적으로 극복하는 데 군부의 역할이 중요하다고 인식하고 있기 때문이다. 북한에서 군대는 체제를 보위하는 것뿐만 아니라 사회주의 건설과 경제활동 분야에서 중요한 역할을 담당하고 있다. 군부를 앞세워서 체제를 든든하게 유지하고 현재 당면한 국가적 위기를 돌파하겠다는 의지를 반영하고 있는 것이다.

김정일은 강성대국 건설에서 주장하고 있듯이, 사상과 군사 면에서는 어느 정도의 자신감을 가지고 있다. 그러나 경제적인 면에서는 그렇지 못하다는 것을 자인하고 있다. 지속적인 경제난을 극복하고 명실상부한 사회주의 강성대국 건설을 위해 군대의 역할이 중요함을 인식하고 있는 것이다. 그리고 "우리 인민 군대는 우리식 사회주의의 불패의 성쇠이며,

강성대국 건설의 주력군이다."[97]에서 알 수 있듯이 강성대국 건설에서의 군에 대한 역할과 책임의식을 고취하고 있다.

군부를 중시하되 정책은 당면한 국가적 위기를 극복해야 한다는 과업 설정과 함께 군부의 책임 의식과 희생정신으로 생산력 증대에 노력할 것을 강조하고 있다. 다시 말해 강성대국 건설에서 끊임없는 혁신과 창조적 적극성을 바탕으로 군인적 희생정신을 일깨우는 것이다. 군인적 희생정신은 전체 인민들이 체득해야 할 투철한 '혁명 정신'을 의미하며, 혁명 정신을 강조하는 것은 사상 의식을 최대한 높여 강성대국 건설에 전 당원과 인민, 군인을 정치적 선동으로 동원하겠다는 것이다.

김정일의 지시로 군이 주요 공장, 협동농장을 비롯한 각급 사회기관에 파견되어 인민들을 감시할 뿐만 아니라 군민일치를 강조하여 인민들을 위한 원호 사업을 하고 있다. 이와 같이 '선군정치'를 강조하는 것은 경제건설에 군인을 앞장세우자는 것이다. 앞에서 본 바와 같이 북한의 젊은이들은 10년 동안 군대 생활을 한다. 이 인력이야말로 대단하다. 물론 군대 본연의 임무가 있지만, 그것 못지않게 중요한 것이 경제를 회생하는 것이기 때문에 군인의 충성과 희생정신으로 경제적 효과성을 증대시키겠다는 것이다.

최근 북한에서 만들어져 호평을 받고 있는 영화 『사랑의 종소리』는 군민일치를 소재로 한다. 이 영화는 해일로 큰 피해를 당한 섬 지역 분교를 복구하고 섬 주민들의 생활을 안정시키는 북한 인민군의 대민지원을 내용으로 하고 있다. 북한의 기관지인 『문학신문』은 "선군시대 군민일치의 정신사상적 기초를 생동한 인간성격들과 풍부한 생활화폭을 통해 진실한 감동"을 전하고 있다고 평가했다.

그러나 경제적인 면뿐만 아니라 문화적인 면에서까지 군민일치를 강조하고 있다. 선군시대에 창조된 사회주의 문화는 혁명적 문화의 전형이라 하면서 "우리는 혁명적 군인 정신이 맥박치고 전투적 랑만과 풍부한정서가 넘쳐나는 인민군대의 문화생활 기풍이 온 사회를 지배하게 하여야 한다."고 주장하고 있다. 그래서 "교육, 보건, 문화 예술의 모든 분야에서 사회주의의 우월성을 높이 발양시켜야 한다."[98]고 하여, 모든 인민생활 자체를 선군으로 융화시키겠다는 것이다.

대내외적 어려움을 선군으로 극복

김정일이 군을 중시하는 정책을 추진하고 있는 것은, 당면한 국가의대내외적 위기를 효율적으로 극복하고 국가이익을 추구하는 데 군부의역할이 중요하다고 판단하고 있기 때문이다. "더욱이 오늘 제국주의자들이 무력으로 다른 나라의 자주권을 함부로 유린하고 있는 조건에서 무적의 군력 없이는 나라의 존엄과 혁명의 쟁취물을 지켜낼 수 없다. 나라의형편이 아무리 어렵고 고난의 행군을 열백 번 한다고 해도 국방력을 강화하는 데서는 추호의 양보도 있어서는 안 된다."[99] 선군정치에 의하여사회주의 제도의 정치사상적 진지를 다질 때, 북한 체제를 고수하고 평화를 보장할 수 있다는 것이다.[100]

대외 환경과 경제 상황이 어려울수록 체제를 유지하기 위해서는 군사력에 의존할 수밖에 없다. 김정일이 외부의 개방 압력을 견뎌 내고, 대외적 긴장 조성을 통해 외부 세계로부터 경제적 지원을 받아내기 위해서믿을 수 있는 것은 군사력뿐이다. 북한이 외부 세계와의 관계에서 국가이익의 극대화를 추구할 수 있는 협상 수단과 전략은 군사적 요인이다.공격적이고 전투적인 구호는 외부의 적대 세력에게 군사적 위협뿐만 아니라 국가 안보를 보장하는 중요한 수단이다. 국가가 당면한 위기 극복의 과업이 북한 지도부로 하여금 군부의 역할을 강조하였지만, 대내외적위기가 일정 부분 해소된다 하더라도 당분간 '선군정치' 의 정책 기조는유지될 것이다.

5 김정일의 딜레마, 실리사회주의

체제수호적 개방은 가능한가?

북한이 추구하는 강성대국을 건설하기 위해서 가장 필요한 것은 개혁과 개방이다. 그러나 군이 영도하는 정치 방식이 가장 위력하다고 주장하는 상황에서 개혁이나 개방이 과연 가능하겠는가?

일반적으로 경제 개방이란 한 국가의 국민경제가 다른 국가의 국민경제와 재화, 서비스, 자본, 기술 등의 교역 및 협력을 활발하게 하고 있는 상태를 의미한다. 따라서 경제 개방은 대내적으로는 분권화된 시장경제 체제의 요소를 도입함으로써 자원 배분의 효율성을 높이며, 상대적으로 국제 분업과 경제협력을 통하여 경제적 이득을 얻는 데 목적이 있다. 그러므로 경제개혁도 사유재산권을 인정하여 분권화된 시장경제 체제로 이행하는 것을 의미한다.[101]

북한 경제정책도 변화하는 모습들이 나타나고 있다. 그러나 이 변화는 소유·가격·기업 경영 등 경제제도의 내부 개혁을 수반한 시장경제 체제로의 근본적이고 본격적인 개방은 아니다. 특히 개방과 개혁을 거부하면서 자본주의적 요소의 침투를 경계하고 있다. 즉 "오늘 우리를 경제적으로 고립 질식시키고 '개혁·개방'에로 유도하여 우리 경제제도에 파렬구를 내고 우리 사회주의를 말살하려는 책동은 날을 따라 노골화되고 있다."[102]고 하고 있어, 북한에서는 개혁·개방이 체제 유지에 부정적인 영향을 미칠 것이라 생각하고 있다. 이에 따라 북한은 안정을 해치지 않는 범위에서 변화된 현실의 일부를 수용하고, 실리 실용 위주의 경제 사업을 추진함으로써 경제 활성화를 도모하고자 했다.

북한이 경제위기를 극복하기 위해서는 자력갱생도 중요하지만, 밖으로 눈을 돌리지 않을 수 없었다. 북한이 경제협력이나 외자유치 등에 대비하기 위해서는 관료들의 경험이 필요하다. 실제로 북한의 경제 관료들이 유엔개발계획(UNDP) 등 국제기구 지원 아래 시장경제 연수를 1997년부터 시작하여 지속하고 있다. 대상 지역은 주로 미국·호주·태국·싱가포르·중국·헝가리 등지인데, 여기에서 자본주의 시장경제에 관한 교육을 받은 경제 관료는 200명 정도이다.[103] 북한은 2000년 10월 재정상과 중앙은행 총재를 교체한 데 이어, 12월에는 무역상을 40대의 젊은 전문 인력으로 보강하였다.[104] 이는 대외 경제협력 활성화를 통해 경제를 발전시키려는 김정일의 강력한 의지의 표현이기도 하다.

북한의 '과학기술 중시노선'은 일정 부분 개혁·개방과 관련이 있다. 특히 2000년 이후 정보기술 산업에 대한 관심이 증폭되면서, 이 분야에서 외국 기업과의 교류와 협력이 확대되고 있는 점에 비추어 보더라도 '과학기술을 통한 경제발전'이라는 새로운 경제발전 추진전략과정에서 대외 개방과 내부 개혁은 어느 정도 불가피하다.[105] 북한은 『로동신문』

사설 〈과학기술을 틀어쥐고 강성대국 건설에서 새로운 비약을 일으키자〉에서 "정보기술, 컴퓨터기술의 급속한 발전과 함께 펼쳐진 21세기 정보산업의 시대는 치렬한 과학기술경쟁의 시대이다. …… 첨단과학기술의 목표를 점령하는가 못하는가는 하는 것은 나라와 민족의 전도를 좌우하는 심각한 문제이다. …… 나라의 과학기술 발전에 전당적, 전 국가적, 전 사회적 관심을 돌려야 한다."[106] 고 하는 것에서 알 수 있는 바와 같이 북한이 추구하는 경제발전 전략은 과학기술을 통한 것이다.

북한은 2001년 신년 공동 사설과 『로동신문』등 북한 언론을 통해 '신사고와 과학기술 중시를 바탕으로 국가경쟁력 강화를 위해 낡은 관념을 버리고 새 시대에 맞게 사상 관점과 사고방식에서 근본적인 혁신'을 강조하였다. 그러나 새로운 관점에서 모든 것을 보고 개건해 나가야 한다고 하고 있지만, 이것을 둘러싸고 있는 외피는 선군정치의 방식일 수밖에 없다는 것이다. "우리가 사고방식에서 근본적인 혁신을 이룩하자면 전체 인민이 인민군대의 투쟁 정신과 기풍을 따라 배우는 것이 중요하다."[107]는 것은 이를 말해 준다.

이 모든 것들은 체제를 유지하는 데에 도움이 된다고 보고 있기 때문에 불가피하게 행하는 것이다. 그러므로 이는 북한이 계속 추진해 온 '모기장식 개방전략'으로 보아야 하며, 경제적 침체를 타개하기 위한 체제 수호적인 개방·개혁인 것이다.

시장경제로 가는 신호탄?

북한은 1998년 '강성대국 건설'을 내세우면서 과학기술 중시를 주창하고, 개정 헌법의 경제 부분에서는 일부 시장경제 원리를 도입하는 등

사회주의 체제 속에서의 실리 추구를 도모해 왔다. 북한이 실리를 특별히 강조하고 있는 것은 그들이 처해 있는 절박한 경제사정에 기인한 것이다.

실제로 북한은 계획경제의 비효율성으로 인한 경제난을 타파하기 위해 시장경제적 요소의 도입이 절실했다. 2001년 10월에 김정일은 당과 내각의 경제관리에게 "무상교육, 무상치료, 사회보험 등 사회주의 우월성을 집중적으로 보여 주는 것들을 제외한 일부 불합리한 사회적 시책들을 현실적 조건에 맞게 정리해야 한다."고 지시한 바 있었다. 이에 따라 임금과 물가를 현실화하고 기업의 자율권을 강화하라는 지시가 내려졌다. 또한 생산관리 계획 권한을 지방과 하부에 대폭 이양하고 지방에서 생산한 상품의 가격을 지방의 공장이 자체적으로 정하도록 한 것은 주목할 만한 내용이다.

"사회주의 경제관리를 개선, 완성하는 데 틀어쥐고 나가야 할 종자는 사회주의 원칙을 확고히 지키면서 가장 큰 실리를 얻을 수 있도록 하는 것이다.", "지난 시기 경제관리 체계와 경제관리 방법이 그때에는 옳고 좋은 것이었다 해도 오늘에는 맞지 않을 수 있다. 변화, 발전하는 현실의 요구에 맞게 경제관리에서 고칠 것은 대담하게 고치고 새롭게 창조할 것은 적극 창조해야 한다."[108]고 강조하였다. 그 이후 8개월간의 준비 기간을 거쳐 2002년에는 대대적인 7·1경제관리개선조치를 단행하였다. 뿐만 아니라 이후에도 7·1경제관리개선조치의 지속적 추진 의지를 피력하면서 후속 조치를 마련하는 데에 주력했다. 2003년 신년 공동 사설을 통해 북한은 '지속적인 경제관리 개선'을 중점 과업으로 설정하였으며, 최고인민회의 제11기 제1차 회의(2003년 9월 3일)에서 박봉주 내각 총리 역시 "경제관리 개선을 위한 새로운 국가적 조치들을 적극 이행할 것"이라고 강조하였다.

7·1경제관리개선조치의 주요 내용은 물가 및 임금 인상, 환율현실화 및 관세조정, 기업의 경영자율권 확대, 식량·생필품 등의 배급제 단계적 폐지, 개인 경작지 확대 등이었다. 물가는 쌀 가격을 기준으로 하여 모든 가격을 전면적으로 현실화하는 데 초점을 두었다. 쌀의 수매 가격이 kg당 80전에서 40원으로 인상되었고, 식량 판매소에서의 판매 가격은 44원으로 결정되었다. 이를 기준으로 근로자들의 생활비를 다시 책정하였다.

북한은 보수 체계에도 많은 변화를 보였다. 노동자, 사무원 등 전 직종을 대상으로 임금도 평균 18배 인상하고 '노동의 결과에 따른 분배 원칙' 아래 차등 지급하는 조치를 취하였다. 임금이 110원에서 2천 원으로 인상되었고, 어렵고 힘든 부문에 종사하는 탄부들의 경우 6천 원 정도의 임금을 받게 되었다. 이는 임금의 평균주의를 철폐하고 인센티브제를 도입함으로써 노동의 생산성을 높이기 위한 조치라고 할 수 있다.

또한 고평가되던 북한 원화 환율의 경우 달러당 150원 수준으로 현실화하고 수입 관세를 2배로 인상하였다. 인상 전의 북한 화폐의 공식 환율은 미화 1달러당 2.16~2.61원이었다. 북한은 2002년 12월 1일 달러화 사용을 금지하고 모든 대외 거래를 유럽연합(EU) 단일화폐인 유로화만을 사용하겠다고 발표했으나, 달러화도 혼용되고 있다.

'인민생활공채' 를 발행하다

7·1경제개선조치는 많은 돈을 필요로 했는데, 미국과의 관계가 막히고 특히 이라크 전쟁 등으로 어려움에 처하게 되었다. 이에 북한은 최고

평양의 한 시민이 북 무역은행에서 '인민생활공채'를 구입하고 있다.
북한은 7·1경제개선조치로 많은 돈을 필요로 했는데, 미국과의 관계가 막히고 특히 이라크 전쟁 등으로
어려움에 처하자 '인민생활공채발행' 법령을 통과시켜 재원을 염출하려 했다.

인민회의 제10기 6차 회의에서 내각에서 내놓은 '인민생활공채발행' 법
령을 통과시켜 재원을 염출하려 했다. 실제로 북한에서는 "사회 경제 건
설에 필요한 방대한 자금 수요를 원만히 보장하기 위해 모든 부문에서
수입 원천을 최대한으로 동원하기 위해 인민생활공채를 발행했다."[109]고
하고 있다.

북한의 내각은 2003년 3월 27일에 인민생활공채발행을 공고하였다.
공채는 국가가 책임지고 그 상환을 담보하는데, 이는 나라의 부강한 발
전과 인민들의 복리 증진에 이바지한다는 것이다. 구체적인 내용은 '인
민생활공채는 2003년 5월 1일부터 2013년 4월 말까지 10년을 유효기간

으로 500원 권, 1천 원 권, 5천 원 권을 발행한다. 공채는 추첨에 의한 당첨금과 원금을 되돌려 주는 방법으로 상환한다. 추첨 사업은 2003년부터 2년 동안은 6개월에 한 번, 그 다음부터는 1년에 한 번씩 진행한다. 추첨에 당첨되지 않은 공채 원금은 2008년부터 일정액씩 전부 상환한다.' 는 것이다. 어찌 보면 일종의 복권 사업을 하겠다는 것이다. 2003년 1차 추첨은 12월 25일 진행되었다. 조선중앙TV는 1차 추첨에서 500원 권·1천 원 권 17개, 5천 원 권은 13개의 번호를 각각 추첨해 총 10만1천 900원의 원금과 당첨금을 돌려주었다고 발표했다.

기업의 경영 자율권 확대와 상업 유통의 변화 조치에서는 기업에 대해서 기업의 독자성, 세부 생산 계획의 자체 수립 등 자율성과 재량권을 부분적으로 허용하였다. 그리고 농업 부문에서는 개인의 경작 면적을 30~50평에서 400평으로 확대하였고, 유통 부문에서도 종래의 배급제를 구입제로 전환시켰다. 그동안 국가가 무료 혹은 저렴한 가격으로 제공해 오던 재화와 서비스의 종류를 최소화하고 유료화한 것이다. 즉 집세, 교통 요금 등의 모든 무상 서비스를 유료화하고 그 가격을 대폭 올렸다.

7·1경제관리개선조치는 경제 전 분야에 걸쳐 진행된 광범하고 획기적인 조치라는 점에서 주목받고 있다. 이번 조치에서는 국가가 총체적인 생산 계획을 수립하는 등 여전히 사회주의 계획경제의 기본 골격을 유지하고 있으면서도 실용주의적 차원에서 새로운 자력갱생 노선을 모색하는 변화를 보이고 있다. 뿐만 아니라 북한이 가격 왜곡 문제에 관한 시정 등을 통해 대내외적으로 적응하기 위한 노력을 보이고 있다는 점은 개혁적 성격을 갖고 있다고 할 것이다.

김정일이 추구하는 실리사회주의란?

북한에서는 21세기는 주변 국제 경제 환경이 모두 시장경제화 되어 있는 환경이므로 "모든 문제를 새로운 높이에서 풀어가야 하는" 발상의 전환이 요구된다고 하면서 경제활동의 최우선 목표를 '실리사회주의'에 둘 것을 강조하였다.[110]

북한은 실리사회주의를 '사회주의의 원칙을 지키는 가운데 가장 큰 실리를 추구하는 것'으로 정의하고 있다. 즉 경제계획을 계속 유지하면서도 각 경제 단위들은 수익성 제고에 목표를 두고 경제활동을 해야 한다고 제시하고 있다. 수익이 나지 않는 낡은 생산 공정은 대담하게 들어내거나 폐기 처분할 필요가 있다고까지 언급했다.[111] 2003년 9월 최고인민회의 제11기 1차 회의에서 내각 총리로 선출된 박봉주는 "사회주의 원칙과 실리의 원칙에서 경제관리 방법을 끊임없이 완성하고, 경제관리 개선을 위한 새로운 조치를 적극 이행할 것임"을 강조했다. 북한의 경제를 총 책임지고 있는 내각 총리가 실리 원칙을 강조하면서 변화를 추구하겠다고 선언한 것이다.

북한은 실리사회주의에서 사회주의 원칙을 강조하고 있지만, 분명 계획경제와 시장경제의 병존을 의도하는 방향으로 경제정책을 변화시켜 나가고 있다. 북한은 이러한 방향에서 2003년 3월부터 기존의 농민시장을 종합시장이라는 이름으로 공식·확대해 나갔고, 2003년 6월 조선중앙통신을 통해 경제개혁이라는 용어를 공식적으로 사용하기도 하였다.[112]

결국 실리사회주의를 한다는 것은 사회주의 시장경제 방향으로 가고 있다는 것을 말해 준다. 7·1경제관리개선조치는 분권화와 시장화를 통해 북한의 경제를 서서히 변화시키고 있다. 북한이 추진하고 있는 일련의 경제관련 조치들이 북한 경제를 장기적으로 시장화의 흐름에서 되돌릴 수 없게 하고 있다.

'터밭경리'가 시장을 만들었다

최근에 북한에서는 사람들이 모이는 곳이면 시장이 선다고 한다. 배급경제를 하는 사회주의 국가에도 시장이 있다는 것인가? 북한에서 시장의 시발은 '터밭경리'로 보아야 한다. 북한 헌법 제24조를 보면 "터밭경리를 비롯한 주민의 개인부업경리에서 나오는 생산물도 개인소유에 속한다."라는 내용이 있다. 이는 북한의 농민시장인 장마당을 뒷받침해 주는 조항이라 볼 수 있다. 북한의 농민시장이란 국영농장이나 협동농장 이외의 개인의 텃밭(통상 30~50평)에서 생산하는 농작물이나 부업경리의 생산물을 매매·교환하는 농촌의 시장터이다.

북한에서도 극히 제한적이지만 개인소유가 인정되고 있다. 북한 당국은 개인소유란 생산수단에 대한 사회적 소유의 토대에서 발생한다고 하여 '사회주의에서의 개인소유'라는 점을 강조한다. 개인소유의 대상은 근로자들이 받는 임금이나 노동의 질에 따라 받는 분배 몫과 그것으로 구입한 소비품에 국한하였다. 구체적으로 말하면 근로소득과 저축, 가정용품, 일상소비품 등이 개인소유의 대상에 포함된다. 협동농장원들의 부업경리의 생산물과 그 생산을 위한 소규모 농기구 등도 개인적으로 소유할 수 있다. 개인소유물은 그 소유자가 자유롭게 처분할 수 있으며 그에 대한 상속권도 인정한다. 북한의 각종 수매기관과 농민시장은 개인소유물을 처분할 수 있는 제도적인 장치로 이용된다고 한다. 원래 10일 정도

마다 협동농장이 쉬는 날에 주민들이 모여서 물품을 거래하는 제한된 시장이었다.

북한의 농민시장 또는 장마당은 국영상업망이나 협동단체의 상업망과 함께 상품유통 체계의 하나이다. 국영상업망의 소매소로는 대도시의 백화점, 지방의 종합상점·직매점, 리·동 소매점 등이 있다. 협동단체 상업망은 최근 농민시장 때문에 그 기능이 약화되어 있다. 농민시장은 군단위로 대략 2~3개소가 지정되어 있지만 최근에는 사람이 모이는 곳이면 어디서든지 장이 서게 되었다.

농민시장은 1980년대 이후 장마당이라 불렸다. 낮에는 장마당을 햇빛시장으로 밤에는 달빛시장이라고 하여 중소 도시 지역까지 확산되고 거래되는 품목도 다양해지기 시작했다. 1990년대에 들어오면서는 농산물 및 생필품 공급의 절대적인 부족으로 장마당 거래가 일상화되고 있는 것으로 확인되고 있다.

농민시장에서는 원래 쌀·보리 등의 곡물류와 공산품의 거래가 금지되어 있다. 거래가 허용된 상품은 채소류와 옥수수 등 잡곡류와 각종 수공예품 정도이다. 그러나 국영상점에서의 소비품 공급이 수용에 비해 절대적으로 부족하게 되면서부터 농민시장은 점차 암시장 형태를 띠었다. 그리하여 잡곡류나 가내 수공업 제품 등 거래가 허가된 상품들뿐만 아니라 곡물류와 외제 공산품 등 매매금지 품목까지도 규제를 피해 암거래가 이루어지고 있다. 탈북자들이 말하기를 이제는 장마당에서 돈만 있으면 못 살 것이 없다고 한다. 텔레비전, 녹음기, 계산기, 재봉기, 자전거 등도 얼마든지 살 수 있다. 각 매대마다 사과, 배, 사탕, 과자, 엿, 옷 등 돈이 되는 것이라면 무엇이든지 거래되고 있다. 음식도 국밥에서부터 만두, 찰떡, 지짐, 밀국수, 강냉이국수 등 뭐든지 사 먹을 수 있다. 식당에서는

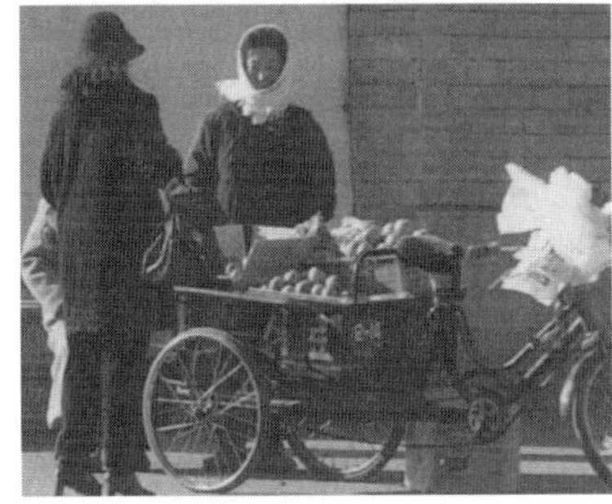

평양 고려호텔 앞에 문을 연 군고구마 노상 판매대와
과일을 파는 노점상의 모습이다.

원래 술을 팔지 못하게 되어 있는데, 민가에서 만든 밀주를 들여와 파는
것도 공공연한 비밀이라 한다.

물론 농민시장에서 거래되는 가격은 북한 당국이 일방적으로 정한 국
정 가격이 아니라 시장의 수급 상황에 따라 형성되는 시장 가격이라는
점에서 주목되고 있다. 이와 같은 시장 가격을 북한 당국의 국정 가격과
대비시켜 암시장 가격이라고 부른다.

계획경제 체제는 배급경제를 원칙으로 하기 때문에 농민시장이 존재
한다는 것이 이율배반적으로 느껴질지 모르지만, 배급제도가 완전하게
모든 유통망을 망라할 수 없기 때문에 농민시장은 보완적 기능을 수행해
나간 것이다.

돈을 벌기 위해서는 장사가 최고다

암시장 규모의 이 같은 확장은 결국 주민들의 경제행위가 집단주의보다 사적 동기에 의해 영위되도록 하고 경제주체로서 개인의 역할을 증대시켰다. 1980년대 중반 이후 자리 잡기 시작한 '돈이면 최고'라는 물질만능주의적 가치관은 사적인 경제활동 및 뇌물수수, 경제범죄 등을 크게 늘게 했다.

이러다 보니 전적으로 보따리장사를 나서는 사람들 외에 직장에 다니면서도 틈틈이 장사에 나서는 사람이 많아졌다. 전문적인 보따리장사꾼들은 주로 노동불능자, 퇴직자, 가정주부들이 주축을 이루지만, 이 중에는 뇌물을 주고 노동불능자로 판정 받은 자와 휴가·출장 등으로 다른 지역을 오갈 수 있는 사람들이 상당수 있었다.

북한의 식량 사정은 1990년대에 들어오면서 더 열악해졌다. 장마당에 부녀자들이 몰려들기 시작했다. 생활형편이 어려워지자 가족을 부양해야 하는 일부 여성들은 돈이 필요했고, 개인들이 가지고 있던 물건들이나 공장에서 훔친 물건들을 장마당에 가지고 나가 파는 일이 늘어났다. 당국의 단속에 채소류나 음식물을 동네 어귀에서 파는 일도 빈번해졌다. 집안에 있는 재봉기를 이용하여 간단한 의복을 만들거나 동네 주민들의 의복을 수선해 주어 생계비를 보태는 부녀자들도 늘어났다. 사람들의 왕래가 있는 조그만 빈터만 있으면 사람들이 모여서 장사판을 벌였다.

식량의 부족은 기업이나 공장도 마찬가지였다. 이들은 남은 공터를 개간하면서까지 작물을 재배해 식량 문제를 자체적으로 해결해 보려 했으나 그것은 해결 방법이 될 수 없었다. 따라서 종업원들의 결근이 잦아지고, 장마당에는 부녀자뿐만 아니라 남성들도 나서게 되었다. 장마당에서의 장사는 생계 수단을 해결할 수 있는 가장 용이하고 가장 중요한 방편이었다. 중국에서 들어 온 공업품을 조금 큰 도시에서 사다가 장마당에서 파는 게 이제 부업이 아니라 본업인 장사꾼들이 늘어나기 시작했다.

1980년대 후반부터 북한에 생겨난 '협동식당'도 장마당과 무관하지는 않다. 협동식당은 '가내반'이라는 형식으로 국가에서 승인을 얻어 개인들이 운영하는 식당으로, 수익금의 일부를 국가에 세금 형태로 내고 나머지는 운영하는 사람들이 나누어 갖는 식으로 운영된다. 국영식당이 원자재난 등으로 제대로 운영되지 못하자, 주민들의 욕구를 충족시켜 주기 위해 생겨났다. 협동시장은 주로 시장터나 그 주변에 생겨났다. 사람이 모이는 곳이어야 장사가 되기 때문이다. 시장 주변에 주민들의 개인 집을 이용하거나 개조하여 영업을 하는데, 여기에서는 국영식당처럼 양표에 의한 식사도 가능하고 돈만 내고도 식사가 가능하다는 점에서 주민들의 호응을 받고 있다. 탈북자들은 이 식당의 장점으로 국영식당에서는 먹을 수 없는 음식이 있다는 것, 저녁시간대에도 영업을 한다는 것, 주문만 하면 은밀히 술도 제공된다는 점 등을 들고 있다.[113] 1990년대에 들어 이러한 협동식당들이 전문성을 갖추고 장사하는 곳은 장사가 잘되면서 주민들의 선망의 대상이 되기도 했다.

당국도 생존위기에 몰려서 장마당에 모여드는 주민들을 종전처럼 강압적으로 단속할 수만은 없었다. 원래 판매가 금지된 공업품의 판매도 묵인하였고, 보잘것없지만 비를 피할 수 있는 판매대도 설치하기 시작했다.

1990년 말부터는 청장년층 남성들의 장마당 참여가 늘어나기 시작했다. 그동안 장마당이 없었던 지역에도 새로운 장마당이 생겨나고, 기존에 있던 큰 장마당은 일종의 도매시장으로 변하여 갔다. 그러나 여기서 발생하는 부작용도 컸다. 우선 공장이나 기업소의 무단결근이 늘어나 그나마 가동되던 것조차 안 되자, 북한 당국은 한때 장마당을 폐쇄한다는 방침을 세워 단속을 하기도 했다. 그러나 그것은 역부족이었다.

농민시장이 아닌 종합시장으로 확대

북한은 2003년 3월 김정일의 지시로 농민시장을 종합시장으로 확대하고 시장의 운영방식을 사회주의 경제관리 체계로 전환했다. 국가계획위원회 최홍규 국장은 그해 4월 2일 조총련 기관지 『조선신보』와의 인터뷰에서 "지난 3월 말부터 평양에서도 각 구역마다 있는 농민시장을 시장으로 부르게 됐다."며 "농산물만이 아니라 각종 공업제품도 거래되고 있는 실정에 맞게 이름을 고친 셈"이라고 밝혔다. 최국장은 "나라에서는 시장을 통제의 대상으로 보지 않고 사회주의 상품유통으로 인정하고 있다."며 "명칭 변경은 시장이 사회적 수요를 충족시키는 공간으로서 제대로 기능하도록 나라가 보다 적극적인 관리 정책을 실시해 나가자는 의지의 표현"이라고 말했다.[114]

농민시장이 종합시장으로 기능이 확대되면서 농민과 일반 주민들은 물론 공장·기업소도 생산한 공산품을 시장에 내다 파는 등 상거래 행위가 급속도로 확산되고 있다. 물론 공장이나 기업이나 생산한 물건을 전부 시장에 파는 것은 아니고 계획에 의하여 부가된 초과 생산량이나 부산물의 시장 판매를 30% 범위 내에서 허용하고 있다. 상거래 행위가 확산되면서 시장에서 물품을 판매하는 개인이나 공장·기업소는 시장을 운영하는 시 당국에 자릿세를, 국가에는 소득에 따라 국가납부금을 납부

북한은 2003년 3월 종래의 농민시장을 종합시장으로 확대하는 조치를 취했다.
이에 따라 같은 해 8월 통일거리시장이 문을 열었다.

하는 새로운 경제 시스템이 생겨났다.

평양의 시장에서는 남한의 상품을 취급하지 않았다. 혹 남한의 상품이 들어가도 중국 상표를 붙이거나 아예 상표를 떼어버리는 경우도 있었다. 그러나 지금은 평양 시내 시장 진열대에 놓인 상품의 30% 이상이 남한의 제품이라고 한다. 남한 상품은 인기가 좋아 같은 종류의 중국산보다 훨씬 비싸고, 속옷, 화장품, 전자제품 등이 특히 인기라는 것이 방북했던 남한 인사들의 전언이다.[115]

농민시장은 북한의 계획경제의 보완으로 형성되고 발전되어왔으나 심각한 경제난으로 국가 상업망의 마비로 그 기능이 확대되었다. 장마당의 활성화가 북한의 경제구조를 이중적으로 형성하게 했을 뿐만 아니라 시장경제로의 이행을 선도하고 있다.

평양거리에 상업광고판 등장

평양자동차총회사는 일본과 합작 형태로 설립된 남측의 (주)평화자동차가 70%, 북측의 조선련공총회사가 30%를 출자한 합영회사다. 이 회사는 2000년 2월 3일 남포공단의 허허 벌판에서 평화자동차종합공장의 착공식을 가졌다. 이 공장이 착공까지 얼마나 어려웠는지는 박상권의 말에서 알 수 있었다. 남측의 평화자동차 책임자인 박상권은 베이징 공항에서 만난 한 언론사와의 인터뷰에서, 여기까지 일을 진행하기 위해 37번 평양을 다녀왔고 이제 38번째 평양행 비행기를 기다리고 있다고 말한 적이 있다.

평화자동차공장은 1단계 수리·개조 공장이 2001년 1월 완공되었다. 그리고 2002년 4월 6일 2단계 본 공장 준공식을 가졌다. 약 710억 원이 투입된 이 공장에서는 연간 1만 대의 조립 생산이 가능하며, 이탈리아 피아트사의 씨에나(Siena, 배기량 1,580cc) 승용차를 조립한 '휘파람'을 주로 생산하고 있다. 또한 미니 벤 '뻐꾸기'도 생산하고 있다. 이 자동차 공장에서는 앞으로 버스, 소방차, 구급차, 청소차 등도 생산할 것이라 밝혔다. '휘파람', '뻐꾸기'는 북한의 인기 있는 대중가요 이름이다.

자동차를 생산할 뿐만 아니라 수출할 계획도 가지고 있기 때문에, 북한 당국은 이 자동차 공장에 대하여 대단한 자긍심을 가지고 있는 듯하

평양역 앞에 설치된 평화자동차가 생산한 승용차 '휘파람' 광고판이다.

다. 북한에는 상품에 대한 광고라는 것이 없다. 물론 당 기관지여서 그럴 수도 있지만, 북한 최대 신문인 『로동신문』에서 광고 문구를 본 적이 한 번도 없다. 그런데 평양 시내에 처음으로 상업 광고판이 등장했다. "맵시 있고 든든한 자동차! 휘파람", 평양 시내 강변도로변에 남북합영회사인 평화자동차 종합공장이 생산한 승용차 '휘파람'을 선전하는 대형 광고판이 2003년 12월 21일 선보였다. 평화자동차의 한 관계자는 "휘파람을 선전하는 대형 입간판 6개 가운데 남포공장과 평양역, 평양대극장, 광복거리, 순안공항에서 평양 시내로 들어오는 도로변에 광고판이 설치됐으며 충성의 다리에 마지막 광고판을 설치 중"이라면서 "광고판은 가로 9m, 세로 3.5m"라고 밝혔다.[116] 대형 광고판에는 〈휘파람〉을 부른 대중가수 전혜영과 유도선수 계순희가 모델로 등장했다. 계순희는 우리가 잘 아는 북한 운동선수 중에 한 사람일 것이다.

평양의 광고판은 물론 광고용이라기보다는 또 다른 선전에 가깝다. 경쟁 업체가 있어 자사제품의 우수성을 강조하기 위해 만든 광고판이 아니기 때문이다. 오히려 광고를 통해 '우리가 만든 자동차'라는 자긍심을 북한 인민들에게 심어주기 위한 의도가 강하게 드러난다. 항상 건물 옥상에서부터 축 늘어뜨린 천 위에 붉은 글씨로 씌어진 정치선동구호에 익숙해져 있는 인민들에게 이 광고판은 신성한 충격으로 받아들여질 것이다. 북한은 지금 무언가 변하고 있다.

IT산업으로 강성대국 건설을

북한은 2004년 공동 사설에서 "현 시대에는 경제, 과학 분야가 나라의 국력을 담보하고 민족의 흥망성쇠를 결정짓는 주요 전선으로 되고 있다.”면서, “새 세기 과학기술 발전의 주공 방향에 따라 첨단과학의 새로운 목표를 끊임없이 점령하고 기초과학의 발전에 깊은 관심을 돌려 우리 실정에 맞게 선진과학기술을 받아들이기 위한 사업을 강화해야 한다.”고 하고 있다.

첨단과학과 선진과학기술이 의미하는 것은 바로 정보기술(IT) 산업의 부양이다. 북한은 1999년 11월에 전자공업성을 신설하였고, 2000년도에는 강성대국 건설 3대 기둥의 하나로 과학기술 중시를 설정하기도 하였다. 과학기술 육성이란 바로 IT산업 육성이며, 이를 집중적으로 육성하여 경제도약을 해 보겠다는 것이었다. 북한이 IT산업을 핵심적 전략 산업으로 삼고 추진하는 이유는 첫째, 정보화 시대에 20세기형 중화학 공업 위주의 산업구조만으로는 생존하기 어려운 데다 과거의 산업 생산력을 회복하더라도 다른 국가들에 비해 영원히 뒤떨어질 수 있다는 위기감이 있기 때문이다. 둘째, IT산업 분야 중 하드웨어 부분은 대규모 자본이 필요하기에 어렵지만, 소프트웨어 분야는 적은 자본으로 단기간 내에 성장이 가능하다는 판단이 있기 때문이다. 실제로 북한은 소프트웨어 개발기술이 상당한 수준에 있다. 셋째, IT산업 육성 전략이 ‘제한적 개방 전략’에도 부합하기 때문이다.

북한에서는 2001년에 들어와서 금성제1고등중학교, 금성제2고등중학교, 만경대학생소년궁전과 평양학생소년궁전을 컴퓨터 수재 양성 기관으로 꾸몄다. 컴퓨터 수재로 키울 학생들을 전국적으로 선발하여 어릴 때부터 체계적으로 키운다는 것이다. 컴퓨터 수재 기지가 창설된 것은 나라의 과학기술 인재 양성 사업과 정보산업 발전에서 새로운 이정표를 열어 놓은 것이라고 평가하고 있다.[117]

이렇게 중학교 수준에서만 아니라 김일성종합대학과 김책공대 등에도 컴퓨터 수재반을 운영하고 있다. 김정일은 2001년 9월 김책공업종합대학 현지 지도에서 "최단 기간에 과학기술을 세계적 수준으로 올리기 위해 재능 있는 인재를 더 많이 육성할 것"을 지시하기도 하였다. 또한 평양컴퓨터기술대학과 함흥컴퓨터기술대학을 신설하고, 김책공업종합대학에 정보과학기술대학과 기계과학기술대학과 같은 단과대도 만들었다.

북한은 이처럼 내부적으로 인재를 육성하는 데에 힘쓰는 한편, 남한의 기술을 받아들이려 노력하였다. 2001년 1월 북한의 전자공업성은 비트컴퓨터 조현정 사장을 평양으로 초청하여 인민대학습당에서 북한 과학기술전문가 500여 명에게 '디지털 경제'를 강연하였다. 2월에는 북한 아시아태평양평화위원회에서 남한의 IT관련 전문가 8명을 초청하여 남한과의 교류 협력 방안을 논의하기도 하였다. 또한 평양과학기술대학이 남측과 해외동포의 도움으로 지어지고 있다.

『로동신문』의 보도에서는 북한이 추구하는 산업의 모습을 엿볼 수 있다. "정보산업은 지난 수십 년 동안 급속히 발전하여 왔다. 콤퓨터 연산속도는 지난 55년 사이에 20만 배 빨라졌고 콤퓨터의 핵심부인 극소형 처리소자의 집적도 30년 사이에 4천500배, 처리속도는 1천333배로 비약하였다. 현재 콤퓨터는 1년 정도 주기로 갱신되고 있으며 콤퓨터 조작 프로그람은 2~3년만에 새것이 개발 도입되고 프로그람 산업은 년 평균 30%씩 성장하고 있다. 정보산업의 이러한 발전 속도에 맞게 정보 인재 양성 속도를 따라 세울 것을 요구한다."[118]

북한은 주로 소프트웨어 개발 중심의 IT산업 육성에 주력해 오다가 최근에는 이동통신, 하드웨어, 인터넷 등으로도 그 대상 영역을 확대하여 정보화 수준을 적극적으로 높이고 있다. 북한은 중국과 합작으로 '아

'아침-판다 컴퓨터합영회사'
에서 일하고 있는 여성 근로
자가 컴퓨터를 조립하고 있
다.

침-판다 PC' 라는 펜티엄 Ⅳ급 컴퓨터 조립 생산에 나서는가 하면, 전국
적으로 연결된 '광명' 이라는 이름의 내부 인트라넷도 구축하고 있다.[119]
광명은 중앙과학기술통보사가 개발한 과학기술자료 검색시스템으로 내
각의 각 위원회와 성, 중앙 기관, 김일성종합대학을 비롯한 각 대학, 평
양정보센터 등 연구 기관, 과학원 발명국, 인민대학습당, 주요 공장, 기
업소 등 1천여 기관 및 기업소 등이 연결되어 있다.[120]

'웨브 사이트 광명' 외에도 북한은 2000년 초 기업과 연구소 등에 각
종 최신 정보를 제공하기 위해 전자 분야의 정보를 제공하는 웹사이트인
'전자상업센터(e-비지니스센터)' 를 개설하였다.[121] 또한 태국 록슬리사와
합작으로 동북아전신회사(NEAT&T)를 설립하여 소규모이지만 이동 통
신 서비스를 시작하였다. 최근에 북한의 간부들이나 외국인 주재원 혹은
사업가들이 이를 주로 사용하고 있다.

김정일은 "공장이 멈추더라도 과학기술 개발에는 예산을 우선 배정할
것", "과학기술을 하지 말자는 것은 사회주의 혁명을 하지 말자는 것"이
라고 말했다는 것에서 알 수 있듯이,[122] 과학기술 특히 IT분야에 각별한

관심을 가지고 주력 산업으로 키우려하고 있다.

북한의 전자정부 구축 전략은 인터넷으로 인한 '정치화의 최소화' 와 '상업화의 극대화' 라는 사회주의 국가 일반의 인식과 유사한 맥락에서 형성되었다. 그러나 문제는 어떠한 국가들보다도 '정치화의 최소화' 에 초점을 맞춘 인터넷 전략을 선택한 결과 인터넷 폐쇄라는 정책 선택으로 귀결되었다.[123] 앞으로 북한 인터넷의 개방도 경제 개방·개혁의 정도에 달려 있다. 김정일이 IT산업 분야를 '경제 단번 도약' 의 전략으로 생각 한다면 인터넷도 개방을 해야 할 것이다. 인터넷의 개방 자체가 북한에 미치는 파장이 만만치 않더라도, IT산업을 통한 도약을 원한다면 이것은 최소한의 기본적인 조건인 것이다.

중국 사회주의 시장경제는 특구에서 시작됐다

북한은 21세기는 거창한 전변의 세기, 창조의 세기라 하면서 새 세기 는 혁신적인 안목과 기발한 착상, 진취적인 사업 기풍을 요구한다 하였 다.[124] 우리는 21세기의 시작을 2000년으로 보고 뉴밀레니엄 행사 등을 하였는데, 북한에서 2000년에는 21세기라는 말을 쓰지 않은 것을 보면 2001년을 21세기의 시작으로 보았던 것 같다.

김정일은 2001년 초에 경제 강국 건설을 위한 신사고를 제창하였다. 특히 2001년 1월 15일부터 20일까지 중국의 개방·개혁 현장을 답사하 고 돌아온 이후, 북한 경제는 세계경제로의 진입을 위한 키워드가 던져 졌다. 북한이 스스로 중국과 같이 개혁 또는 개방을 추구하겠다는 명시 적인 언급은 없었으나, 대신에 '개건·개선' 이라는 용어를 쓰고 나와 점 진적인 변화를 가늠케 하였다. 실제로 북한은 개혁·개방이라는 용어 자체를 싫어한다. 김정일은 변화의 현상을 '현대화'라 불러 달라고 2000년 남북정상회담 이후 방북한 우리 언론사 대표에게 주문하기도 하였다.

북한에서 '현대화'는 자주 등장하는 용어가 되었다. "인민 경제의 현대화·정보화를 실현하여야 우리 경제를 세계적 수준에 올려 세울 수 있다."며 이를 "인민 경제의 현대화는 사회주의 건설의 전략적 로선이며 인민 경제의 정보화는 현대화의 높은 단계이다."[125]라 정의하고 있다. 북한이 발전 방향의 모델로 삼는 것은 역시 중국이다. 물론 북한이 가지는 여러 가지 국가 속성상 중국과 같은 수준은 생각하기 어렵지만, 북한은 중국과 같은 방식을 채택하지 않을 수 없고 이미 그 방향으로 가고 있다.

중국이 변화의 길을 걷기 시작한 것은 1978년부터이다. 1978년 중국공산당 3중전회(3차 중앙위원회 전원회의)에서 극적인 노선 전환을 계기로 개혁과 개방의 길을 걷기 시작한 중국 경제는 다양한 변모의 과정을 밟게 된다. 이때 경제원칙에 입각한 개혁을 추진하면서 내놓은 것이 '계획경제위주, 시장경제위종'이었다. 중국공산당은 덩샤오핑의 지도 하에 당 활동의 중점을 계급투쟁 일변도에서 이른바 '사회주의 현대화 건설'로 옮긴 것을 천명하였다. 이렇게 하여 헌법이 부분적으로 개정되다가, 1982년 4월 제5기 전국인민대표회의 제5회의에서 새 헌법을 채택하였다. 이는 덩샤오핑이 개혁과 개방을 뒷받침하고자 한 헌법으로서 현행 헌법의 골격을 이루고 있다.

개혁의 핵심은 토지사용권을 법률에 의하여 양도하는 것이었고, 개방은 무엇보다도 경제특구 설치를 확대해 나가는 것이었다. 마침내 1992년에는 사회주의 계획경제 시대를 마감하고 '시장경제'를 본격적으로 추진하게 되었다. 덩샤오핑 사망 이후에도 가능한 한 자본주의적 경제발전을 향해 나아가되, 정치체제는 사회주의 기본 노선을 유지하는 방향으로 가고 있다.

개혁과 개방은 동전의 앞뒷면과 같이 서로 분리되어 실시할 수 없는 성질의 것이다. 따라서 중국의 경우 경제특구 정책을 실시하면서 개혁 정책도 동시에 실시했다. 농업 개혁, 가격 개혁, 재정 개혁, 금융 개혁, 유통 개혁 등 거의 전 분야에 걸친 경제체제 개혁을 경제특구를 거점으로 단행했다. 경제특구를 기점으로 해서 중국을 국제경제에 결합시키고 그 과정 속에서 고용 확대, 외화 획득, 기술 획득을 실현해 나갔다.

북한에도 특구 열풍이 불고 있다

북한도 경제특구를 설치하면서 야심 찬 계획을 발표하였다. 1991년 12월에 체제를 유지하고 심각한 경제난을 해소하기 위해 나진·선봉지역을 '자유경제무역지대'로 지정하여 제한적이나마 개방 모형을 제시하였다. 북한은 나진·선봉지역을 동북아의 국제적인 화물 중계 기지, 관광·금융·서비스 기지, 수출 가공 기지의 기능을 종합적으로 갖춘 국제 교류 거점도시로 발전시킨다는 목표 하에 2010년까지 2단계 발전 계획을 수립하였다. 그러나 외국의 투자가 미비하자 투자 유치단을 각국에 파견하고 1996년과 1998년에 나진·선봉 투자포럼을 개최한 바 있다.

북한은 외자유치는 원하지만 경제개혁으로 분류될 수 있는 정책은 그 어떤 것도 실시하지 않고 있다는 데 문제가 있었다. 나진·선봉 특구의 경우 746㎢에 해당하는 이 지대를 철조망으로 가로막아 외부와의 연결을 차단하는 조치만을 단행하였다. 2000년 8월에는 나진시와 선봉군을 라선시로 개칭하였다. 그러나 이 특구 내에서 기업의 자유로운 활동을 보장하기 위한 소유제와 경제관리 체제에 대하여 구체적인 안은 제시되지 않았다. 북한은 외부 투자가들에게 좀 더 확실한 믿음을 주기 위해서 특구 내에 있는 부동산 시장, 소비재 시장, 생산재 시장, 자본 시장, 노동력 시장의 형성에 대한 구체적인 계획과 아울러 토지, 건물 등의 소유 형태에 대해서도 명확한 규정을 밝혀야 했다.[126]

물론 투자가 전무한 것은 아니었다. 2000년 12월까지 6억5천만 달러의 계약을 체결하고 1억1천만 달러의 투자 실적을 보였다. 그러나 이것은 북한이 기대했던 투자 수준에는 미치지 못했을 뿐만 아니라 대부분이 호텔, 식당, 운수, 상업 등 서비스 분야에 치중되어 있었다. 투자 자본도 화교의 자본이 거의 2/3 정도이고, 그 외 조총련 자본이 20% 정도, 서방 선진국 자본은 10% 미만이었다.

이처럼 북한의 경제특구 정책은 성공을 거두지 못했지만, 대외 경제 개방 정책에 중요한 전환점이 되었다. 그것은 외국인 직접 투자 유치의 필요성을 현실화하여 직접 실험해 보았다는 데 중요한 의미가 있었고, 다른 지역에서의 외국인 투자를 위한 제도적 장치를 만드는 계기가 되었다.

김정일이 금강산에 눈을 돌린 것은 현대그룹 명예회장이었던 정주영의 조언이 크게 작용했을 것이지만, 결국 북한 최대의 투자자는 남쪽 기업이라고 생각했기 때문이었다. 기대와는 달리 나진·선봉 특구에 외국 투자가 미미하자, 김정일도 좀 더 확실한 사업을 원했다. 그리고 좀 더 과감한 조치가 필요하다고 생각했다. 때문에 그는 신의주로 눈을 돌려 새로운 경제특구를 구상했고, 금강산 관광을 확실하게 보장해 주었다.

신의주, 금강산, 개성에 이어 다음은 어디?

북한은 2002년 9월 신의주를 '특별행정구'로, 10월에는 금강산 지역을 '금강산관광지구'로, 11월에는 개성을 '개성공업지구'로 지정하고 관련 법령들을 잇달아 선포했다. 이는 나진·선봉 경제특구의 한계점을 극복한 새로운 경제특구 정책 추진을 의도한 것으로 북한이 네 번째 새로운 대외경제개방 단계로 진입하고 있음을 나타낸다. 신의주·금강산·개성 경제특구에 관련된 법령들이 나진·선봉 경제특구에 비해 상당히 획기적·개방적이고 시장경제를 지향하는 내용들을 담고 있기 때문이다.

김정일의 가장 야심 찬 기획은 신의주 특구였다. '신의주 특별행정구 기본법'에 따르면, 신의주를 특수 행정 단위로서 중앙의 직할 하에 두지만 독자적인 입법권·사법권·행정권 등을 부여하고 중앙은 외교 사업을 제외한 특별 행정구 사업에 관여하지 않을 뿐만 아니라, 행정구 명의로 대외 사업, 여권 발급 및 독자적인 구장·구기를 사용하는 것도 허용하고 있다. 그리고 해외 투자가들의 경제활동 보장 및 자율성 허용, 수익성 보장 등 특혜 면에서 중국의 심천 특구와 거의 비슷한 경제개방 조치들을 담고 있다. 한마디로 정치제도 면에서는 홍콩식 제도를, 경제개방 및 경제특구 제도 면에서는 사회주의 계획경제 토양 위에 시장경제 제도를 도입한 중국의 심천 경제특구보다 진전된 경제적 자율성 및 특혜 등을 부여하고 있는 것이다.[127]

신의주 특구가 중국 등을 겨냥한 것이라면 금강산과 개성은 남한을 겨냥한 것이다. '금강산관광지구법' 및 '개성공업지구법'의 경우 신의주처럼 완전히 독자적인 행정구역은 아니다. 그러나 남한 기업가들이 자유

김정일의 가장 야심 찬 기획은 신의주 특구였다.
신의주는 특수 행정 단위로서 독자적인 입법권·사법권·행정권 등을 갖는다.

롭게 경제활동을 할 수 있고 수익을 보장받을 수 있도록 규정해 놓고 있다. 즉 개성공업지구법 제1조는 "공화국의 법에 따라 관리 운영하는 국제적인 공업, 무역, 상업, 금융, 관광 지역"을 그리고 금강산관광지구법 제1조는 "국제적인 관광 지역"을 규정하고 있어, 이 지역은 홍콩식 경제특구형은 아니지만 자본주의 시장경제 원리에 기초해서 경제활동의 자율성을 보장하고 있다.

오히려 개성·금강산 지구의 경우 내용적으로 볼 때, 무관세·전환성 외환 외에 신용카드 사용 허용 등으로 일부 업종에서 신의주보다 유리한 세제 등을 규정해 놓았다. 이는 남한 기업의 접근을 허용하지 않았던 나진·선봉 경제특구 정책보다 획기적인 조치들을 담고 있다. 북한 당국은 동시에 남북한 철도·도로 연결 및 통행 보장에도 남한 당국과 합의·추진함으로써 개성과 금강산을 남한 기업들의 주요 투자 활동 무대로 열어 놓을 것임을 분명히 하고 있다.[128]

북한의 이러한 새로운 경제특구 정책의 추진은 사회주의 계획경제 틀을 유지하는 가운데 추진되고 있다. 지역적으로 보면 동서남북 변경인 일부 제한적인 지역 공간에만 시장경제 시스템을 도입하겠다는 것이다. 북한이 가장 중요하게 생각하는 것이 체제 유지이기 때문에, 이렇게 기본적으로는 계획경제의 틀을 유지하는 것과 주민들과 떨어진 변경으로 특구를 지정할 수밖에 없을 것이다. 그러나 이를 과감히 탈피하여 남포, 원산 등을 차례로 개방해야 할 것이다.

자본주의 방식은 받아들여야 하는데

김일성이 사망하고 김정일의 통치가 시작된 지 10년이 되었다. 김정일이 김일성 주석으로부터 물려받은 것은 외화난, 식량난, 에너지난 등의 '3난(三亂) 공화국'이었다. 산업가동률은 30%대에 머물며, 굶어죽는 자가 생기고, 대량 탈북이 시작되었어도 김정일은 뾰족한 방법 없이 고난의 행군만을 외쳤다.

1998년에 공식적으로 김정일 체제가 출범하게 되었고, 이때부터 북한은 변화를 모색했다. 헌법에 시장경제적 요소를 반영하고, 해마다 중국·베트남·호주 등 아시아와 서방 세계에 연수단을 보내 시장경제를 배우게 했다. 신의주 특별행정구도 지정하고 양빈이라는 외국인을 행정장관으로 임명하기도 하였다

2003년 11월 평양에 설립된 평양국제새기술정보센터(PINTEC, 핀텍)은 시장경제를 연구하고 북한의 신진 경제 엘리트들을 양성하고 교육한다. 외국인들이 들어와 북한의 초급 간부들에게 영어를 가르치고 있다. 이들을 유럽에 보내 시장경제 교육을 받게 하기 위한 전초전이다. 이 핀텍의 사무총장은 41세의 김성이다. 김성은 2003년에 사망한 김용순 전

중구역에 위치한 평양제1백화점은 지상 9층, 지하 1층으로 되어 있다. 중국의 선양중쉬 그룹은 이 백화점을 10년 간 임대계약을 함으로써 경영권을 인수했다. 원화로 약 75억원을 들여 매장을 손질하고, 2004년 연말 정식으로 개업할 예정이다.

로동당 대남담당비서의 아들이다. 김성은 외국에서 생활한 적도 있고 남한의 민간단체 인사나 기업인들과 자주 접촉한다.

김정일은 고위 인사들에게 "남쪽 사람들을 홀대하지 마라. 장사 상대가 남쪽밖에 더 있나. 그러니 정중하게 대하라. 당신들이 남쪽 사람들을 속이고 홀대하니까 남쪽 사람들이 당신들을 못 믿어 장사가 안 된다."라고 말한 것으로 알려졌다.[129] 김정일도 북한에 투자할 수 있는 제1순위 국가는 역시 남한이라는 사실을 잘 알고 있다.

그런데 최근에는 중국 상인들이 북한에 군침을 흘리고 있다. 선양중쉬 그룹은 북한의 최대 백화점인 평양의 제1백화점을 10년 간 임대계약을 함으로써 경영권을 인수했다. 원화로 약 75억원을 들여 매장을 손질하고, 2004년 연말 정식으로 개업할 예정이다. 기업들의 독립채산제가 강화되면서 북한의 말단 기업까지 물자 확보와 투자 유치에 뛰어들고 있다. 중국의 기업인들도 이제야 투자 분위기가 무르익었다고 하고 있다. 중국의 한 대북 무역 전문 기업이 중국의 기업과 개인을 상대로 평양에서 무역상담회를 여는가 하면, 다른 기업은 상인들이 주축이 된 '북한시장 시찰단'을 조직하여 파견하기도 하였다. 중국 상인들이 북한에서 장사가 된다고 생각하기 시작한 것이다.

우리 속담에 '재주는 곰이 부리고, 돈은 되놈이 번다.' 하는 것이 있다. 북한은 어떻게 해야 할 것인가? 과감한 시장경제 수용으로 경쟁 체제로 가야만 한다. 그러나 이것은 북한만의 문제가 아니다. 우리도 생각해야 한다. 어떻게 해야 우리가 '곰'이 되지 않을 것인지를.

6 북미 관계와 끈질긴 핵 문제

우리도 핵 개발을 하려 했다

북한의 핵 문제를 언급하기에 앞서 먼저 우리의 핵 개발에 관하여 잠깐 살펴볼 필요가 있다. 1970년대 초부터 핵 재처리 기술을 도입하기 위해 박정희 정부는 프랑스 SNG사 및 벨기에 BN사와 교섭하고 있었으며, 캐나다의 NRX형 원자로 구매를 위한 조사 중에 있었다. NRX형 원자로는 천연우라늄을 원료로 중수를 감속재로 생산함으로써 플루토늄 생산에 보다 용이한 발전설비이다. 당시 한국은 박정희의 지시로 핵무기 개발 프로젝트의 핵심인 핵연료 재처리 시설을 추진한 것으로 알려졌다. 이 프로젝트에 참여했던 아주대 김철 명예교수는, 프랑스 상고방사에 의뢰해 1974년 10월 1일자로 작성한 핵연료 재처리 시설 개념 설명서와 부속 설계서 두 권, 1975년 1월 10일자로 작성된 재처리 시설 관련 기본 설계도면을 소장하고 있다고 30년이 지난 2004년 4월 1일 밝혔다. 김철

교수는 "설계서에는 핵연료 재처리 공정에 대한 설계와 제품의 종류, 예산 및 소용 인력, 재처리 시설을 짓기 위한 내용이 상세하게 담겨 있으며, 설계서에는 핵폭탄의 원료인 플루토늄을 추출하는 'NRX연구로' 내용까지 명시되어 있다, 또 기본 설계도면에는 플루토늄 정제 과정, 우라늄 산화물과 플루토늄 산화물의 분리추출 과정, 플루토늄 저장 및 이동과 관련한 각종 도면이 포함되어 있다."고 말했다.

이러한 상황에서 인도에서 핵 실험을 하자 소위 제3세계 핵 확산에 본격적인 감시 체제를 가동하지 않았던 미국이 한국을 집중 감시 대상국으로 선정, 핵무기 개발을 포기하도록 다양한 압력을 가하기 시작했다. 당시 한국의 산업 능력이나 하부구조 그리고 정치적 의지 등에 있어서 미국이 쉽사리 한국의 핵무기 개발을 확신할 수 없었으나, 미국의 정보계는 한국이 국제시장에서 핵무기 개발을 위한 여러 자제들을 구매하고 있다는 확증을 가지게 되었다. 미국은 박정희를 지속적으로 압박하고 포기 대가를 제시하면서 설득하였다. 1975년 가을부터는 국제시장에서 한국의 개발 장비를 구매하는 노력들이 자취를 감추게 되었으며, 1976년 초에는 한국과 프랑스의 재처리 시설 도입 계약도 안전히 중단되었다. 박정희는 한국이 핵무기 개발을 포기하는 데 따른 대가를 요구했을 것으로 추정되며, 미국은 한국이 수용할 만한 수준에서 이를 받아들임으로써 1975년 말에는 사태가 수면 아래로 가라앉게 되었던 것이다.[130]

이러한 과정에서 미국은 박정희의 핵 개발 의지를 포기시키기 위해 여러 가지 방법을 구사했을 것으로 추론해 볼 수 있다. 여기에는 이미 진행되고 있던 원자력발전소에 대한 대폭적 지원 등이 포함되어 있었을 것이다.

그러나 박정희는 핵 개발에 대한 의지를 접지 않은 것으로 보인다. 우리나라 원자력 산업을 추진하면서 외면상으로 에너지 확보를 위한 핵 개발이라는 명분을 내세우고 있었지만, 언제라도 핵무기가 필요할 때 짧은 시간 내에 개발할 수 있는 능력을 갖추겠다는 의도가 깔려 있었던 것이다. 박정희는 "원자력 산업을 본격적으로 추진하되 떠들썩하게 하지 말라."[131] 하였다고 한다. "월성1호 설계에 미국식 가압 경수로가 아닌 캐나다의 중수로 방식을 택한 것도 이러한 박정희의 의중이 담긴 것으로 보이는데, 이에 대해 오원철은 비록 한국의 재처리 시설 도입이 미국의 방해로 중단되었지만 핵무기를 보유할 수 있는 다른 방법, 천연우라늄을 가공하는 기술을 확보할 수 있었음을 강조하고 있다."[132]

이러한 상황을 고려할 때 1970년대 후반 박정희의 핵 정책은 에너지원의 확보라는 평화적 목적과 유사시 단기간 내에 핵무기를 개발할 수 있는 능력의 확보라는 군사적 목적 두 가지를 동시에 추구했던 이중적 핵 정책이었다고 볼 수 있다.

"박정희는 카터의 등장과 더불어 본격화된 주한 지상군 철수에 대응하여 보다 적극적으로 핵무기 개발을 재개할 수도 있었다. 이 경우 한국은 여러 가지 제약에도 불구하고 어느 정도 성공할 가능성을 지니고 있었다. 자체 과학 기술 인력과 미국이 아닌 다른 나라의 도움을 통하여 핵무기 개발을 추진했다면 아마도 1980년대 초반에 이르러 한국은 핵탄두를 보유하고 있었을지도 모른다."[133]

소설가 김진명은 1993년 『무궁화 꽃이 피었습니다』라는 소설을 출판했는데, 한국의 핵 개발을 실감나게 다루어 화제가 되기도 하였다. 이 책은 한국이 핵을 개발하고, 핵 개발에 참여한 과학자가 한국의 핵 개발을 저지하려는 국제적인 음모에 의해 희생된다는 줄거리로 꾸며져 있다.

2000년에 국내 일부 과학자들이 농축 우라늄 0.2g을 추출했다는 사실이 최근에 밝혀져, 국제원자력기구(IAEA) 사찰단이 우리나라에 와서 한국원자력연구소를 샅샅이 뒤졌다. 우리 정부는 이 실험이 핵 농축이나 재처리 등 핵무기 개발 계획과는 전혀 상관없는 "일회성 과학 실험에 불과하다."고 설명했다. 원자력 전공 학자들에 따르면 우라늄 농축도가 90% 이상이 되어야 하고 최소 10~15kg이 넘어야 원자폭탄이 된다고 한다. 우리나라는 전면핵안전조치협정에 따라 핵물질의 보관 및 이동을 자동적으로 IAEA에 보고하도록 되어 있다. 원자력 발전소를 방문해서 보면 폐연료봉을 담가 놓은 수조 위에 IAEA의 감시 카메라가 설치되어 돌아가고 있는 것을 볼 수 있다.

깨알보다도 작아 잘 보이지도 않을 정도라는 농축우라늄으로 각 국가의 외무부에서 입장을 밝히는 것을 보면 그냥 넘길 일은 아닌 것 같다. 정부가 개입하지 않고 과학자들의 실험 수준에서 나온 극소량이라 하더라도, 일단 우라늄 농축에 성공한 것 자체가 '우리의 핵 개발 능력 과시'로 주목을 받게 되기 때문이다.

한반도 비핵화 공동선언이 남긴 것

원자력 기술에 관한 북한의 관심과 투자는 1950년대 중반으로 거슬러 올라가지만, 북한이 언제부터 핵무기 개발에 심혈을 기울이기 시작했는지는 분명하지 않다. 400만t이 넘는 양질의 우라늄이 매장되어 있는 북한의 경우 원자력은 충분히 매력적인 에너지원으로 여겨질 수 있다. 지금까지 드러난 바에 따르면, 초기에 평화적 목적으로 시작된 원자력 이용 계획이 적어도 1980년대 후반부터는 핵무기 개발 계획으로 본격적 전환된 것으로 추정된다.[134]

북한이 1985년 핵확산금지조약(NPT)에 가입한 지 6년이 넘도록 핵안전조치협정의 서명과 국제원자력기구(IAEA)의 핵사찰을 회피해 오면서 비밀리에 핵무기를 개발하고 있다는 의혹이 제기되었다. 1990년 3월 6일에 IAEA 이사회는 북한에 전면안전조치협정에 체결할 것을 권고하였다.

1990년 11월 16일 UN 주재 북한대사는 IAEA의 사찰을 수락하는 조건으로 주한 미군 핵과 북한 핵 시설에 대한 동시 사찰을 제의하였다. 1991년 6월 28일 노태우 대통령은 동북아 비핵화 실현을 전제로 한반도 비핵화 가능성을 표명하였다. 그리고 1991년 11월 8일 노태우 대통령은 '비핵 5원칙 선언'으로 한국은 핵무기를 제조·보유·저장·배비·사용하지 않으며, 북한도 핵연료 재처리 및 농축의 포기와 핵 사찰을 수용할 것을 촉구하였다.

이후 한국 측은 1991년 12월 10일 서울에서 개최된 제5차 남북고위급회담에서 북한 측이 하루속히 IAEA의 핵 사찰을 수용하고 핵무기 개발을 포기할 것을 촉구하면서, '한반도 비핵화 공동선언'을 긴급 제안하였다. 또한 IAEA의 핵사찰과는 별도로 1992년 1월 13일 이전에 주한미군 기지를 비롯하여 각기 상대측이 선정하는 군사 및 민간 시설에 대한 시범 사찰을 동시에 진행하자는 제의를 하였다.

남북한은 제5차 고위급회담에서 한반도에 핵무기가 없어야 한다는 인식을 같이 하였다. 그리하여 1992년 2월 19일 '남북기본합의서'의 발효와 함께 '한반도 비핵화 공동선언'도 발효되었다.

남북한은 비핵화 공동선언의 합의에 따라 '남북핵통제공동위원회 구성·운영에 관한 합의서'를 채택하였다. 남북핵통제공동위원회 회의는 1992년 3월 19일부터 12월 17일까지 13차례 판문점 '평화의 집'과 '통

<h2 align="center">한반도의 비핵화에 관한 공동선언</h2>

남과 북은 한반도를 비핵화함으로써 핵전쟁 위험을 제거하고 우리나라의 평화와 평화통일에 유리한 조건과 환경을 조성하며 아시아와 세계의 평화와 안전에 이바지하기 위하여 다음과 같이 선언한다.

1. 남과 북은 핵무기의 시험, 제조, 생산, 접수, 보유, 저장, 배비, 사용을 하지 아니한다.

2. 남과 북은 핵에너지를 오직 평화적 목적에만 이용한다.

3. 남과 북은 핵 재처리 시설과 우라늄농축 시설을 보유하지 아니한다.

4. 남과 북은 한반도의 비핵화를 검증하기 위하여 상대측이 선정하고 쌍방이 합의하는 대상들에 대하여 남북핵통제공동위원회가 규정하는 절차와 방법으로 사찰을 실시한다.

5. 남과 북은 이 공동선언의 이행을 위하여 공동선언이 발효된 후 1개월 동안 남북핵통제공동위원회를 구성 · 운영한다.

6. 이 공동선언은 남과 북이 각기 발효에 필요한 절차를 거쳐 그 문본을 교환한 날부터 효력을 발생한다.

1992년 1월 20일

남북 고위급회담	북남 고위급회담
남측 대표단 수석 대표	북측 대표단 단장
대한민국	조선민주주의인민공화국
국무총리 정원식	정무원총리 연형묵

일각'에서 번갈아 개최되었다. 여기에서 남한은 핵 의혹 해소의 방법으로 특별 사찰을, 북한은 의심동시해소원칙에 따른 전면 동시 사찰을 주장하였다.

한편 1992년 5월 4일 북한이 최초 보고서를 IAEA에 제출하였다. 보고서에서 북한은 7개 시설과 1989년 결함 핵연료에서 재처리한 약 90g의 플루토늄 보유를 신고하였다. 남한은 북한이 플루토늄 생산을 시인한 사실과 당시 북한에 건설 중인 방사화학 실험실이 핵 재처리 시설이라는 IAEA 사무총장 한스 브릭스의 기자회견 내용을 상기시키면서, 이는 비핵화 공동선언을 위반한 것임을 지적하고, 재처리 시설의 건설을 즉각 중단할 것을 촉구하였다. 결국 1992년 5월 23일에서 6월 5일까지 IAEA는 북한이 제출한 최초 보고서의 정확성과 완벽성을 검증하기 위한 사찰을 실시하였다. 북한은 IAEA의 사찰로 핵무기 개발에 대한 의심의 근거가 없어졌다면서, 이제 남은 일은 주한미군기지에 대한 사찰뿐이라고 주장하였다.

결국 한반도 비핵화 공동선언으로 노태우 정부 때 남한에 있던 부분적인 미군의 핵무기들이 철수되었다. 후에 언론보도와 정보공개에 의하여 알려진 사실이지만, 군산의 미 공군기지에도 핵폭탄이 있었다고 한다. 일부 이 분야 전문가들은 남한만 비핵화를 실천한 것은, 국방력에 대단한 손실을 가져왔다고 주장했다.

카터와 김일성의 만남

1992년 12월 12일 IAEA는 핵폐기물 보관 시설로 의심되는 두 곳에 대한 접근을 북한에 비공식 요청하였고, 북한은 한 곳에 대해서만 유안 사찰을 허용하였다. 북한이 신고한 핵 시설을 사찰한 IAEA 사찰단은 북한이 신고한 내용과 실제 사찰한 내용 간의 차이점을 발견하였다. 1993년 2월 10일 한스 브릭스 IAEA 사무총장은 미신고 시설 두 곳에 대한 특별 사찰을 수용할 것을 북한에 촉구하였다. 그러나 북한은 이를 거부하고 대신 1993년 3월 12일에 핵무기 개발 시도와 NPT 탈퇴를 선언하였다. 미 국무부에서는 당장 응징해야 한다는 등의 이야기가 나왔다. 탈퇴 발표 1주일 후 남한의 권영해 국방장관은 서울을 공식 방문한 레스 애스핀 미 국방장관에게 영변 원자로에 대한 제한 공격만 가해도 한반도에서는 걷잡을 수 없는 혼란이 발생할 것이라고 말했다. 물론 혼란의 의미는 전쟁이었다. 결국 이 문제는 유엔 안전보장이사회에 넘겨졌고, 안보리는 5월 11일에 채택한 결의문을 통해 북한에 탈퇴 결정을 철회할 것을 촉구하였다.

1993년 6월 뉴욕에서 미 국무부 갈루치 차관보와 북한 외교부 강석주 부부장 사이에 고위급회담이 개최되고, 일단 북한의 NPT 탈퇴 유보에 합의하였다. 핵 개발을 둘러싼 위기감의 고조는 북한이 미국을 협상의 파트너로 끌어내는 결과를 가져왔다. 이전까지 북한은 모든 면에서 미국의 협상 대상자가 될 수 없었다. 이유야 어쨌든 북한이 국제사회에서 중요한 국가로 부각되었다.

7월 제네바에서 2차 회담이 개최되었다. 강석주는 북한은 국제사회가 에너지 수요를 충족시키기 위한 경수로를 제공한다면 원자력 개발 프로그램 전체를 수정할 용의가 있다고 했다. 갈루치는 그런 원자로를 설치하려면 1기에 10억 달러가 든다고 밝혔다. 그해 11월에 북한은 핵 문제에 관해 일괄 처리해 줄 것을 미국에 제의하였으나 받아들여지지 않았다.

김일성은 1994년 신년사를 통하여 강경하게 미국을 비난하였다. 미국이 있지도 않은 핵 문제를 들먹이고 있으며, 핵무기로 북한을 위협하고 있는 것은 오히려 미국이라는 것이었다. 김일성도 이것이 그의 마지막 신년사라고는 생각조차 못했을 것이다. 그 후 주한 미국 레이니 대사가 워싱턴에서 '우발적인 전쟁 발발 가능성과 우려를 표명' 하였고, IAEA의 사찰단 철수 등이 있었으며, 미국은 제3차 회담 계획을 취소하고 다시 한 번 유엔을 통한 제재 조치를 검토하였다. 북한은 계속 남한에 강한 공격을 하기 시작했다. '서울 불바다' 발언이나 '군사정전위의 기능 정지'를 일방적으로 통보한 것도 이때였다.

그리고 1994년 5월 북한은 안전조치협정을 위반하고 5MW 흑연감속로에서 핵연료를 인출하였다. 핵문제가 급박하게 돌아가고, 한반도 위기론이 불거져 나왔다. 미국의 전쟁 계획은 수십 년 만에 처음으로 단순히 추상적인 문서나 컴퓨터 파일이 아닌 현실적인 색채를 띠기 시작했다. 그 가운데는 교전 시작 후 북한 내부로 진입해 전투를 실행한다는 내용도 있었다.[135]

이 같은 일촉즉발의 상황에서 해결사로 나선 것은 카터 전 미국 대통령이었다. 그는 6월 15일부터 나흘 동안 북한을 방문하여 핵 프로그램을 동결하는 대신 북미고위급회담을 재개하기를 제의하였다. 김일성의 입장에서 카터와의 회담은 미국 지도층과 직접적인 접촉을 갖기를 원했던 지난 20년 간의 노력이 결실을 보는 순간이었으며, 또한 핵 개발 문제와 관련한 국제적 위기가 확대된 상황에서 전환점을 마련하는 기회이기도 했다. 김일성은 북한이 핵무기를 만들 능력도 없었고 그럴 필요도 없었다고 여러 번 밝혔지만 자신의 말을 믿어주지 않는다고 불만을 표시했다. 이때 카터는 김일성의 장남이자 후계자인 김정일과의 만남을 요청했지만 성사되지 않았다.[136] 실제로 카터와 김일성의 회담을 막후에서 조정하고 성사시킨 인물이 김정일이었다는 것은 후에 알려진 사실이었다. 카터는 김일성과의 회담에서 남북한 간의 정상회담도 중재하였다. 이 문제는 뒤에서 자세히 다루기로 한다.

김일성이 카터의 제의를 받아들이자 7월에 북한과 미국 간의 세 번째 회담을 제네바에서 개최하고 북한 핵 동결에 대해 논의하였다. 그러나 바로 이 기간 동안인 7월 8일 북한의 김일성이 급작스럽게 사망하였다. 김정일은 김일성의 사망에도 불구하고 북미고위급회담에 비중을 두었다. 김정일이 생각하길 당시에 북한이 체제를 유지할 수 있는 길은 미국과의 타협을 이끌어내는 것 밖에 없다고 생각했기 때문이었다.

그러므로 김일성 사망 후에도 협의는 계속 이어졌고 결국 북한과 미국 간의 고위급회담은 1994년 10월 21일 '북 · 미 간 제네바 기본 합의문(Agreed Framework)' 체결로 마무리되었다. 그 주요 내용은 ① 흑연 감속로를 경수로 대체(1천MW급 경수로 2기 제공), ② 대체 에너지로 중유를 연간 50만t 제공, ③ 미 · 북 관계 개선, ④ 한반도 비핵화 실현 및 남북 대화 재개, ⑤ 북측의 비핵화 의무 이행 등이었다. 당연히 여기에는 5MW 원자로에 연료를 재장전하지 않으며, 50MW 및 200MW 원자로

1994년 10월 북미 두 나라는 '북미 간 제네바 기본 합의문'을 체결하였다. 사진은 합의문을 교환하는 미 국무부 갈루치 차관보와 북한 외교부 강석주 부부장의 모습이다.

건설을 중단하고, 방사선 화학 실험실이라 불리는 재처리 시설을 폐쇄한 이 모든 시설을 IAEA 감시 하에 두기로 한 내용이 포함되었다. 11월 1일 에는 북한 핵 활동 동결이 선언되었다. 만약 제네바합의가 이루어지지 않고 건설 중이었던 50MW 및 200MW 원자로가 완공되어 가동되었을 경우 북한은 핵무기를 다량 생산할 수 있는 양의 플루토늄을 추출했을 것이다.

북한에 핵무기는 존재하는가?

북미 간의 제네바합의로 결국 과거 북한의 핵 활동에 대하여는 불문 에 부쳐졌다. 그러면 그동안 북한은 어느 정도의 플루토늄을 생산하였 고, 핵무기를 가지고 있는 것인가?

북한은 1992년 당시 생산한 플루토늄의 양은 90g이라고 하였는데, 여기에 대하여는 많은 사람들이 다른 주장을 하고 있다. 1993년 12월 미 국의 CIA는 북한이 핵무기를 보유했고 최대한 12kg의 플루토늄을 생산 했을 가능성이 50% 이상이라고 밝혔지만, 미 국무부는 이 계산에 동의 하지 않았다. 데이비드 올브라이트 박사는 최악의 가정에 근거했을 때 북한이 5MW 원자로의 폐연료봉에서 추출한 플루토늄의 양은 6.3~8.5 kg 정도일 것이라고 추정하였다. 재미 핵물리학자로 미 국무부에서 북한 핵 문제 해결에 깊이 관여했던 송요택 박사는 북한의 기술 수준과 경험 등을 엄격히 고려했을 때, 최대 추출량이 12kg을 넘지 못할 것으로 보았 다.[137]

북한의 핵 활동에 대한 과거 핵 의혹의 핵심은 1992년 IAEA 핵 사찰 이전까지 북한이 5MW 원자로에서 생산한 사용 후 핵연료와 이를 처리하여 보유하고 있는 플루토늄의 총량이다. 북한이 IAEA의 사찰을 수용한 이후 핵 개발을 중단했다는 사실은 IAEA를 통해 확인되고 있다. 북한의 플루토늄 보유량과 핵무기 소지에 대하여는 "몇 10kg을 생산하였고, 핵무기도 5~6개를 보유했을 가능성이 있다."부터 "핵무기를 보유하고 있지 않지만 상당한 핵 기술을 가지고 있다."에 이르기까지 다양하다. 그러나 문제는 아직까지도 완벽하게 확인한 적이 없다는 점이다. 북한과 미국은 1995년 1월 18일에서 23일까지 이 문제의 5MW 원자로 폐연료봉 처리에 대한 회담을 개최하여 건식 보관에 합의하였다. 한편 1995년 3월 9일에는 뉴욕에서 한반도에너지개발기구(KEDO) 협정에 서명하였다. 집행이사국은 한국·미국·일본·EU(4개국)이고, 일반회원국 7개국은 핀란드·캐나다·뉴질랜드·호주·칠레·아르헨티나·인도네시아였다. 1995년 6월 20일 5MW 원자로 폐연료봉을 처리하기 위해 미국 기술진들이 북한에 도착하여 폐연료봉 8천여 개를 확인하였다. 1995년 12년 15일에 KEDO와 북한 간에 경수로 공급 협정이 체결되었다.

핵 동결 대가로 경수로를 짓다

북미제네바기본합의에 기초하여 추진된 대북경수로 지원사업은 1995년 3월 한반도에너지개발기구(KEDO)가 설립되면서 추진 체계를 갖추게 되었다. 집행이사국은 한국·미국·일본·유럽연합(EU) 등이다. 한국은 집행이사국으로 KEDO의 운영, 대북 협상, 원전 건설 및 비용 부담 등에서 중심적인 역할을 맡고 있다. 경수로 공사의 재원 부담은 한국이 실제 공사비의 70%(예상 사업비로 46억 달러를 기준으로 했을 때 32.3억 달러에 해당, 3조5천420억 원)를 원화로, 일본은 10억 달러(1천165억 엔) 상당을 엔화로, 유럽연합은 KEDO 가입 당시 약속한 7천500만 유로화를 기여하기로 하였다. 미국은 중유 비용과 KEDO의 여타 소용 재원을 조달하는 데 노력하고, KEDO 집행이사국들의 기여 액수가 부족할 경우 그 부족분 조달에 지도적인 역할을 수행하기로 하였다.

1996년 4월 27일 미국 NAC International사가 5MW 원자로의 폐연료봉에 대한 밀봉 작업을 개시하였다. 7월 11일에는 KEDO·북한 간 '특권 면제', '통행·통신의정서'에 서명하는 등 경수로 공사를 위한 양자 간에 합의가 있었다. 경수로 공사 착수에 필수적인 의정서와 각종 세부절차가 마련됨에 따라 KEDO는 경수로 공사를 착공하는 방안을 적극 검토하기 시작하였다.

KEDO와의 경수로 협정을 타결할 때 북한은 과거의 협상 태도에 비하여 비교적 타협적이고 현실적인 태도를 보였다. 북한은 그동안 그들이 한국형을 받아들이는 대신 내놓았던 조건들 상당수가 무시됐으나 KEDO측 안을 수용하였다.[138] 한국은 1984년부터 원전기술의 자립을 본격적으로 추진하게 되었다. 1987년에 계약한 영광 3, 4호기 건설을 통해 원전기술을 축적하게 되었는데, 한국이 주 계약자 위치에서 외국 업체를 하도급 형태로 참여시켜 한국표준형 원전기본모델을 설계하였다. 국제적으로 공인된 최신 기술을 적용하여 국내 산업기술과 조화시킨 것이 울진 3, 4호기이며 이것이 바로 최초의 한국표준형 원전이다.

공사 개시에 필요한 제도적 장치가 마련됨에 따라 부지 준비 공사에 소요되는 장비와 인력을 경수로 부지에 투입하는 등 제반 준비가 마무리되자 1997년 8월 19일 함경남도 금호사업부지에서 착공식을 가졌다. 대북경수로 지원사업이 비록 KEDO라는 국제기구를 통해 추진되는 사업이기는 하지만 남북 관계 측면에서 볼 때 여러 가지 중요한 의미를 가진다.

경수로 건설 본 공사가 착수되기 위해서는 KEDO와 한전 간에 주 계약(Turn-Key Contract : TKC)이 체결되어야 했다. KEDO와 한전은 1997년 10월부터 15차례에 걸친 공식 협상과 수차례 비공식 실무 접촉을 통해, 1999년 12월 15일 주 계약을 체결하였다. 2000년 2월 3일 주 계약이 발효되었고, KEDO와 북한 간 고위전문가 협상에서는 '훈련의정서' 등 후속의정서 협상 일정을 마련하였다. 이로써 경수로 사업이 본격적인 단계에 진입하게 되었다. 부지 준비 공사도 더욱 박차를 가하게 되고, 6월에는 취수방파제, 물양장 등 대규모 토목 공사에도 착수하였다. '훈련의정서'에는 2000년 10월 평양을 방문한 KEDO의 앤더슨 사무총장과 북한 원자력 총국의 김희문 부총국장이 서명했다.

발전소 부지 공사는 2001년 8월 완공되었고, 9월에는 북한의 발전소 공사 허가서를 발급받아 본관 기초 굴착 공사에 착공했다. 이와 병행하여 28㎞의 부지 간 도로 건설을 완료하고, 생활 부지 내에는 숙소·식당·병원·운동장 등 각종 편의 시설이 들어섰다. 이렇게 순조롭게 진행되던 경수로 사업은 2002년 10월 새로운 북핵 문제가 대두됨에 따라 중단되고 말았다.

KEDO는 새로운 북핵 문제 상황 하에서 2002년 11월 14일 집행이사회를 개최하고, 향후 문제에 대하여 심도 있는 논의를 한 결과 북핵 문제의 전개 사항을 보아가면서 활동도 검토해 나가기로 하였다. 이후 후속의정서 및 북한 노무인력 임금협상 등 북한과 진행되었던 각종 협상이 중단되었으며, 발전소 완공 후 운영을 담당할 북한 요원 훈련도 중단되었다. 특히 KEDO와 북한 간의 원자력 손해배상 의정서 협상의 중단으로 법적·기술적 문제가 불거지게 되면서 경수로 건설 사업은 터덕거림을 더했다. 이미 2002년 11월부터 미국의 중유 공급도 중단되었다.

이러한 상황 하에서 KEDO 이사국들은 경수로 사업에 대하여 속도조절론, 일시중단론, 완전종식론 등의 의견을 제기하고 하면서 본격적인 논의에 들어갔다. 한국은 경수로 사업 중단에 대해 반대 입장을 표했으나, 결국 KEDO 이사회는 2003년 12월 1일부터 1년간 사업을 일시 중단하기로 발표했다.

한편 경수로 사업이 일시 중단된 2003년 11월 말까지 경수로 사업은 1, 2호기 시공 21.6%, 종합설계 62.7%, 각종 기자재 구매 43.2%를 포함하여 종합 공정으로 보면 약 34.5%가 진행되었다. 경수로 사업은 1994년 북미제네바합의에 의하여 결정된 것이었고, 2003년까지 완공키로 한 것이었다. 그러나 북한은 공사의 진행 속도를 보면서 2003년까지 완공되기 어려우니 전력 손실에 대한 보상을 요구했고, 결국 새로운 북핵 문제는 이를 중단하게 만들었다. 이 사업은 일시적 중단이기 때문에 공사 재개에 대비해 필요한 조치들은 취해지고 있지만, 일시 중단이 재연장되는 등 공사 재개 시기가 불투명해 보인다. 경수로 사업은 막대한 자금이 소요되었을 뿐만 아니라, 남북관계개선·북한경제회복 등 여러 면에서 대단히 중요한 것이기 때문에 빠른 시일 안에 공사가 재개되었으면 한다.

페리의 방북이 김정일의 마음을 열었나?

북한과 미국은 밀고 당기기를 계속하면서, 1999년에 들어 세 차례에 걸친 북미고위급회담을 진행하였다. 9월 7일부터 12일까지 진행되었던 제3차 북미고위급협의인 베를린회담을 통하여, 북한과 미국 간에는 '미사일 발사 자제와 적성국 해제' 라는 주고받기식의 합의가 이루어졌다.

1999년 9월 24일에 열린 제54차 유엔총회에서 북한 백남순 외무상이 기조연설을 하고 있다.

미국의 대북정책 조정관인 페리의 보고서가 이 같은 신빙성을 더해 주었다.

북미고위급회담이 성사되기 전인 5월 25일 페리가 평양을 방문해서 강석주에게 김정일에게 전해 달라며 자신이 가지고 온 안을 제시했다. 제시한 요점은 김정일에게 두 가지 선택 중 가능한 길을 택하라는 것이었다.

하나는 장거리 미사일 개발 계획 중단과 더불어 핵 개발 계획의 중지를 재확인하고, 이에 호응해 올 경우 식량 지원·국제기구 가입 지원·경제제재 완화조치 등 체제 존립을 보장하는 한편 대북 정책 수행에 대사급 고위직을 임명하고 남한과 일본과의 관계도 개선하게 한다는 방도였다. 다른 하나는 미사일 실험과 핵 개발을 계속 밀고 나갈 경우인데, 이때는 미국과 동맹국들은 자국의 안보를 강화하고 북한에 대한 저지력을 높이는 것이었다. 결국 북한은 전자의 방법을 택했던 것이다. 북한의 백남순 외무상은 제54차 유엔총회 기조연설을 통해 미국을 백년숙적으로 보지 않을 것임을 재천명하고, 미국의 일부 경제 제재 완화 조치를 다행스러운 일이라 강조하였다.

이는 협상을 받아들이면 체제 존립을 보장하겠다는 것인데, 김정일의 입장에서도 받아들이지 않을 이유가 없었다. 후에 북미 간의 베를린협의에 대하여도 미국의 보수 진영에서는 실패한 협의라고 규정하였다.

인민군복을 입고 백악관에 들어가다

빌 클린턴 행정부 하에서 미국과 북한은 1999년 발표된 페리 보고서의 원칙 하에 핵·미사일 등 북한의 대량살상무기 개발 문제와 미국에 의해 규정된 테러지원국 해제 문제, 미사일방어체제(MD) 등을 주요 의제로 수차례 고위급회담을 개최했다.

2000년 9월 27일 북한의 김계관 외무부상은 유엔 미국 대표부 회의실에서 찰스 카트만 대사와 회담하면서, 북한은 워싱턴에 특사를 파견할 준비가 됐다고 밝혔다. 그 특사는 국방위원회에서 위원장 김정일의 바로 아래인 부위원장 조명록 인민군 차수였다. 최고계급의 군인을 특사로 파견한다는 사실은 핵심적인 관심사인 안보 문제를 미국 정부와 논의하겠다는 김정일의 의사였다.

조명록 차수는 강석주를 포함한 일행들과 북부 캘리포니아의 실리콘벨리를 방문하고 10월 9일 워싱턴에 도착했다. 그리고 군복을 입고 백악

2000년 10월 조명록 차수는 군복을 입고 백악관에 들어가 클린턴을 만났다. 이후 올브라이트 미 국방장관이 방북하면서 양국 간의 관계는 개선된 듯했다. 그러나 미국 대통령 선거와 맞물리면서 클린턴의 방북은 무산되고, 부시 행정부가 들어서면서 다시 양국 간의 관계는 교착 상태로 빠져들었다.

관에 들어가 클린턴을 만나 김정일의 서한을 전달하고 그의 방문 목적을 설명하였다. 이것은 북한의 입장에서 보나 미국의 입장에서 보나 대단한 사건이었다. 김정일을 제외하고 북한 군부의 제1인자가 미국 대통령을 백악관에서 만났다는 사실이 그렇다.

양국은 정치·외교·군사·경제 등 각 방면에서 관계를 개선하기로 합의하고 '북·미 공동성명'을 발표하였다. 북·미 공동성명의 주요 내용으로는 ① 정전협정의 평화보장 체계로의 전환, ② 쌍방 적대적 의사 종식, ③ 자주권 상호존중과 내정불간섭, ④ 경제무역전문가 상호방문,

⑤ 미사일 회담 중 미사일 발사 중지, ⑥ 실종 미군 유해 발굴 신속 진행, ⑦ 테러에 반대하는 국제적 노력 지지, ⑧ 미국 대통령의 방북 준비를 위한 국무장관 방북 등이 포함되어 있다.

클린턴, 평양을 방문하길 희망하다

조명록은 백악관을 방문할 때 양국의 의견 차이를 대화로서 조정하기 위해 클린턴을 평양으로 초정했다고 한다. 사전에 올브라이트로부터 귀띔을 받은 클린턴은 충분한 준비와 사전 협의 없이는 방북이 어렵다고 하면서, 올브라이트를 먼저 보내고 임기 만료 전에 자신도 평양을 방문하기를 희망했다고 한다.[139]

조명록의 미국 방문 후 며칠이 지나지 않은 10월 23일 올브라이트가 평양으로 날라 가 김정일과 회담을 하였다. 공식회의에서 김정일은 "장기 미사일 생산 및 배치를 더 이상 진행하지 않을 용의가 있다고 자진해서 말을 꺼냈다. 또한 미사일 해외 판매 금지가 갖는 의미와 아직 완전히 실행되지 않고 있는 계약 내용을 설명하는 동시에 미사일 판매 금지로 입게 될 손실에 대한 보상으로 현금 대신 식량·의복·에너지 등 다른 물자라도 받을 생각이 있다."[140]고 말했다 한다. 또한 북한의 미사일 계획에 대한 부분적인 보상으로 김정일은 매년 북한이 만든 과학위성 3~4기를 우주로 쏘아 올릴 수 있는 방안을 강구해 달라고 올브라이트에게 이야기했다는 것은 잘 알려진 사실이었다. 이처럼 북한과 미국 사이에 미사일 문제 등에 대한 포괄 협상은 매우 빠른 속도로 진전되었다.

이러한 상황에서 예상할 수 있었던 것은 클린턴 대통령의 평양 방문이었다. 북한으로서는 클린턴 대통령의 평양 방문은 불량국가라는 불명예를 씻고 국제사회의 당당한 일원이 될 수 있는 좋은 기회였다. 그러나 이것은 미국 대통령 선거와 맞물려 민주당 대통령 후보인 고어가 대통령에 당선되었을 때나 가능한 것이었다. 클린턴이 김정일과 만나 정상회담이 이루어졌다면 북미 관계는 크게 달라져 수교로 갈 수 있지 않았을까 생각한다.

부시는 기본적으로 회의적이었다

이처럼 북한과 미국은 반세기 동안 지속되어 온 적대 관계를 해소하고, 관계 정상화를 향한 획기적인 전기를 마련했음에도 불구하고 부시 행정부가 들어서면서 북미 관계는 교착 상태로 접어들게 되었다.

미국 공화당은 야당 시절인 1999년 11월 3일 미 공화당 정책 보고서에서 북한의 핵 개발 계속 가능성을 지적한 바 있다. 이처럼 부시 행정부의 대북관은 기본적으로 회의적이며 북한의 신뢰성을 의심하는 것이었다. 부시 대통령은 "북한과 대화는 하겠지만, 앞으로 그 대화에서 있을 합의에 대한 '철저한 검증'이 요구된다."고 투명성 확보 문제를 제기했다. 특히 그는 "북한이 대량살상무기(WMD)를 전 세계에 수출하고 있는 것을 우려하고 있으며, 우리는 그들의 WMD 개발과 확산이 실제로 중단되는 것을 확인하고 싶어 하는 것"이라며 미사일 등에 대한 검증을 강조했다. 미국은 엄격한 상호주의를 바탕으로 핵 및 미사일 문제의 해결에 주력하고, 이를 위해 대북 검증 및 점검을 요구한 것이다.

부시 행정부는 북한이 조기에 붕괴하리라고 생각하지 않았다. 그러나 여건이 주어진다 하더라도 북한의 변화는 기대하기 어렵고, 대량살상무기를 포기하지 않으려 할 것이므로 신뢰할 수 없다는 입장이었다. 더욱

이 부시 행정부의 대북정책 기조가 포괄적 접근에 서 있으나, 먼저 북한의 긍정적 행위를 확인하고 후에 보상 정책을 취한다는 것이었다.[141]

이러한 '대북강경정책' 표명으로 인하여 그동안 진행되어 왔던 북미간 대화는 일시 중단되었다. 그러나 부시 행정부는 2000년 6월 대북정책 재검토를 완료하고 북한과 대화를 재개할 의사를 밝힘에 따라 2001년 6월 13일 뉴욕에서 북한과 미국의 공식 접촉이 이루어졌다. 부시 행정부가 북한 측에 제기한 안건들에는 까다롭고, 북한으로서는 받아들이기 힘든 의제들도 포함되어 있다. 부시 대통령은 북한과 논의할 의제로 첫째, 북한 핵 동결에 관한 제네바 기본 합의문 이행 개선. 둘째, 북한 미사일 개발 계획에 대한 검증 가능한 규제와 미사일 수출 금지. 셋째, 위협적인 재래식 군사력 감축 등을 명시했다. 부시 대통령은 만일 북한이 긍정적으로 호응하고 적절한 조치를 취한다면 북한 주민들을 돕기 위한 노력을 확대하고, 제재를 완화하며, 기타 정치적 조치를 취하기 위한 노력을 확대할 것이라 표명하였다.

이에 대한 북한의 반응은 미국이 핵·미사일·재래식 병기 문제를 제기하고 있으나 우선적으로 토의해야 할 것이 전력 손실 보상 문제이고, 재래식 군사력의 감축 문제는 북한의 무장해제가 목적이니 주한미군 철수 전까지는 논의의 대상이 아니라는 입장이다. 북한은 외무성 대변인의 담화를 통해 6월 6일 미국 부시 대통령의 성명에 대하여 "미국이 협상을 통하여 우리를 무장해제시키려는 목적"으로 밖에 볼 수 없다 하고 "경수로 제공의 지연에 따르는 전력 손실 보상 문제가 협상의 선차적인 의제로 설정되어야 한다."는 입장을 밝히고 있다.[142] 그리고 이미 양국이 합의한 것에 대한 실천이 중요하고, 미국이 적어도 빌 클린턴 정부 말기의 북미 합의 수준까지 회귀해야 한다는 반응을 보였다.

2001년 9·11테러 이후 미국의 입장은 더욱 강경해지고, 북한 문제에 대한 미국의 우선 순위도 낮아졌다고 볼 수 있다. 북한은 11월 3일 외무성 대변인을 통하여 '테러에 대한 재정 지원 금지 국제 협약'과 '인질 반대 국제 협약'에 가입하기로 결정했다고 밝히면서, 테러를 반대하는 노력을 일관성 있게 해 나갈 것이라 강조했다. 이는 미국이 앞으로 어떻게 나올지 두려웠기 때문에, 북한은 테러지원국이라는 의심에서 벗어나려는 것이었다.

북한은 악의 축?

부시 미국 대통령은 2002년 1월 29일 연두교서 연설에서 북한이 "주민들을 굶주리게 하면서도 미사일과 대량살상무기로 무장하고 있는 정권"이라면서 이란, 이라크 및 이들 국가와의 테러 협력자들과 함께 "세계평화를 위협하기 위해 무장한 악의 축(axis of evil)을 구성한다."고 언급했다. 이에 북한은 1월 31일 외무성 대변인 성명을 통해 이는 사실상 "우리에 대한 선전포고나 다름이 없다."고 강력히 비난하였다.

또한 한미정상회담에서 부시가 김정일에 대한 불신을 재확인하자, 북한은 2월 22일 외무성 대변인의 담화를 통해 "미국이 우리 제도를 인정하지 않으면서 침공의 구실만을 찾기 위해 제창하고 있는 그런 대화는 필요 없다."고 하였다. 특히 미국의 핵 태세 검토 보고서(Nuclear Posture Review)와 관련해 미국과의 합의를 전면 재검토하지 않을 수 없다고 강조했다. 미국의 새로운 핵 정책에 관한 비밀보고서는 『LA Times(LA타임즈)』를 통해 처음 공개되었다. 이 보고서의 핵심 내용은 북한·이라크·이란 3개국과 시리아·리비아 등의 불량국가들을 전술적으로 공격하기 용이한 고성능의 새로운 핵무기 개발 필요성의 강조다. 생화학무기 저장용을 포함해 지하 깊숙한 곳에 견고하게 구축된 벙커를 파괴할 수 있는 지표면 침투용 핵무기 개발의 필요성이 있다는 것이다.[143]

북한은 3월 13일 외무성 담화를 통하여 부시 행정부에 강한 불신감을 드러냈다. 미국의 악의 축 발언 이후 격화된 대미 강경 발언은 계속됐다. 『로동신문』 논평의 제목을 보면 〈조선을 건드린다면 미국은 치명적인 타격을 면치 못할 것이다-그 어떤 압력도 통할 수 없다〉(2002. 2. 11), 〈미국이야 말로 악의 제국이다-부쉬의 '악의 축' 론을 해부함〉(2002. 2. 14), 〈조선을 건드리는 자들은 이 세상 그 어디 있어도 무사치 못할 것이다-우리는 미제와 결판을 내고 말 것이다〉(2002. 2. 27), 〈미제의 전쟁책동을 짓부시고 조국통일 이룩하자-극히 위험천만한 침략전쟁의 서막〉(2002. 3. 13), 〈미국은 평화애호인민들과 함께 살 수 없는 핵 불량국가-악랄한 침략적 핵전략〉(2002. 3. 16) 등이다.

북한은 이렇게 미국을 강하게 공격하면서도 3월 13일 박길연 유엔주재 북한대표부 대사가 미국의 잭 프리처드 대북교섭담당 대사와 뉴욕에서 만났다. 언제까지나 미국과 맞설 수는 없었기 때문에 타협점을 모색하였다.

'핵무기보다 더 나은 무기를 보유할 수 있는 권리' 는?

2002년 4월 3일 임동원 특사의 평양 방문 후 남북 관계가 회복의 길로 접어들었고, 북·미, 북·일 대화도 가시권에 들어왔다. 남한에서 열린 부산아시안게임에 북한은 선수단 외에도 응원단을 파견하였다.

이렇게 남북 관계가 화해 분위기를 타고 있을 때인 2002년 10월 3일부터 5일까지 미국의 제임스 켈리 국무부 동아태 담당 차관보가 부시 대통령 특사 자격으로 평양을 방문하였다. 북한 핵 문제의 새로운 발단은 여기에서 시작된다. 이 회담에서 핵·미사일 등 북한의 대량살상무기 문제를 포함한 현안에 대한 인식 차이를 확인하고 구체적인 합의를 도출하지 못한 것으로 알려졌다. 켈리 특사는 "북한의 행위에 대한 깊은 우려를 표명했고, 북한 지역과 전 세계의 안정, 미국과 이웃 국가의 안정, 전 세계의 미래를 위해 이 같은 행위를 중단해야 한다고 밝혔다."고 말했다.

결국 후에 알려진 켈리 특사의 이 같은 발언이 갖는 의미는 북한의 핵 개발을 의미하는 것이었다. 미 행정부의 관계자에 의하면 켈리 특사가 북한의 핵 협정 위반 증거를 제시하자 핵 개발 계획을 시인했다는 것이다.

그동안 북한은 2003년까지 2기의 경수로를 건설해 줄 의무가 미국에 있는데, 이것은 요원하고 위협과 경제 제재 정책을 계속 유지해 오고 있다고 강조해 왔다. 북한은 비밀 핵 개발 시인과 관련하여 10월 25일 외무성 대변인의 〈조미 사이의 불가침 조약 체결이 핵 문제 해결의 방도이다〉라는 담화를 통해 "미국 특사는 아무런 근거 자료도 없이 우리가 핵무기 제조를 목적으로 농축 우라늄 계획을 추진하여 조-미 기본 합의문을 위반하고 있다."[144]고 주장하였다. 또한 미국인들이 의무 사항들을 이행하지 않았기 때문에 우리는 미국 특사에게 우리의 생존권 방어를 위해 핵무기보다 더 나은 무기들을 보유할 권리가 있음을 선언했다는 것이다.

북한은 미국으로부터 심각한 핵 공격 위협을 받고 있는 상황에서 핵무기 개발을 추진하는 것은 당연한 일이라는 것이다. 북한은 외무성 담화를 통해 '불가침조약'을 제기하면서, 북한에 대해 핵을 사용하지 않겠

다는 것을 포함한 불가침을 법적으로 확약한다면 북한도 미국의 안보상
우려를 해소할 용의가 있다고 밝혔다.

고농축우라늄(HEU) 핵 프로그램은 무엇인가?

핵무기를 만들 수 있는 재료에는 두 가지가 있다고 한다. 하나는 원자
로에서 나온 사용 후 핵연료를 재처리해서 PU239의 순도를 높인 플로
토늄이다. 사용 후 핵연료의 재처리는 원자로에서 꺼낸 폐연료봉을 분
쇄·용해시킨 후 화학 처리 공정을 거쳐서 플로토늄을 추출해 내는 작업
으로 시간과 비용이 많이 들지 않는다. 다만 기폭장치 등 다른 핵무기 부
품을 조합해서 핵무기를 제조하는 과정에서 그 작동 원리가 까다롭기 때
문에 핵 실험을 통해 폭발 여부를 확인하는 것이 반드시 필요하다. 그동
안 북한의 핵 능력에 대하여 판단하는 기준은 1992년 5월 IAEA 사찰 개
시 이전에 북한이 재처리를 통해 확보한 플루토늄의 총량이었다. 이는
북한이 핵 개발 초창기부터 사용해 온 방법이고 미국과 제네바합의에서
협의를 통해 동결한 것이 바로 이것이다. 그러므로 우리가 일반적으로
'북한 핵' 했을 때 그것은 플루토늄을 가리키는 것이다. 이는 상술한 바
와 같이 이미 북한에서도 시인해 왔고, 또한 플루토늄 추출 능력을 고려
할 때 우리나라에서도 북한이 2~3개의 초보적인 핵무기를 생산할 수 있
는 능력을 보유한 것으로 보고 있다.[145]

또 다른 하나는 천연우라늄에 포함된 U235의 순도를 90% 이상 농축
해서 얻게 되는 고농축우라늄이다. 이는 우라늄의 순도를 높이는 고농축
작업에 다양한 기술이 존재하며 북한이 채택했다고 생각되는 기체원심
분리법은 통상 수천 개의 원심분리기를 가동해야 하기 때문에 많은 시간

과 비용이 드는 것으로 알려져 있다. 그러나 HEU와 다른 핵무기 부품을 조합하는 방법이 플루토늄에 비해 간단해서 핵 실험이 없어도 사용 가능한 핵무기를 제조할 수 있다.[146] 이 HEU 프로그램은 2002년 10월 제임스 켈리 미 국무부 차관보가 방북해서 의혹을 제기하기 전까지는 알려지지 않았다.

미국의 CIA가 2002년 6월 발간한 북한과 파키스탄의 핵 밀거래 커넥션의 내용은 다음과 같다. "북한은 제네바 기본 합의가 체결된 지 3년도 안 되어 HEU 프로그램을 착수했으며, HEU를 생산하기 위한 수단을 비밀리에 획득해서 국제협약을 위반하고 있다. 1997년 이후 파키스탄은 북한과 민감한 기술, 핵탄두 설계 정보 및 핵 실험 데이터를 공유하고 있으며, 1997년부터 북한산 미사일의 수입 대가의 일부를 핵 개발 정보를 제공함으로써 지불했다. 파키스탄은 북한에 원심분리기를 보냈고 HEU 핵장치를 제조하고 실험하는 방법에 관한 자료도 제공했다. 2001년부터 북한 과학자들이 상당량의 우라늄을 농축하기 시작했다"[147]

HEU 핵 프로그램에 대한 북한의 공식적인 입장은 상술한 바와 같이 "우리는 켈리의 오만 무례하고 강압적인 처사에 대처하여 미국의 가중되는 핵 압살 위협으로부터 자주권을 지키기 위해서는 핵무기는 물론 그보다 더한 것도 가지게 되어 있다는 것을 말해 주었을 뿐 미국의 주장대로 농축 우라늄 계획을 인정한 적이 없다."고 하였다.

북한이 핵무기를 포기하지 않는 한 미국은 협상할 수 없다

북한은 HEU 핵 프로그램 개발에 대하여는 전혀 사실무근이고, 미국이 계속 압박할 경우 핵 동결을 해제할 수밖에 없다는 입장을 표명했다.

2003년 1월 10일 『로동신문』은
북한의 NPT 탈퇴를 대서특필하였다.

미국의 반응이 냉담하자 12월 중순경 북한은 외무성의 핵 동결 및 전력 생산에 필요한 핵 시설의 재가동을 선언하고, 원자력 총국장은 IAEA(국제원자력기구)에 핵 시설 봉인 해제와 감시 카메라를 철거해 줄 것을 요구했다.

북한이 이렇게 나온 것은 그들의 주장에 대한 합리화로 생각된다. 북한은 미국이 말하는 농축우라늄 개발은 전혀 사실이 아니라고 하면서, 미국이 계속 위협을 하니 제네바합의에서 규정된 사항을 파기하지 않을 수 없다는 선언을 한다. 이는 핵 문제와 제네바합의를 같은 선상에 놓고 가려는 의도인 것이다.

북한은 『로동신문』〈조선반도에 최악의 사태를 몰아온 장본인은 미국〉이라는 글에서 "미국은 국제원자력기구와 작당하여 우리의 '핵 문제'를 유엔에 끌고 가야 한다느니, '제재'를 가해야 한다느니 소동을 피우는데 …… 우리가 핵무기전파방지조약에서 탈퇴하였지만 현 단계에서 우리의 핵 활동은 전력 생산을 비롯한 평화적 목적에만 이용될 것이다."[148]하여, 모든 책임은 미국에 있고 핵 활동도 전력 사용을 위해서이니 정당하다는 것이다. 핵 문제는 바로 미국의 제네바합의 파기라는 것을 주장하는 것이었다.

2003년 1월 16일 북한의 외무성은 미국의 '선 핵 포기, 후 대화'라는 조건부 태도는 북한을 기만하는 것이라며, 미국이 대화에 관해서는 전혀 움직임 없이 북한의 무장해제 후에만 불가침 및 경제 지원 문제를 협상할 수 있다고 주장하는 것은 상식 밖의 논리라고 주장하였다.

또한 미국이 주장하는 다자회담에 대해서도 북한의 『로동신문』은 〈'다자회담'에는 흥미가 없다〉라는 제목의 기사에서 "미국이 주장하는 '다자회담'은 본질에 있어서 조선반도 핵 문제 해결을 국제사회에 떠맡기고 저들은 직접적인 책임에서 벗어나려는 교활한 술책이다. 때문에 우리는 미국이 들고 나온 '다자회담'을 문제 해결과는 아무런 인연도 없는 비현실적인 것으로 배제하여 반대하는 것이다."[149]라 하여 반대의 입장을 분명히 했다.

『로동신문』을 통하여 북한이 주장하는 것을 보면, 북한의 핵 문제는 "조미불가침조약을 통하여 해결"되어야 하며, 이를 미국으로부터 보상을 받아내기 위한 "'벼랑 끝 전술'로 묘사"하고 있는데, 북한의 입장은 "미국의 핵 위협을 실제적으로 제거하기 위한 법적 구속력을 마련하자는 데 목적"이 있다는 것이었다.[150]

이에 대해 미국은 국제사회의 합의에 정면으로 반발하는 것으로서 북한이 핵 개발을 포기하지 않는 한 협상하지 않을 것임을 밝혔다. 이러한 배경에서 IAEA는 특별이사회를 통해 북한 원자력 시설 봉인 및 감시 장치의 원상회복과 사찰단 복귀 등 안전조치 이행을 촉구하는 결의문을 만장일치로 채택하였다. 12월 말 북한의 핵 동결 해제 및 봉인 제거와 관련해서 북한과 협상하거나 유인책을 제시하지 않을 것이며, 북한의 IAEA 사찰 요원 추방 결정에 대해서도 이를 국제사회에 대한 도전으로 간주하여 미국은 위협이나 파기된 약속에 응해 협상을 하지 않겠다는 강경 입장을 재차 표명하였다.

미국은 기본적으로 북한과 직접 대화보다 다자간 대화가 적절하며 대북 제재는 현 단계에서 우선적인 사안이 아니라는 입장이었다. 2003년 1월 말 미 국무부는 북한 NPT 탈퇴 문제의 유엔 안보리 회부를 강조하면서, 이 문제가 대북 경제 제재와는 별개의 문제라 하였다. 북한 핵 문제는 북미 양자 간의 대화가 아닌 다자간 차원의 국제협의를 통해 해결해야 할 문제라고 밝혔다. 파월 국무장관은 더 구체적으로 북핵 문제 해결을 위해 유엔 안보리 상임이사국과 남·북한, 유럽연합(EU), 일본, 호주 등을 포함한 소위 '5+5' 구상을 제시한 바 있다.

이처럼 북한과 미국의 입장 차이는 분명했으며, 그들의 주장은 평행선으로 가고 있었다. 이때 우리 정부는 어떻게 했을까? 물론 다각도로 노력을 했지만 양측의 주장을 꺾을 수는 없었다.

이라크 전쟁은 김정일을 불안하게 만들었다

2003년 3월 20일 이라크 전쟁의 공식 발표 직후 미국은 북한 핵 시설 재가동이 전쟁 가능성을 의미한다는 시사성 발언을 했음에도 불구하고, 북한은 직접적 대응 없이 중립적 보도로 일관하였다. 3월 22일 북한은 북미직접회담을 주장하면서, 처음으로 미국이 동맹국들까지 반대하는 전쟁을 선제공격의 방법으로 개시했으며 북한에 대해서도 전쟁의 방법으로 문제 해결을 도모한다면 비극적 선택이 될 것이라는 입장을 표명하였다. 남한에 대해서도 이라크 전쟁과 관련하여 한국정부의 경계 강화 조치와 대미 협조를 '반북 대결 소동'이라고 비난하는 불만을 표출하였다. 이것은 미국이 북한도 공격할 수 있다는 데 대한 극도의 불안감을 표출한 것이었다.

전쟁이 진행되고 있는 동안 북한의 반응을 분석해 보면 미국의 이라크 공격을 호전적이고 무법적인 행위로 간주하는 한편, 미국에 대한 부정적인 평가가 북핵 문제에 대한 대북 우호 여론 확산으로 연결될 수 있도록 노력하였다. 또한 이라크 전쟁이 장기화 상황으로 전개될 것 같자, 미국에 결사 항전의 의지를 표명함으로써 북미대화 재개 및 불가침협정 요구에 대한 압력을 가중시켜 왔다.

그러나 후에 알려진 바에 의하면 이라크 전쟁이 발발하자 중국의 첸치천 부총리가 북한을 방문하여 김정일 위원장을 만났다고 한다. 첸치천 부총리가 미국과의 대화를 더 지체시켰다가는 이라크처럼 위기에 빠질 수 있다는 점을 강조하자 김정일 위원장도 북미 간의 대화만을 고집하지 않겠다는 뜻을 밝혔다는 것이다.[151]

전쟁이 발발한 후에도 미국의 입장에는 변화가 없었다. 미국은 북한 핵 문제 해결에 대하여 중국과 러시아가 한반도 핵화를 반대하기 때문에, 한반도 북핵 이해 당사국들이 다자간 틀 속에서 북핵 해법을 찾도록 유도해야 하고 또한 그만한 외교적 능력을 갖고 있다고 판단했다. 콜린 파월 국무장관은 2003년 3월 26일 하원 세출위 소위원회에서 "우리는 북한 침공에 대하여 이야기할 필요가 없으며, 결코 어떠한 선택도 테이블 위에서 배제하지 않았다."고 답변하면서도 북한에 대한 강온 양면 전략을 계속 구사하였다. 또한 바우처 국무부 대변인도 3월 27일 정례 브리핑을 통해서 "미국은 한국을 포함해 일본과 대단히 긴밀한 관계를 유지하고 있으며, 미국은 이 문제를 평화적 · 외교적으로 해결하기 위해 협조하고 있다."고 밝힌 바 있다. 베이커 주일 미국 대사는 미국은 북한의 핵 문제를 주변국과 다국간 협의 등 외교적인 해결을 모색하겠으며 한국, 일본 등과 협의 없이 북한을 선제공격하는 일은 결코 없을 것이라 하였다. 그러나 이라크 전쟁이 단기간에 끝났을 경우, 미국이 북한을 공격할 가능성도 있다는 각종 미국 언론들의 보도는 보도 그 자체만은 아닐 것이라는 우려를 자아내기도 하였다.

핵 문제 해결을 위한 6자 회담은 계속되고

북한은 핵 문제를 북·미 적대 관계의 산물로 보고 북·미 간의 직접 협상을 통해 불가침조약을 체결한다는 입장을 나타냈다. 즉 자주권과 생존권을 위협하는 장본인은 미국이기 때문에 오직 미국만이 이 문제를 해결할 책임과 능력을 소유하고 있다는 것이다. 그렇기 때문에 이 문제를 국제화한다거나 다자회담으로 끌어가는 것에 반대해 왔다. 그러나 이라크 전쟁이 길어지지 않고 미국의 승리가 굳어지자 북한은 외무성 대변인을 통해 "우리는 대화의 형식에 크게 구애받지 않을 것이다."고 발표하였다. 북한은 계속해서 북미 직접 대화를 주장하며 강경 입장을 표명해 왔지만, 이라크 전쟁에 위협을 느꼈고 중국의 설득도 받아들여 입장을 선회하였다. 북한이 핵 문제 해결을 위한 다자대화 수용 의사를 밝힌 데 대해 부시 대통령도 "매우 좋은 소식"이라고 화답함으로써, 미국의 의지대로 이 문제를 풀어나가게 되었다

이에 따라 2003년 4월 23일부터 25일까지 북한과 미국 그리고 중국이 참여한 3자회담이 열렸다. 이 회담에서 북한은 '새롭고 대범한 해결 방도'를 제안하였으며, 미국은 '선 핵 포기'를 강조하였다. 북한의 주장은 북미 적대 관계 청산 및 정상화, 북한의 자주권(정치체제)인정, 불가침 약속, 경제발전 장애 부조성 등을 보장한다면 핵 폐기를 수용한다고 포괄적 타결 안을 제시했다.

북한은 베이징3자회담 이후 5월 24일 외무성 대변인 담화를 통해 미

국에 '선 북미회담, 후 다자회담'의 입장을 표명하였다. 미국의 입장은 변하지 않았고 한국 · 일본 · 중국 · 러시아 등의 주요 국가와의 정상회담 등을 통해, 북한이 "가시적이고, 검증 가능하며, 되돌릴 수 없는 방식으로 핵 폐기(Complete Verifiable Irreversible Destruction : CVID)"를 해야 한다는 점을 강조하였다. 북한은 미국이 다자회담만을 고집하는 것은 문제를 해결할 의지가 없는 것이라고 하면서 "핵 억제력을 강화해 나가겠다."고 반발하였다. 미국의 CVID 주장에 맞서, 북한은 "완전하고, 검증 가능하고, 불가역적인 안전담보"를 요구할 수밖에 없다고 주장하였다.

결국 북한은 6자회담(8월 27일~29일)을 수용하였다. 미국의 의지대로 된 것이다. 북한과 미국, 그리고 한국 · 중국 · 일본 · 러시아가 참여한 6자회담은 큰 성과를 내지 못하였다. 북한은 핵 문제를 해결하기 위해서는 북미 간 필요한 조치들을 동시행동의 원칙에 의거해서 이행해야 한다는 점을 강조하면서 베이징3자회담 때 제시했던 단계별 해결 방식을 재차 내놓았다. 미국은 북한이 핵을 포기할 경우 안전 보장과 정치 · 경제적 혜택 문제에 대해 논의할 수 있다는 입장을 나타냈다. 또한 미국은 북미 관계 정상화를 위해서는 미사일, 재래식 무기, 위조 화폐, 마약, 테러, 인권, 납치 등의 문제에 관한 논의가 필요하다는 입장을 밝혔다. 이는 북한이 항상 예민하게 생각 부문으로, 어찌 보면 아픈 곳을 계속 긁는 형국이었다. 이렇게 시작된 6자회담은 기존의 입장만을 반복한 채, 여섯 국가가 북한의 핵 문제를 해결하기 위하여 만났다는 데만 의의를 두어야 했다.

이후 중국을 비롯한 관련국들의 적극적인 중재로 6개월만인 2004년 2월 25일부터 28일까지 베이징에서 제2차 6자회담이 열렸다. 제2차 6

북핵 문제를 다루기 위해 중국 베이징에서 제1차 6자회담이 열렸다. 그러나 북한과 미국은 기존의 입장만을 반복했고, 결국 여섯 국가가 북한의 핵 문제 해결을 위하여 만났다는 데만 의의를 두어야 했다.

자회담 기조연설에서 북한은 '평화적 핵 활동을 제외한 핵무기 계획 폐기'를 주장하였다. 이는 북한은 군사적 목적의 핵 활동은 폐기하되 평화적 핵 활동은 보장해야 한다는 것이었다. 미국은 이를 북한이 핵 모호성을 유지하면서 이중 정책을 쓰고 있다고 믿고, 기존의 CVID 입장을 굽히지 않았다. 또한 미국은 북한의 HEU 핵 프로그램 보유를 확신하면서 이를 공식화하고 폐기 의사를 확실히 할 것을 요구했다. 북한은 "HEU 계획은 아예 있지도 않았고 앞으로도 없다."고 하는 종전의 주장을 거듭하였다. 북한 측 수석대표인 김계관은 그해 2월 28일 기자회견에서 "핵 동력 정책은 천연우라늄에 기초한 것이며, 농축우라늄과는 상관이 없다. 따라서 농축우라늄은 없다. 설비도 없고 과학자도 기술자도 없다는 것을 명백히 말한다."[152]고 했다.

2차 회담에서는 북한의 핵 동결 시 에너지 지원 문제에 관해 본격적으로 논의한 것이 성과라면 성과였다. 북한이 '핵 사찰과 HEU 핵 프로그램 포기, 최단기간 이행'의 3가지 전제 조건을 포함한 핵 동결을 수용할 경우 한국과 중국 그리고 러시아는 에너지를 지원할 의사를 밝혔다. 이에 미국과 일본은 반대하지 않는다는 입장이었다. 이는 그간 지원 불가라는 미국의 입장이 완화된 것이었다.

북한은 2004년 5월 중순 6차 실무협의에 임하면서 미국이 HEU 핵 프로그램에 관해서 날조된 자료를 내놓는 것은 금년 대선까지 6자회담에서 결실을 맺지 않으려는 의도를 보여주는 것이고 대북 공격 구실을 만들어 내려는 것이라고 하였다. 김계관은 파키스탄과의 '미사일 대 현금' 거래 사실은 인정하면서도, 농축우라늄 분야에서는 전혀 거래가 없다고 주장하였다.

한편 5월 19일 노무현 대통령은 국가안전보장회의(NSC)와 외교통상부 간부들과 만찬을 하면서 북핵 문제와 관련해 두 가지 지시를 내렸다 한다. 하나는 "3차 6자회담이 성과를 낼 수 있도록 미국에도 할말은 하라."는 것이었고, 다른 하나는 "북한에 대하여도 인상을 쓸 것은 써야 한다. 시간 끌기는 안 된다는 것을 각종 남북 대화 채널을 통하여 북한에 전달하라."는 것이었다.[153] 그 후 NSC 북핵 대책반과 외교통상부가 마련한 안을 가지고 우리 측 실무자들이 미국 측과 협의를 하였다. 결과적으로 미국이 3차 6자회담의 문건에 CVID 원칙이라는 용어를 넣지 않기로 하였다. 중국도 이를 거들고 나섰다. 방미 중인 저우원충 중국 외교부 부부장은 『New York Times(뉴욕타임즈)』와의 인터뷰에서 "우리는 북한의 HEU 핵 프로그램에 대하여 아는 바도 없으며, 그것이 존재하는지도 모른다."라는 발언을 하였다.

제3차 6자회담이 6월 23일에서 26일까지 베이징에서 다시 개최되었다. 이번 제3차 회담에서는 북한은 핵 보유의 가능성을 내외에 시사하며 여유 있는 태도를 보인데 반해, 미국은 CVID원칙에 유연성을 보이며 새로운 포괄적 협상 안을 제시하였다.

미국이 제시한 안의 골자는 3개월 내 북한이 HEU 핵 프로그램을 포함한 핵 폐기 선언을 하고, 핵 프로그램 및 시설 제거를 위한 준비 등의 조치를 이행하면 그에 상응한 조치를 하겠다는 것이었다. 또한 상응 조치 내용도 밝혔는데 한·중·일·러의 대북 중유 제공 허용, 불가침 보장을 포함한 다자 안보 보장, 비핵 에너지 제공, 테러지원국 해제 논의, 비핵화 종료 후 국교 정상화 수순을 밟겠다는 것이었다.

북한은 HEU 핵 프로그램의 존재 자체를 부인하고, 이를 동결 대상에 포함시킬 것을 거부하였다. 그러나 핵무기 관련 모든 시설물과 재처리 결과를 포함해서 핵 동결에 들어갈 것이며 여건이 갖춰지면 영변 5MW 원자로를 포함, 모든 핵무기 관련 계획을 폐기할 수도 있다고 밝혔다. 여기에 "핵무기를 더 이상 만들지도 않고, 수출하지 않으며, 실험하지 않겠다."고 덧붙였다. 대신에 북한 테러지원국 해제, 경제 제재 해제, 200만 KW 전력에 해당하는 에너지(중유 환산 400만t) 지원을 요구했다.

미국이 새롭게 내놓은 협상 안은 시차별 단계로 구성되어 있다. 그러므로 그동안 북한이 주장해 온 '동시행동－일괄타결' 안과는 차이가 있었다. 그러나 전에 비해서는 분명 진일보한 것이었다. 제3차 회담 참가 6개국은 가능한 한 가장 빠른 시일 안에 제3차 실무그룹회의를 열어 한반도 비핵화의 첫 단계 조치로 핵 동결의 범위·기간·검증 방법과 상응 조치를 구체화하기로 하는 8개항의 의장성명을 채택하였다.

제3차 6자회담을 통해서 북한 핵 문제를 풀기 위한 힘겨운 줄다리기를 시작할 것이다. 개최될 실무그룹회의와 4차 회담을 통해서 쟁점으로 부각한 행동 결의 범위와 기간, 검증, 상응 조치에 대한 보다 구체적인 방법이 논의될 것이다. 그러나 큰 틀에서 보면 결국 정치적 결단이 협상의 성패를 결정할 것이다.

라이스의 방한 의미는 무엇인가?

2004년 7월 9일 미국 부시 대통령의 특사 자격으로 콘돌리자 라이스 국가안보 보좌관이 서울을 방문하여, 노무현 대통령에게 부시 대통령의 친서를 전달하고 외교통상부 장관과 관계자들을 만났다. 이는 제3차 6자회담 이후 미국의 생각을 읽을 수 있는 자리였다. 언론에 보도된 자료를 중심으로 해서 미국이 북한 핵 문제에 대해 가진 의도가 무엇인지 알아보자.

라이스 보좌관이 했다는 말을 먼저 살펴보면 각 언론사의 대표적인 기사 제목은 라이스가 말했다는 〈북한이 핵 폐기하면 놀란 만한 대가〉였다. 라이스는 반기문 외교부 장관과 만나 "북한이 핵 활동을 중지하고 국제 감시를 받고, 핵 계획을 진정으로 포기한다면 얼마나 많은 것이 가능할 것인지 깜짝 놀라게 될 것"이라 말했다고 한다. 또 다른 발언은 "북한 앞에는 여러 갈래의 길이 있다. 핵을 폐기해 국제사회의 건전한 일원이 될 것인지, 그렇지 않으면 고립의 길로 갈 것인지를 결단해야 한다.", "김정일 북한 국방위원장이 무아마르 카다비 국가원수와 대화를 나누었으면 참 좋겠다. 그러면 우리가 말하는 게 무엇을 의미하는지는 분명 알게 될 것이다.", "북한은 고농축우라늄(HEU) 핵을 인정하고 밝히는 게 중요하다. 북한은 리비아를 보라."였다.

여기에서 중요한 것은 '놀란 만한 대가'이다. 우리가 일반적으로 생각할 수 있는 놀랄 만한 대가는 김정일 정권 보장, 경제 제재 해제를 통한 차관, 테러지원국 명단에서 삭제, 수교 논의, 핵 폐기 비용 일부 부담 등을 생각할 수 있다. 어찌 보면 김정일이 바라는 전부일 수도 있을 것이다. 그러나 또 하나 라이스 발언에서 중요하게 생각되는 것은 고농축우라늄(HEU) 핵을 인정하라는 것이다. 이것은 남한이 북핵 문제 해결에 있어서 해야 할 가장 중요한 문제이자 미국의 숙제라고 생각한다.

우리의 입장은 어떠한가? HEU 프로그램을 둘러싸고 제2차 북핵 문제가 불거지자, 우리 정부는 HEU 프로그램 존재를 인지하고 추적해 왔다고 한다. 이준 국방장관은 2002년 10월 18일 국회국방위원회에서 한미정보당국은 우라늄 농축 방법을 이용한 북한의 핵 개발 관련 프로그램에 주목하고 긴밀한 정보 협력을 유지해 왔다.[154] 신건 국정원장은 2002년 국회 정보위원회에 제출한 보고서에서 같은 해 3월에 북한이 원심분리기 케이스를 제조하는 데 필요한 고강도 알루미늄을 도입한 사실을 포착하고 미국에 통보했다[155]고 공개했다. 우리 정부는 자체 정보도 있겠지만 주로 미국 정보에 의존한 상태이기 때문에 미국의 판단과 분석에 공감하고 있는 상태이다.

미국은 북한을 '불량국가', '악의 축' 등으로 몰아가면서 내놓은 가장 큰 명분은 북한이 고농축우라늄(HEU) 핵 프로그램을 개발하고 있다는 것이었다. 만에 하나라도 미국이 군사적 행동을 한다면 그 명분은 바로 HEU일 것이다. 미국은 이라크에서도 그렇게 장담했던 생화학무기를 찾아내지 못하여 명분을 갖지 못했는데, 북한에서는 이를 찾아내려 할 것이다.

북한은 미국이 있지도 않은 HEU 핵 프로그램을 가지고 1994년에 맺은 제네바합의를 파기했다고 말한다. 미국은 핵 개발을 하지 않기로 하고 국제기구(KEDO)를 통하여 경수로를 건설해 주고 중유도 제공해 주었는데, 북한이 비밀리에 HEU 핵 프로그램을 개발하였으니 당연히 약속을 먼저 파기했다는 주장이다. 그렇기 때문에 2002년 핵 문제가 제기되었을 때, 북한은 자기들의 정당성을 주장하기 위하여 제네바합의로 이루어졌던 폐연료봉 봉인을 제거하고 IAEA 감시 카메라를 철거하였던 것이다.

김정일은 HEU 핵 프로그램의 여부를 알고 있을 것이다. 없다고 해도 믿어주지 않고, 만약 있다면 국제사회에서 김정일에 대한 불신은 증폭될 것이다. 쉽게 이야기하면 미국은 '항복해라, 살려줄 테니', 북한은 '어떻게 믿어, 그때 가서 죽이려고' 이다. 어떻게 해야 할 것인가? 김정일이 안고 있는 최대의 딜레마는 바로 '핵 문제' 이다.

북핵 문제를 놓고 남북한의 민족 공조나 한미 간의 공조를 외치는 것은 국내 정치적 갈등만을 확대 재생산할 가능성이 크다. 민족 공조에 대한 강조는 한미 관계를 손상시키며, 한미 공조에 대한 편향은 미국의 강경 정책을 추인하는 결과를 가져온다. 이것 또한 우리가 가지는 딜레마이다.

제3부
개성공단에서 만납시다

 남과 북이 만나다

남북한 교류의 발판이 마련되다

남북 경제협력은 1984년 9월 북한 적십자사가 수해 물자인 쌀과 직물, 의약품 등을 제공하고 이를 남한이 인수함으로써 시작되었다고 볼 수 있다. 1984년 9월에 남측에 폭우로 인한 수해가 발생하자 북한은 9월 8일 방송을 통해 "북한 적십자회가 남한 지역의 수재민에게 쌀 5만 석, 천 50만m, 시멘트 10만t, 기타 의약품을 보내기로 결정했다."고 밝혔다. 그 당시 보내 온 약품이며 옷감 등의 견본은 오랫동안 통일부의 전시 공간에 전시되었다. 이는 도움을 주어서 받기는 하였지만, 그 도움의 수준이 어느 정도인지를 국민들에게 알려 북한과 남한의 생활수준의 차이를 보여 주기 위한 것이었다.

이렇게 북한이 구호 물품을 보낸 것이 남북한 교류의 시작인데, 그러면 북한은 언제부터 대외 경제협력에 비중을 두고 모색하기 시작했을까? 북한은 1984년 1월 25일에 개최된 최고인민회의 제7기 3차 회의를 통해 대외 정책으로 방향을 수정하고, 대외 경제협력을 적극적으로 모색하기 시작했다. 북한은 대외 무역, 외국과의 경제협력, 과학기술 협력, 차관 도입 등 대외 경제적 조치를 단행하기 시작하면서, 1984년 9월 8일 합영법을 제정하고 발표하였다. 그러나 북한이 의도한 합영 사업은 큰 실효를 거두지 못하였다. 기껏해야 조총련 사업가들이 투자하는 정도였다. 1980년대 중반 남북 관계는 남북 경제협력이라는 것을 상상하기는 어려운 상황이었다.

'88 서울올림픽'이 성공을 거두자, 북한은 다음해 제13차 평양청년축전을 과도한 비용을 낭비해 가며 치른 바 있다. 일부 북한 전문가들 중에는 북한의 경제가 본격적으로 기울기 시작한 것은 사회주의 국가의 대변혁에 기인하겠지만, 서울올림픽의 성공을 의식해서 평양청년축전에 감당할 수 없는 돈을 쓴 것이 도화선이 되었다고도 한다. 프랑스 기업과 합작으로 평양에 세우려다 중단한 105층짜리 유경호텔도 하나의 예이다. 지금도 평양에는 105층의 구조물이 그대로 남아 있다.

남북 교류의 도화선에 본격적인 불을 붙인 것은 남한 측이었다. 노태우 정부는 1988년 7월 "모든 부문에서 남북 교류를 추진한다."는 '7·7특별선언'을 발표하고 같은 해 10월 7일 남북 교역 개방 조치를 취했다. 이는 북한에 대한 자신감의 표현이었다. 또 1989년 6월에는 '남북교류협력에 관한 기본지침'을 마련하고, 1990년 8월에는 '남북교류협력에 관한 법률'을 제정하였다. 그리고 남북 교류와 협력을 지원하기 위한 '남북협력기금'도 조성하게 되었다. 우리는 일반적으로 남북협력기금하면 김대중 정부를 생각하게 되는데, 이것은 이미 노태우 정부 때부터 마련된 것이다. 남북교류협력에 관한 법률을 제정함에 따라 남북 교류·

프랑스 기업과 합작으로 평양에 세우려다 중단한 105층짜리 유경호텔의 모습이다.
지금도 평양에는 공사가 중단된 105층의 구조물이 그대로 남아 있다.

협력은 법적인 근거를 갖게 되었고 이는 형식적으로는 누구든 법적 절차에 따라 북한과 교류하고 협력할 수 있음을 의미했다.

당시 북한의 입장에서는 동구권의 급격한 변혁 등으로 체제 유지 그 자체에 위협을 느끼는 상황이었고, 남한과의 관계를 계속 경색 국면으로 끌고 갈 수 없는 상황이었다. 1980년 남북총리회담을 위한 실무 접촉 이후 9년 만에 남북당국자회담이 개최되었다. 그것은 1989년 2월에 열린 남북고위급 예비회담이었다. 그리고 우여곡절 끝에 1991년 10월에 제4차 남북고위급회담이 평양에서 개최되었고, 제5차 회담의 마지막 날인 1991년 12월 13일에 '남북 사이의 화해와 불가침 및 교류·협력에 관한 합의서(남북기본합의서)'가 서명되었다. 1992년 2월 19일 발효된 합의서 제1조는 "남과 북은 서로 상대방의 체제를 인정하고 존중한다."이고, 제9조는 "남과 북은 상대방에 대하여 무력을 사용하지 않으며 상대방을 무력으로 침략하지 아니한다."이다. 제15조에는 이같이 명시하고 있다. "남과 북은 민족 경제의 통일적이며 균형적인 발전과 민족 전체의 복리 향상을 도모하기 위하여 자원의 공동 개발, 민족 내부 교류로서의 물자 교류, 합작 투자 등 경제 교류와 협력을 실시한다."

실질적인 성과도 있었다. 특히 남북 교역의 경우 1989년부터의 탐색기가 끝나고, 본격적인 성과가 나타나 1992년에는 교역량이 1억7천만 달러를 기록하였다. 그러나 그 후의 남북 관계는 순조롭지 않았다. 북한은 12월 21일 서울에서 개최하기로 합의한 제9차 남북고위급회담을 무산시켰다. 그리고 1993년 1월 29일에는 북한이 남북고위급회담 명의를 통해 남북 당국 사이에 대화를 굳이 재개할 의사가 없다고 선언하였다. 북한의 NPT 탈퇴 선언이라는 핵 문제는 어렵게 만들어 놓은 '남북기본합의서'를 죽은 문서로 만들어 버렸지만, 남북한 간의 부분적인 경제 교류와 협력은 이루어졌다.

남북한의 경제협력 중 남북 교역은 세 가지로 나눌 수 있다. 즉 일반 교역, 위탁을 받아 가공해 주는 교역, 그리고 직접 투자이다. 남북 교역의 특징 중의 하나는 위탁 가공 교역이다. 위탁 가공 교역은 가공임을 지급하는 조건으로 가공할 원자재의 전부 또는 일부를 생산자에게 공급하여 이를 가공하게 한 후, 가공 물품을 반입하는 교역으로 임가공 교역이라고도 한다. 남북한 위탁 가공 거래는 1991년 말부터 시작되어 초기에는 시범적 차원에서 봉제 인형, 가방 등이 주류를 차지하다가 북한에서 생산된 제품의 품질이 상당한 수준을 보이자 그 대상도 바지, 셔츠, 스웨터, 자켓 등으로 늘어났다.[156] 이 당시에 소위 메이커 제품이라고 하는 바지 등을 사면서 라벨을 보면 'Made in DPRK' 라는 제품이 많았다. 우리 기업들이 원단 등 재료를 보내 값싼 북한의 노동력을 이용해 만든 제품들이다. 북한의 입장에서는 자본이 필요치 않고 노동력을 활용하여 수입을 올릴 수 있는 위탁 교역을 선호하였다.

1992년 7월 19일 북한의 부총리가 남한을 방문하였고, 두만강 유역 개발 사업과 관련하여 남한 대표단의 북한 방문을 비롯하여 남포조사단의 방북 등이 이루어졌다. 이를 계기로 남북한 간의 교류는 실질적인 경제협력 단계에 진입하는 듯한 양상을 보여주었으나 그 후에 펼쳐진 여러 가지 문제로 남북한은 긴장 상태가 이루어지면서 경제 교류는 침체 상태를 면치 못하였다.

김일성 주석과 김영삼 대통령이 만났더라면

앞에서 이야기 한 바와 같이 북한의 핵 문제가 일촉즉발의 위기를 가져왔고, 카터가 북한을 방문하여 김일성과 합의점을 찾아냈다. 이때 카터는 김일성에게 남북 관계 개선과 김영삼 대통령이 부탁한 남북정상회담 가능성을 언급했다. 이에 김일성은 남북 관계 정상화를 위한 자신의 노력들을 이야기하며 유감을 표시했다. 그리고 1993년 2월 김영삼이 대통령 취임식에서 "어느 동맹국도 민족보다 더 나을 수 없다."고 말한 뒤, "때와 장소를 불문하고" 정상회담을 밝힌 것을 주목하고 있다고 말했다.

오히려 이 문제는 생각보다 쉽게 풀어졌다. 김일성 주석은 김영삼 대통령을 아무런 전제 조건 없이 만날 준비가 되어 있다고 말했기 때문이다.

카터가 판문점으로 돌아와 김영삼 대통령을 만나 이 사실을 알렸을 때, 김영삼 대통령은 매우 흥분했고, 그로부터 한 시간이 지나지 않아 조건 없는 정상회담 실시를 수락한다는 발표를 하였다.[157] 역대 대통령들이 노력했으나 누구도 해 내지 못한 일을 자신이 해 냈다는 데 대단한 자부심을 느꼈을 것이다. 그러나 정상회담은 뒤로 미루어질 수밖에 없었다. 1994년 7월 8일 김일성은 이미 이 세상 사람이 아니었기 때문이다.

앞에서 상세하게 이야기 한 바와 같이 북한의 핵 파문은 결국 북한과 미국 간의 회담으로 이어져, 1994년 10월 제네바에서 핵 협정에 대한 기본 합의문이 발효되었다. 1994년 12월 중순 미국에서 KEDO와 북한 간에 경수로 공급 협정이 타결되었다. 그러나 북한은 조문 파동을 이유로 유보된 정상회담은 물론 미국과의 기본 합의문에 담긴 남북 대화를 착수한다는 약속에도 불구하고, 김정일은 공식 대화를 전면적으로 거부하였다.

1995년 6월 쿠알라룸푸르 회담에서 경수로 지원과 관련, 한국의 중심적 역할이 보장되는 방향으로 타결되자 남북한 관계는 어느 정도 호전되었다. 그러나 이때 북한의 상황은 홍수 등으로 최악이었다. 남한은 북한의 쌀 지원 요청을 받아들여 1995년 6월부터 10월까지 15만t의 쌀을 북한에 무상으로 제공하였다. 이때 쌀 운송 과정에서 사건이 발생했다. 남한의 쌀 수송선이 6월 27일 북한의 청진항에 입항하려하자, 북한의 지방 관리가 중앙정부의 승인도 없이 느닷없이 인공기 게양을 요구한 일이었다. 북한 측은 즉각 사과했지만 남한 정부는 공식적인 사과가 있을 때까지 쌀 선적을 중단했다. 또한 청진항에서 하역 작업을 벌이던 배에서 한

선원이 청진항 사진을 찍었다는 이유로 체포되는 일이 일어난 것이었다. 그 후 남북한 간에 제기된 여러 문제는 또 다시 남북 경협을 얼어붙게 했다. 이러한 상황에도 불구하고 1995년부터 남북 교역 규모는 2억 달러를 넘어섰다.

김영삼 대통령은 1996년 새해 국정 연설을 통해 추가적인 대북 식량 지원에 반대한다는 뜻을 공식적으로 밝혔다. 또한 김영삼 정부는 대북 식량 지원에 대한 유엔과 기타 인도주의 단체의 호소에 반응을 보이지 않는 것은 물론, 다른 나라의 대북 원조마저도 막으려고 애를 썼다.[158] 이렇게 정부 당국 간의 교류는 중단되었지만, 민간 교류는 지속되었다. 1997년에는 북한산 철강 금속류의 반입 증가, 위탁 가공 교역의 확대, 경수로 사업의 시작에 따른 공사 물자의 반출 증가로 남북 교역의 규모는 더욱 커졌다. 1997년 남북한 교역 총액은 전년에 비해 22.3%가 증가한 3억833만 달러를 기록해 최초로 3억 달러를 넘었다.

"감자는 흰쌀과 같습니다"

한편 북한은 흑룡강 민족 개발 공사를 통하여 남포직할시의 농업 생산성을 향상시키기 위한 생산 자재 및 기술 제공을 남한 정부에 요청한 바 있다. 북한이 제3자를 통하기는 했지만, 남한에 내부 농업 통계 자료를 제시하며 지원을 요청한 것은 처음 있는 일이었다.[159] 김영삼 정부 하에서는 남북한 간 교류 협력과 관련해 정부 차원에서는 우선 유엔을 통해 영농 자제 등을 지원하고, 북한의 농업 구조 개선과 농업 생산성 향상을 위한 남북 농업 협력을 민간 차원에서 구체화해 나간다는 방침이었으나 이것은 이루지지 않았다.[160]

북한의 식량 부족 문제는 구조적인 문제이다. 전체적인 경제 침체로 인한 공장 가동률의 감소와 이에 따른 농업 관련 산업의 낙후 즉, 농약·비료·농자재·종자 개발 능력의 후진성 등이 식량 부족으로 이어졌다. 특히 1995년과 1996년의 재해로 인하여 1997년에는 세계식량계획(WFP)으로부터 식량을 원조받게 되었다.

북한은 남한으로부터 식량을 원조받는 것 외에도 식량난을 해결하기 위한 기술적 원조도 요청하였다. 1998년 1월 말에 슈퍼 옥수수 박사인 김순권 교수를 비롯해, 인공 씨감자를 개발한 정혁, 한국과학기술원 인공 씨감자 연구실장 등의 농업 전문가들이 북한의 농업 실태를 파악하기 위해 방북을 하였다. 그 후 김순권 교수는 20여 차례 이상 북한을 방문하면서 지역 특성에 맞는 옥수수 종자를 개발하는 데 노력하고 있다. 김정일 정권이 공식 출범하면서 북한 식량 문제 해결의 대안은 과거 옥수수 증산에서 감자 증산으로 대체되고 있다. 북한에서는 쌀과 옥수수에 이어 감자가 제3의 주식으로서 확실한 위치를 굳히고 있기 때문이다.[161]

김정일은 "감자 농사를 잘하면 식량 문제도 풀 수 있고 고기 문제도 풀 수 있습니다. 감자는 흰쌀과 같습니다."라고 말했다. 김정일은 1995년 이후 북한 최대 감자 단지인 량강도 대홍단군을 수차례 방문해 감자 농사를 잘해야 식량 문제를 풀 수 있다며 감사 농사에 각별한 관심을 보이고 있다. 북한에서는 "감자는 주식으로 이용할 수 있을 뿐만 아니라, 장수 식품으로 사람들의 건강에도 매우 좋습니다."라고 선전하면서, 감자의 대체 식량화를 강력히 추진하고 있다. 2004년 신년 공동 사설에서도 "농업 생산을 획기적으로 늘리기 위하여 종자 혁명을 기본 고리로 틀어쥐고 감자 농사 혁명을 힘 있게 밀고 나가며 두벌 농사를 대대적으로 발전시켜야 한다."고 감자 농사를 종자 혁명의 기본이라 하고 있다.

2004년 1월 27일부터 28일까지는 북한 정부 수립 이후 처음으로 평양에서 '감자 농사 혁명 선구자 대회' 가 열렸다. 박봉주 총리가 참석한 이 자리에서 감자는 식량난 해결에 많은 도움이 되며 옥수수에 비해 수확량이 월등히 많다고 하면서 감자 농사에 총력으로 매진할 것을 다짐하였다.

이 같은 북한의 행보는 심각한 식량난을 감자로 돌파해 보겠다는 의지의 표현이다. 웃을 일만은 아니다. 쌀 증산을 할 수 없어 감자를 대체 식량으로 삼고 가겠다는 노력에 마음이 아플 뿐이다.

소 떼가 녹인 남북 관계

북한은 김대중 정부가 출범하기 직전인 1998년 2월 18일 정당·단체 연합회의를 개최하여 통일 문제와 관련한, 남한의 새 정부에 대한 주문 사항을 내놓았다. 이것에 대한 화답이라고는 볼 수 없으나 김대중 대통령은 1998년 2월 25일 취임사를 통해 남북기본합의서의 이행을 통한 특사 교환 제의 및 대북 3대 원칙을 밝혔다. 대북 3대 원칙은 첫째, 북한의 무력도발을 용납하지 않으며 둘째, 북한을 흡수 통일하지 않으며 셋째, 화해와 협력을 적극 추진하여 우선 평화 공존을 실현하자는 것이었다.

남한에 신정부가 들어서자 북한은 1998년 4월 당국자 간 회담을 제의하였고, 일단 성사되었다. 그러나 베이징에서 열린 남북차관급회담은 남한이 비료 지원을 이산가족 문제와 연계한 상호주의 원칙을 견지하자 회담은 성과 없이 끝났다. 그 이후 북한은 '햇볕론' 을 '흡수통일론' 으로, '선 교류, 후 통일론' 을 '반민족, 반 통일론' 이라고 주장하였다. 대북 포용 정책에 대한 비난은 1998년 하반기에 들어서면서 본격화되었다. '정경 분리 원칙'의 경우 처음에는 김용순의 발언을 통해 수용 용의를 표명했으나, 『로동신문』의 논평을 통해서는 "괴뢰들이 광고한 대북 정책에서의 정경 분리 원칙은 빛 좋은 개살구, 기만적인 말장난에 지나지 않는다."[162]고 비난하였다.

김대중 정부 출범 후 사태를 관망하던 북한이 처음으로 제의했던 남북당국자대표회담이 결렬된 후, 남한에서는 1998년 4월 30일 '남북경협 활성화조치'가 발표되었다. 이 조치의 주요 내용은 방북 요건을 구비한 기업인의 수시 방북 제도 확대 시행이었다. 그리고 한 회에 100만 달러까지 생산 설비의 반출 제한을 폐지하고, 투자 규모에 대한 제한도 완전히 폐지했다.

북한은 당국 차원의 남북 관계 개선은 소극적 태도를 보인 반면에, 민간 기업들과의 경제협력에 대하여는 적극적 태도를 보였다. 1998년 6월 정주영 현대그룹 명예회장의 '소 떼 방북'을 계기로 금강산 관광 개발 사업이 빛을 보게 되었다. 이는 남북 교류에 획기적인 선을 그은 것으로, 정주영 명예회장의 1989년 최초 방북에서 처음으로 제기된 후 10년 만에 결실을 맺게 된 것이었다. 현대그룹이 관광객 수와 관계없이 6년간 총 9억6천만 달러를 지급하는 대신 금강산 일대 8개 지역에 대한 장기 독점권을 가지도록 합의하였다.

1998년 11월 18일 현대 금강산호가 826명의 관광객을 싣고 북한의 장전항에 입항한 이래 많은 관광객들이 금강산을 관광하게 되었다. 금강산 관광 사업은 1999년 6월 서해교전 사건 직후 발생한 관광객 억류 사건으로 한 달 가까이 중단되는 우여곡절을 겪기도 하였으나, 7월 31일 관광객 신변 안전 보장에 관한 합의서가 채택됨으로써 다시 진행되었다. 북한의 입장에서도 금강산 개방은 일종의 모험이었다. 그러나 그 모험은 실질적인 경제적 이익으로 나타났고 남측에게도 그들의 의지를 확실하게 들어낸 것이었다.

정부 차원의 대화는 No, 교류 협력은 Yes

북한의 이중 정책은 계속되었다. 경제적인 면에서는 교류와 협력을 계속하되, 햇볕정책에 대하여는 강도 높은 비난을 병행하였다. 햇볕정책에 대한 북한 정부의 첫 공식 논평은 1999년 8월 17일 외무성 대변인이 발표하였다. 〈햇볕정책은 미국의 평화적 이행 전략의 변종〉이라는 제목의 성명에서 북한은 "남조선 당국자들이 들고 나온 햇볕정책은 한마디로 말하여 미국의 평화적 이행 전략의 변종으로서 화해와 협력의 미명 하에 우리를 개혁, 개방으로 유도하여 저들의 자유민주주의 체제에 흡수 통일하려는 모략 책동이다."[162]라고 햇볕정책을 규정하였다.

북한은 김대중 정부의 햇볕정책을 흡수 통일을 위한 반북 대결 정책이라고 비난하면서도, 남한 정부의 정경 분리 원칙을 적절히 활용하며 남한 기업들의 대북 투자와 교류를 받아들였다. 이 같은 이중 정책으로 북한은 당국 간의 관계를 개선하기 위한 의지는 보이지 않았지만, 민간 차원의 경제협력은 비교적 활발하게 진행시켰다.

그러나 남한에 IMF의 한파가 강타하면서 1998년 남북 교역량은 감소하여 2억2천200만 달러에 그쳤다. 1999년에는 남한 내 경기 회복에 따라 위탁 가공 교역이 확대되고 금강산 관광 사업 및 경수로 사업 등 경제협력 사업이 진전됨에 따라 교역량의 총액이 3억3천300만 달러로 늘어났다.

이 당시 제조업 분야에서 북한이 적극적인 의지를 가지고 추진한 것

평화자동차 공장의 조립 공정 모습이다. 이 회사는 일본과 합작 형태로 설립된 남측의 (주)평화자동차가 70%, 북측의 조선련봉총회사가 30%를 출자한 합영회사이다.

은 평화자동차총회사의 설립이었다. 이 회사는 일본과 합작 형태로 설립된 남측의 (주)평화자동차가 70%, 북측의 조선련봉총회사가 30%를 출자한 합영회사이다. 2000년 3월에는 삼성전자가 북한의 조선 컴퓨터 센터와 베이징에 '삼성-조선 콤퓨터 소프트웨어 공동 협력 개발 센터'를 열고 소프트웨어를 공동으로 개발하는 데 착수하였다. 삼성전자의 5개 소프트웨어 공동 개발 사업은 대부분 완료된 상태로 추가로 16개 소프트웨어 개발 사업을 하였다.

베를린에서 튼 물꼬, 남북정상회담 발표로

2000년에 들어서서 북한은 남한과의 관계보다는 다른 국가들과의 관계 개선에 힘을 더 기울이는 모습을 보였다. 그러나 다른 국가들과 관계를 위하여도 남한과의 관계 개선이 필요하다는 것을 현실적으로 느낀 것 같다.

김대중 대통령은 연두 회견에서 남북 경제 공동체 형성을 위한 남북 연구기관 간의 대화와 교류를 제안하였고, 국가안전보장회의에서는 남북한의 중장기적 평화 공존과 공동 발전을 제도적으로 만들어가기 위한 일환으로 '남북경제공동체' 건설 구상을 밝혔다. 경제 분야에 있어서 남북 간의 교류와 협력을 더욱 발전시킴으로써 신뢰를 구축하고 공동의 이익을 넓혀 나가는 것이 '남북경제공동체'[164]라며, 이를 추진해 나가기로 하였다.

김대중 대통령은 2000년 2월 도쿄 방송과의 인터뷰에서 '남북한 최고 지도자들의 만남'을 필수적인 것과 동시에 실용적인 것이라 표현하면서 "나는 김정일 국방위원장이 높은 식견을 갖춘 훌륭한 판단의 소유자라고 믿고 있다."고 말했다.[165] 이것은 충격적인 일이었다. 왜냐하면 역대 대통령 중 어느 누구도 북한의 지도자를 긍정적으로 평가한 적이 없었기 때문이었다. 그런데 이러한 모습은 그전에도 감지되었다. 김대중 대통령은 1999년 3월 24일 개최된 통일부의 국정개혁보고회의에서 "과거 정권에서는 김정일을 형편없는 사람이나 능력 없는 사람 혹은 문제점이 있는 사람으로 평가했지만, 지금 김정일이 북한을 제대로 장악하고 있다는 현실을 똑바로 인식하고 인정을 하고 대처해 나가야 될 것이다."고 말한 적이 있었다.

김대중 대통령이 2000년 3월 베를린을 방문했을 때에 발표한 '한반도 평화와 통일을 향한 남북 화해·협력 선언'은 남북한 간의 돌파구를 마련하는 계기가 되었다. 여기에서 김 대통령은 북한의 사회간접자본 건설 지원, 냉전 종식과 평화 정착, 이산가족 문제의 인도적 해결, 남북 당국 간의 대화의 필요성 등을 역설하였다. 이때 당국자 간의 대화를 어디까지 해야 할 것인지에 관해 김정일은 많은 생각을 했을 것이다. 그리고 정상회담을 생각했던 것이다. 그러므로 남북정상회담의 합의는 김 대통령의 선언에 대한 화답의 의미를 갖는 것이었다.

베를린선언이 나온 직후 북한은 비공개적인 다양한 경로를 통해 남한에 특사 접촉을 제의했다. 3월 14일 정상회담의 가능성을 논의하기 위해 상하이에서 비밀리에 만나자고 요청하는 북한의 메시지를 판문점을 통해 전달받았다.[166] 그리고 이를 받아들여 비공개 접촉이 이루어졌다.

2000년 3월 17일 중국 상하이에서 첫 번째 특사 접촉이 이루어졌으며, 3월 23일 베이징에서의 2차 접촉에 이어 4월 8일 3차 접촉에서 '남북정상회담 개최 합의서'가 채택되었다. 남한에서는 박지원 문화관광부 장관을 특사로 임명하고 파견하였으며, 북한에서는 송호경 조선아시아태평양 평화위원회 부위원장이 특사로 나와 비공개 접촉이 이루어졌다. 여기에서 마련된 남북정상회담 개최 합의 결과는 남북한이 동시에 발표하였다.

2000년 4월 10일 오전 10시 북한에서는 텔레비전과 라디오 방송으로 남북정상회담의 소식을 중대 뉴스로 발표하였다. 다음날 『로동신문』의 제1면 첫머리에 전면의 1/3을 차지하는 분량으로 남북정상회담 합의서를 실었다. 〈북과 남 사이에 합의된 북남 합의서〉의 내용에는 남북정상회담이 6월 12일에서 14일 평양에서 개최된다는 내용과 함께 "평양 방문

2000년 4월 8일 중국 상하이에서 박지원 문화관광부 장관과 송호경 북한 아시아태평양 평화위원장이 만났다. 여기에서 마련된 남북정상회담 개최 합의 결과는 남북한이 동시에 발표하였다.

에서는 조선로동당 총비서이신 김정일 국방위원장과 김대중 대통령 사이에 력사적인 상봉이 있게 되며 북남최고위급회담이 개최된다."고 밝혔다.

2000년 5월 27일 임동원 특보가 베이징을 통하여 평양으로 향했다. 4시간 동안 김정일과 마주 앉아 정상회담에 대하여 이야기하였다. 임동원은 정상회담을 마친 뒤 두 지도자들이 발표할 공동 선언문의 내용을 협상하고자 했으나, 김정일은 이를 거절하고 김대중 대통령과 회담 때 직접 만나서 문안을 작성하고 싶다고 말했다. 김정일도 그만큼 정상회담이 갖는 의미를 중요하게 생각했고, 형식적인 것보다는 실제적인 합의를 도출해 내길 원했다는 것을 말해 준다.

'6·15남북공동선언'을 선포하다

평양 순안공항에 김정일이 직접 출현한 것은 북한의 정상회담에 대한 강한 의지를 나타내는 일면이었다. 『로동신문』 1면을 전부 차지한 한 장의 사진에 대한 설명은 "위대한 령도자 김정일 동지께서 김대중 대통령을 비행장에서 따뜻하게 영접하시었다."이고, 2면의 환영 사진의 설명은 "평양 시내 60여 만의 각 계층 주민들 수십 리 연도에서 김대중 대통령과 일행을 동포애의 정으로 환영"이었다.[167]

도착 직후 두 정상의 차내 담화로부터 시작하여 1차 회담, 그리고 6월 14일의 2차 회담이 진행되었다. 2차 정상회담은 오후 3시에 시작하여 잠깐 휴식을 한 뒤 속개되어 6시 50분에 끝이 났다. 만찬장에서 두 정상의 합의가 이루어졌다고 발표하고, 늦은 시간에 백화원 영빈관에서 서명이 이루어졌다.

양 지도자가 서로의 의견을 조정하고 문안으로 만들어 선포한 '6·15 남북공동선언'의 내용은 다음과 같다.

1. 남과 북은 나라의 통일 문제를 그 주인인 우리 민족끼리 서로 힘을 합쳐 자주적으로 해결해 나가기로 했다.

2. 남과 북은 나라의 통일을 위한 남측의 '연합제'와 북측의 '낮은 단계 연방제' 안이 서로 공통성이 있다고 인정하고 앞으로 이 방향에서 통일을 지향시켜 나가기로 했다.

3. 남과 북은 올해 8·15에 즈음하여 흩어진 가족, 친척 방문단을 교환하며, 비전향장기수 문제를 해결하는 등 인도적 문제를 조속히 풀어나가기로 하였다.

2000년 6월 14일 백화원 영빈관에서 김대중 대통령과 김정일 국방위원장이 남북 정상 간 합의문에 서명하였다. 남북한 두 정상이 만나 '연합제', '낮은 단계 연방제' 이 두 안에 공통성이 있다는 것을 인정하고 이 방향으로 통일을 지향해 나가기로 한 것은 역사적인 일이다.

4. 남과 북은 경제협력을 통하여 민족 경제를 균형적으로 발전시키고, 사회·문화·체육·보건·환경 등 제반 분야의 협력과 교류를 활성화하여 서로의 신뢰를 다져나가기로 하였다.

5. 남과 북은 이상과 같은 합의 사항을 조속히 실천에 옮기기 위하여 빠른 시일 안에 당국 사이의 대화를 개최하기로 하였다.

여기에 "김대중 대통령은 김정일 국방위원장이 서울을 방문하도록 정중히 초청하였으며, 김정일 국방위원장은 앞으로 적정한 시기에 서울을 방문하기로 하였다."를 덧붙여 대한미국 대통령 김대중, 조선민주주인민공화국 국방위원장 김정일로 서명하였다.

이 문안이 나오기까지 결렬 위기에 처했던 몇 번의 힘든 고비가 있었다 한다. 먼저 '연합제'와 '연방제' 간의 미묘한 차이 문제였다. 이것은 길게 이야기할 필요가 있다. 두 번째로 북한의 헌법상으로는 국가 대표인 김영남 최고인민회의 상임위원장 대신에 김정일이 서명해야 하는 문제였다. 북한 헌법에 보면 앞에서 설명한 바와 같이 '국가를 대표하며 다른 나라 사신의 신임 소환장을 접수한다.'고 되어 있다. 대한민국을 대표하는 것은 대통령이고, 조선민주주의인민공화국을 대표하는 것은 최고인민회의 상임위원장이니 당연히 김영남이 서명해야 한다는 것이 북한이 내세우는 논리였다. 그런데 정상회담을 김정일과 하지 않았는가? 김영남이 서명하는 것을 남한 측은 받아들일 수가 없었다. 세 번째로 김정일 위원장의 서울 답방 문제였다. 이 문제도 이 책의 마지막에서 다룬다.

후에 김대중 대통령은 "김정일 국방위원장의 새로운 생각에 대한 수용 능력과 자신의 견해를 기꺼이 바꿀 수 있는 융통성 있는 자세가 정상회담의 성공을 이끌어 내는 데 상당한 역할을 했다."고 말했고, 또한 김정일에 대해서는 "이론적이지 않았지만 지적 능력을 갖추고 판단력이 예민했다."고 설명했다.[168]

연합제와 연방제 무엇이 문제인가?

6 · 15남북공동선언에서 가장 예민한 문제는 제2항의 통일 방향에 관한 문제였다. 이는 그동안 남북한 간의 합의 문서에서는 다루어지지 않았는데, 이는 서로의 의견이나 정책 등 모든 면에서 달랐기 때문이다. 1972년의 '7 · 4남북공동성명'에서는 '조국 통일을 자주 · 평화 · 민족 대단결 원칙에 의하여 이끌어간다.'고 하였고, 1991년의 '남북기본합의서'에서도 '7 · 4남북공동성명에 천명된 조국통일 3대원칙을 재확인한

다'고 하여 평화 통일 성취를 위한 공동의 노력을 경주한다는 정도로 통일 문제를 언급하였다. 때문에 6·15남북공동선언이 발표되자 가장 많이 이야기되었던 것도 바로 이것이었다. 심지어 '빨갱이식 통일 방안'에 합의했다고 비난하는 사람들까지 있었다.

남한은 그동안 '연방제'는 적화통일론이라는 등식을 성립시키며, 통일 문제에서 '연'자를 쓰는 것조차 꺼려왔다. 이러한 레드 콤플렉스는 쉽게 가시지 않고, 아직도 남한 사회에 남아 있는 것을 부인할 수 없는 사실이다. 그러니 '연합제'와 '연방제'가 서로 공통성이 있다고 인정한다는 것은 문제가 아닐 수 없었다. 이 문제는 남북정상회담이 진행되는 동안에도 예민하긴 마찬가지였을 것이다. 그렇기 때문에 그동안의 남북한이 내놓았던 통일 방안에 대하여 짤막하게라도 언급할 필요가 있다.

먼저 북한이 내놓고 있는 통일 방안은 연방제에서 고려연방공화국 그리고 고려민주연방공화국으로 변화해 왔다. 연방제 통일 방안은 북한이 1960년대부터 주장해 온 것으로 남북한 총선거가 어려우니 서로의 정치 제도를 존속시키면서 최고민족위원회 같은 것을 조직하자는 것이었다. 그 후에 제시된 것이 고려연방공화국 통일 방안이고, 1980년대에 나온 것이 고려민주연방공화국 통일 방안으로 현재까지도 유효하다. 북한이 주장해 온 이전의 연방제 통일 방안은 통일국가를 실현하기 위한 과도적 혹은 중간적 조치였다면, 고려민주연방공화국 통일 방안은 성격이나 구조상 하나의 완전한 통일국가 형태를 띠었다. 이는 1국가 1체제 완전 통일론을 1국가 2지역 자치연방정부 통일론으로 수정한 것을 의미한다. 그러나 이를 실현하기 위하여 전제 조건을 내걸었다 즉, 남한 사회의 민주화와 민주 정권 수립, 미군 철수 등을 들었다.

한편 남한에서는 정부가 바뀔 때마다 제시한 한민족공동체 통일 방안, 민족공동체 통일 방안, 대북정책 3대원칙에서 공통적으로 제기되고 있는 것은 남북연합이었다. 1국가 1체제 1정부의 단일국가를 지향하되, 중간 단계로서 남북이 현존 2체제 2정부를 유지하면서 평화 공존과 민족사회를 통합 추진하는 것이 남북연합이다. 이는 통일에 이르는 중간 단계의 방안으로 제시된 것이다. 따라서 남북연합은 그 자체로서 통일국가의 최종 형태가 아니며, 남북한 간의 상호협력과 공존공영 관계의 도모와 통일 기반을 조성하기 위한 과도적 통일 체제이다.

남북연합 단계에서는 남북한이 합의에 따라 법적 제도적 장치가 체계화되고 남북한이 공동으로 구성하는 기구에서 국가 통합을 위한 여러 가지 방안이 논의된다. 이는 남북정상회담에서 민족공동체헌장을 합의·채택함으로써 출범하게 된다. 남북연합의 기구로서는 남북정상회담 및 그 산하에 남북각료회의와 남북평의회 그리고 공동사무처의 상설화를 제의하고 있다.

김대중 대통령이 야당 시절부터 제시한 통일 방안은 3단계 통일안으로 완성되었으나, 김대중 정부에는 이를 통일 방안으로 채택하지 않았다. 단지 대북정책 3대원칙을 내놓았던 것이다. 평화를 파괴하는 무력 도발을 용납하지 않고, 흡수 통일할 의사가 없고, 평화공존을 통해 남북연합을 실현할 여건을 조성, 남북 사이의 화해 협력을 적극 추진하는 것이었다. 김대중 대통령은 3단계 통일론 대신에 왜 이렇게 대북정책 3대원칙을 내놓았을까? 그는 "우리로서는 자유민주주의를 희망하고 있지만 내가 관심을 갖는 것은 통일 1단계"라는 것이다. 즉, 남북연합 단계로 남북은 독립국가로서 주권과 모든 권한을 보유한 채, 협력 기구의 제도화인 남북연합회의·남북각료회의를 구성하자는 것이다. 김대중 대통령은 '어떤 체제를 선택할지는 그때 그 사람들에게 달려 있으며, 바꿀 권리도 다음 세대의 몫'이라 하여, 굳이 3단계인 완전통일 단계를 내세울 필요는 없다는 것이었다.

아마 공동선언에 포함한 우리의 연합제란 바로 이 남북연합을 가리키는 것일 게다. 그러면 북한의 연방제와 같다는 것인가? 그렇지는 않다. 그래서 연방제가 아닌 낮은 단계 연방제였다. 그러면 북한에 낮은 단계 연방제가 존재하는가? 이도 역시 없다. 다만 김일성이 생존할 당시인 1991년에 '고려민주연방공화국 창립 방안에 대한 합의를 쉽게 하기 위해, 잠정적으로 자치정부에 더 많은 권한을 부여하고 장차 중앙정부로 높여가는 문제도 협의할 용의'가 있다고 말한 적 있다. 즉, 남북의 지역정부에 외교권, 군사권, 내정권이 포함된 연방제를 의미했다.

정상회담을 통하여 양측에서 내놓았던 안에 대한 검토를 했을 것이고, 김대중 대통령은 바로 우리의 남북연합에 해당하는 것을 김일성 주석이 1991년에 한 발언에서도 찾을 수 있는 것 아니냐며 김정일 위원장을 설득했을 것이다. 그래서 남북연합도 아니고 고려민주연방공화국 창립 방안도 아닌 '연합제'와 '낮은 단계 연방제'로 표시할 수 있었을 것이다. 물론 이 두 제도도 구체적으로 그 안을 들여다보면 문제가 없는 것은 아니나 두 정상이 만나 이 두 안이 공통성이 있다는 것을 인정하고 이 방향으로 통일을 지향해 나가기로 한 것은 역사적인 일이 아닐 수 없다.

# 2 김정일은 왜 정상회담에 임했을까?

김정일에게 가장 필요한 것은 자본이다

김정일이 정상회담에 임한 것은 그 무엇보다도 김대중 정부의 대북 포용 정책과 북한의 실리주의가 맞아떨어진 결과이다. 김대중 정부에 들어서 정부 당국자의 북한 방문은 없었으나, 경협 문제 등으로 방북자의 수는 그 어느 때보다도 늘어났다. 1999년 9월 김정일이 현대의 정주영을 만나 박정희 전 대통령과 새마을 운동에 대하여 긍정적 평가를 했다는 것은, 김정일 자신이 '개발 독재' 모델에 관심을 보인 것이 아닌가 하는 추론을 할 수 있다. 방북한 언론사 대표단과의 대화에서 김정일이 박정희의 유신에 대한 평가를 하는 대목도 이와 맥락을 같이하는 것이라 볼 수 있다.

북한이 가장 시급히 해결해야 할 문제는 경제 회생이었다. 앞에서 말한 것과 같이 북한은 식량, 에너지, 사회간접자본의 부족으로 심각한 경제난을 겪고 있었다. 식량 문제는 국제적인 지원으로 어느 정도 극복할 수 있다고 해도 에너지와 도로, 항만 등 사회간접자본은 남한 정부의 지원 없이는 해결될 수 없는 문제였다. 이는 김대중 대통령이 베를린선언에서 밝힌 바 있고, 이에 대하여 김정일이 긍정적인 평가를 내렸던 것으로 보인다.

김대중 대통령이 "지금까지 남북 간에 정경 분리 원칙에 의한 민간 경협이 이루어지고 있으나 북한의 사회간접자본 확충, 안정된 투자 보장 협정, 농업 구조 개혁 등을 위해서는 민간 경협 방식만으로는 한계가 있다."고 한 것을 북한도 수긍하였다고 볼 수 있다. 북한이 경제적 어려움을 탈피하기 위해서는 중국과 유사한 길을 걸어야 하는데, 그것의 단초가 남한과의 관계 개선이며 여기에서 경제적인 실리도 취할 수 있다고 생각한 것으로 보인다.

통일 지도자로서 이미지 부각

남북정상회담은 김정일에게는 남북 관계에 돌파구를 마련했다는 공적을 국내외에 선전하는 좋은 기회를 제공해 준다. 북한은 남북정상회담이 열리기 전에 이와 관련해 대대적인 홍보 활동을 펴 왔다. 과거에는 남북 관계에 관해서는 관영 보도로만 알렸으나, 이번에는 김영남 최고인민회의 상임위원장, 홍성남 내각총리, 백남순 외무상 등이 공개 석상에서 또는 해외 순방을 통해 적극적으로 홍보를 한 바 있다.

북한에서는 정상회담을 '통일을 위해서'라는 식으로 몰아가고 있고, 부수적으로 경제적인 문제를 해결할 수 있다는 희망을 주고 있다. 북한에서 통일은 인민들을 하나로 묶는 이데올로기였다. 그런데 바로 이 통

2000년 6월 14일 백화원 영빈관에서 김대중 대통령과 김정일 국방위원장이 남북정상 간 합의문에 서명한 뒤 교환하고 있다.

일을 위하여 김정일이 직접 나서고 있다는 이미지를 인민들에게 각인시키고 싶었던 것이다. 어찌 보면 정상회담에서 그가 보여준 모습은 바로 이를 부각시키는 일면이었을 것이다. 정상회담 직후에 나온 북한 『로동신문』의 사설 〈절세의 위인을 령도자로 모신 영광을 만대에 빛내여 나가자〉에서는 "김정일 동지는 세상 사람들이 칭송하듯이 현 세계에서 으뜸가는 위대한 혁명가 정치가입니다."라는 표현에서도 이를 알 수 있다.[169]

결국 김정일은 정상회담을 필요에 의하여 임하면서도, 그동안의 남북한 관계에서 북한의 인민들이 받을 수 있는 충격을 고려해 통일이라는 명분으로 대처해 나갔다. 그러면서 이것을 김정일이 주도해 나간다는 이미지를 주고자 했던 것이다. 어쩌면 이는 그동안 북한이 해 온 주장과 크게 벗어나지 않는 것이었다.

또한 외적으로는 김정일의 위상을 높일 수 있는 기회를 가지게 된다는 점이다. 이는 결과론적인 이유라 할 수 있지만, 어느 정도는 예견된 것이었다. 정상회담의 성사를 양측이 발표할 때 북한이 남한 정부에 요구한 것은 외신 기자들을 많이 참석시켜 달라는 것이었고, 여기에서 북한의 의도가 무엇인지를 짐작할 수 있었다. 북한은 우선 세계의 이목이 집중되기를 원했고, 실제로 정상회담 과정에서 김정일은 자신의 긍정적인 면을 세상에 알렸다.

정치 · 외교적 효과를 노리다

북한에 있어 남북정상회담이 가지는 의미는 정치 · 외교적 효과를 들 수 있다. 먼저 지지부진한 미국과 일본의 교섭에서 자극제로 활용하려는 의도가 있었다. 협미배남의 정책을 협미협남의 정책으로 전환한 것을 제시함으로써 미국에게 무엇을 보여 주려 하고, 또한 일본과의 관계에도 북한의 협남이라는 카드를 사용하겠다는 것이었다.

위에서 제시하고 있고 또한 어느 면에서 결과로 확인된 의도에도 불구하고 김정일이 정상회담을 결심한 것은 쉬운 문제만은 아니었을 것이다. 이것이 남한과의 관계 개선으로 이어져 물꼬가 트이게 되면 자칫 북한 주민들이 심리적 아노미 상태에 빠져들 수 있는 면도 가정해 볼 수 있다. 이러한 경우 북한 체제가 이 부담을 어떻게 감당하느냐는 문제가 있었다. 그러나 북한이 남북정상회담에 따른 여러 가지 우려를 극복할 수 있었다는 것은 김정일이 정치적인 자신감을 갖게 되었다는 것을 의미하며, 또한 개인을 위하여 그리고 체제 발전을 위하여 반드시 필요하다는 점이 작용했으리라 본다.

남북은 급속도로 가까워지다

남북정상회담 이후 남북한은 수차례의 장관급 회담을 통하여 주요 현안 문제를 협의하면서, 대화 채널을 구축하는 기회를 갖게 되었다. 남북 국방장관회담과 군사실무회담은 서울·신의주 사이의 경의선 철도를 복원하는 문제와 문산·개성 간의 도로를 개설하는 문제와 관련하여 비무장지대의 철도 및 도로 지역을 남북이 직접 관장하는 방안을 강구하였다. 2000년 8월 15일부터 18일까지 이산가족이 각각 100명씩 서울과 평양을 방문했고, 9월 2일에는 비전향장기수 63명의 북송이 이루어지기도 했다. 지방자치단체·주요 언론기관·대표적인 학술 및 공연 예술 단체들에 의해서 남북 교류가 시도되었다.

2000년 7월 29일부터 31일까지 서울에서 개최된 제1차 남북국방장관회담에서 판문점 남북 연락사무소 개설, 경의선 철도 연결 문제 협의 등 6개항의 공동보도문을 발표하였다. 2000년 8월 29일부터 9월 1일까지 평양에서 제2차 장관급회담을 개최하여 남북군사당국자회담 개최 문제 협의, 투자 보장, 이중과세 방지 등 경제협력의 제도적 장치를 마련, 경의선 철도 연결 및 도로 개설을 위한 실무 접촉 개최, 임진강 수해 방지 사업의 공동 추진, 한라산·백두산 관광단 교환 등에 합의하였다.

남북 경제협력에서 무엇보다도 중요한 것은 경제협력을 위한 제도적 장치가 마련되어야 하는 것이었다. 제3차 남북장관급회담(9월 27일에서 30일까지 제주도에서 개최)에서 "투자 보장·이중과세 방지 협정과 함께 분쟁 해결 절차와 청산 결제 제도 마련 문제도 조속히 타결하기 위해 협력"한다는 데 합의하였고, 남북경제협력추진위원회 설치를 차기 회담에서 협의하고 결정하기로 하였다.

제4차 남북장관급회담은 12월 12일부터 16일까지 평양에서 개최되었다. 남북경제협력추진위원회를 구성하고 운영하는 등 8개항의 공동 보도문을 채택하고 발표하였다. 제2차 남북장관급회담과 김용순 특사 방문 시 합의에 따라 남북경제협력 실무 접촉이 서울과 평양에서 두 차례 개최되었다. 2000년 12월 16일 제2차 실무 접촉에서는 투자 보장, 이중 과세 방지, 상사 분쟁 해결 절차, 청산 결제 절차 등을 타결하고 이에 서명하였다.

한편 제4차 남북장관급회담의 합의에 따라 2000년 12월 27일부터 30일까지 평양에서 경제협력추진위원회 제1차 회의가 개최되었다. 남한 측에서는 위원회의 구성 운영, 철도·도로 연결, 개성공단 건설, 임진강 수해 방지 문제를 협의할 것을 주장하였다. 그 반면 북한에서는 전력 지원 문제를 우선적으로 협의하고 해결하자고 주장하였다. 이 문제는 바로 협의에 이르지 못하고 이후 서신 및 전화 통지문의 교환을 통하여 2001년 2월 3일 '남북경제협력추진위원회 구성·운영에 관한 합의서' 및 '제1차 남북경제협력추진위원회 제1차 회의 합의문'을 채택하였다. 이에 따라 '남북전력협력실무협의회'와 '임진강수해방지실무협의회'를 개최하게 됐다.

민간 기업 차원에서의 경제협력을 살펴보면, 이 당시는 북한의 관심이 고조되고 있는 IT산업 분야가 활발했다. 2001년 1월 비트컴퓨터 조현정 사장의 평양 강연, 북한 아태평화위원회가 IT산업 관련 인사 초청 등이 이어져 남북 IT산업 교류 협력 방안에 관심이 쏟아졌다. 남한 IT 기업을 대표한 하나비즈와 북한을 대표한 평양정보센터는 합작회사 설립 계약을 체결하기도 하였다. 이는 신의주와 중국 단둥지역에 남북이 공동으로 국제 규모의 소프트웨어 멀티미디어(SM) 개발 단지를 구축한다는 것이다.[170] IMRI는 2001년 말 분단 사상 처음으로 평양 현지 조립공장에서 생산된 컴퓨터 모니터를 북한의 삼천리총회사를 통해 북한 시장에 직접 공급하였다. 이어 조만간 2차 추가 물량을 공급할 예정이다.[171] 또한 북한은 평양에 '평양과학기술대학'을 설립하기로 (사)동북아교육문화협력재단과 합의했고, 2005년 9월 개교를 목표로 공사가 한창 진행 중에 있다. 제2부에서도 자세히 이야기했지만 북한이 2000년부터 강조하고 있는 현대화·정보화 또는 이 같은 일련 상황으로 비추어 볼 때, 북한은 과학기술을 통한 경제발전을 전략의 일환으로 삼고 산업사회를 거치지 않고 지식정보사회로 바로 진입해보겠다는 계획을 세우고 있는 것으로 보인다.

부시 행정부의 등장으로 남북 관계도 주춤

부시 행정부의 등장으로 남북 관계는 소강상태로 접어들었다. 남북한은 2001년 3월 13일부터 16일까지 서울에서 제5차 남북장관급회담을 개최하기로 합의하였다. 그러나 3월 8일 개최된 한미정상회담에서 대북 정책과 관련하여 양국 간의 이견이 노출되자 북한의 태도는 급변하였다.

부시 대통령은 김대중 정부의 대북 포용 정책을 지지하지만, 김정일

위원장에 대해서는 개인적인 의구심을 갖고 있으며 북한에 대한 어떠한 환상도 갖고 있지 않다고 밝혔다. 그리고 미국은 조만간 북한과 협상할 의사가 없음을 분명히 하였다. 이에 대해 북한은 외세와의 공조가 아닌 민족끼리의 공조를 강조함으로써 한미 공조 지속을 강화하는 남한에 불만을 표출하였다. 그리고 제5차 남북장관급회담 당일인 3월 13일 "여러 가지를 고려하여" 회담을 연기한다고 일방적으로 통보하였다.[172]

이러한 미국의 '대북강경정책' 표명으로 인하여 그동안 진행되어 왔던 북미 간 대화는 일시적으로 중단되었다. 남한 내에서 대북 포용 정책에 대한 비판이 증대하자, 이를 의식한 북한은 남북 당국 간 대화를 재개하자고 제의하였다. 이에 남북한은 2001년 9월 15일부터 18일까지 서울에서 제5차 남북장관급회담을 개최하고 이산가족 교환 방문(10월 16일~18일), 개성공단 건설을 위한 실무 접촉, 금강산 관광 활성화를 위한 당국 간 회담, 제6차 장관급회담(10월 28일~31일) 등에 합의하였다.

그러나 북한은 9·11테러 사건 이후 강화된 남한 전군·경찰 비상경계 태세를 문제 삼아 이산가족 방문단 교환을 유보할 것을 일방적으로 통고하고, 비상경계로 서울과 남한이 불안하다는 이유를 들어 제6차 장관급회담을 금강산에서 개최할 것을 주장하였다.[173] 그러나 예정보다 연기되어 11월 9일부터 13일까지 금강산에서 개최된 제6차 장관급회담은 9·11테러 사건 이후 한반도 정세에 관한 인식의 차이로 차기 회담에 관한 일정도 잡지 못한 채 결렬되었다.

2002년 2월 한미정상회담의 결과는?

미국 부시 대통령이 '악의 축(axis of evil)' 이란 발언을 한 이후 2002년

2월에 있은 한미정상회담은 과거 어느 때보다 국내외의 관심을 모은 회담이었다. 정상회담의 결과가 한미 관계, 북미 관계 그리고 남북 관계에 미치는 영향이 어느 때보다도 중요했기 때문이었다. 한미정상회담에서 한국과 미국이 북한에 대해 진정한 대화 의지가 있다는 메시지를 전달하였으나, 동시에 부시 대통령의 북한에 대한 강한 불신도 재확인되었다. 미국은 북한 정권과 인민과는 분리하여 생각해야 된다고 했다.

북한은 미국에 강한 불만을 토로하면서도 3월 13일 박길연 유엔 주재 북한대표부 대사가 미국의 잭 프리처드 대북교섭 담당 대사와 뉴욕에서 만났다. 이들은 그 후 다시 만나 북미회담을 재개하는 문제에 관한 논의를 한 것으로 전해졌다. 그리고 북한은 KEDO와도 협의를 재개하겠다고 밝힌 바 있다. 북한은 청와대 외교안보통일 특별보좌역인 임동원 특사의 방북을 허용한 데 이어, 일본과도 적십자회담을 재개하는 것에 합의하였다.

이 같은 일련의 과정을 미루어 볼 때 김정일은 남한이나 미국과 실질적인 대화 시도에 대한 지시를 내린 것 같다. 이 같은 북한의 태도 변화는 미국의 직접적이고도 지속적인 대북 압박을 우회적으로 피하면서, 주변 정세의 안정·식량 지원 등 실리적인 계산이 복합적으로 작용했기 때문이다.

2002년 4월 3일부터 6일까지 임동원 특사가 평양을 방문하였다. 임동원 특사는 김정일 국방위원장을 예방하여 김대중 대통령의 친서를 전달하고 5시간 동안 회담과 만찬을 가졌다. 또한 조선로동당 중앙위원회 김용순 비서와도 회담하였다. 그리고 회담한 결과인 남북 합의에 관한 내용을 공동 보도문의 형식으로 서울과 평양에서 동시 발표하였다.

이는 "쌍방은 최근 조성된 한반도 정세와 민족 앞에 닥쳐온 엄중한 사태, 그리고 남북 관계에서 제기되는 제반 문제들에 대하여 폭넓게 협의

하고 다음과 같이 협의하였다.”하고 6개항으로 정하였다. ① 6 · 15남북
공동선언의 기본 정신에 부합되게 긴장 상태를 조성하지 않도록 노력,
② 통일 문제를 자주적으로 풀어 나가기 위한 공동선언의 합의 사항에
따라 남북 관계를 원상회복, ③ 남북 사이의 철도와 도로(동부 동해선 철
도 및 도로, 서부 서울과 신의주 사이의 철도 및 문산과 개성 사이의 도로)를
빨리 연결, ④ 남북 사이의 대화와 협력 사업을 적극 추진, ⑤ 제7차 남
북장관급회담 개최, ⑥ 동포애와 인도주의, 상부상조의 원칙에서 서로
협력하는 것이 6개항의 내용이다.

특히 4항에서는 구체적으로 ① 남북경제협력추진위원회 제2차 회의
를 5월 7일에서 10일까지 서울에서 개최. 이와 함께 철도와 도로 연결 ·
개성공단 건설 · 임진강 수해 방지 대책 등을 토의하기 위한 남북경제협
력추진위원회 산하 실무협의회를 가동, ② 금강산 관광 활성화를 위한
제2차 당국자회담을 6월 11일에 금강산에서 진행, ③ 제4차 이산가족 방
문단 교환 사업을 4월 28일 금강산에서 진행, ④ 이미 합의한 경제시찰
단이 5월 중 남한을 방문, ⑤ 이것이 이행되고 진척되는 데 따라 제7차
장관급회담을 개최한다는 등의 내용이 있다. 이와 같이 남북 사이에 합
의된 사항은 예상을 뛰어 넘는 수준이었다. 정상회담 이후 전개된 남북
관계를 다시 확인하고, 이다음 방향을 정한 것이었다.

북한의 의도는 두 가지 측면에서 파악할 수 있었다. 하나는 남한의 지
원이 시급히 필요했다. 4월이면 북한에서 농사철이 되고, 확보된 식량이
소진되는 춘궁기였다. 실제로 특사 방문 이후 우리 정부는 인도적 차원
에서 20만t 정도의 비료를 지원했고, 식량은 경협 차관 방식으로 북한에
제공되었다. 이렇게 남한과의 대화에 다시 응하면서, 이를 계기로 미국
과의 대화의 물꼬를 트려는 것이었다. 북한은 대화를 통해 한반도의 문

제를 해결할 것을 강조한 남쪽의 중재에 화답을 취하는 모양새를 취했고, 특히 잭 프리처드 대북교섭 담당 대사의 방북 권고를 수용함으로써 북미 대화의 가능성을 보여 주었다.

우리 국민들이 한일월드컵 4강 진출에 한껏 들떠 있을 때인 2002년 6월 29일 서해교전이 발생했다. 그러나 7월 25일 북한이 유감을 표명하고, 제7차 남북장관급회담을 제의해 오면서 위기를 넘길 수 있었다. 남북한 간에는 제7차 장관급회담을 시작으로 남북경제협력추진위원회, 제4차 적십자회담, 제6·7차 군사실무회담, 남북철도·도로연결실무협의회, 제2차 금강산관광 남북당국자회담 등이 이어졌다. 이들 회담에서 합의한 데에 따라 경의선 및 동해선 철도·도로 연결 착공식이 9월 18일 도라산역과 개성역 등에서 열렸다. 이와 함께 쌀 40만t과 비료 10만t을 제공하는 데 합의하고, 철도·도로 연결 장비도 경협 형식으로 북한에 제공되었다.

2002년 9월 18일 경의선 및 동해선 철도·도로 연결 착공식이 도라산역과 개성역 등에서 열렸다.

북한 경제시찰단, 남한을 방문하다

북한 경제시찰단이 2002년 10월 26일부터 8박 9일간 남한을 방문하여 남한의 경제 현황을 직접 눈으로 보고 느낌으로써 시장경제에 대한 이해를 높이는 계기가 마련됐다. 경제시찰단은 박남기 국가계획위원회 위원장을 단장으로 18명으로 구성되었는데, 장성택 로동당 중앙위원회 조직지도부 제1부부장, 박봉주 공업화학상 등 4명의 장관급 인사가 포함되어 있었다.

장성택은 김일성의 친여동생인 김경희의 남편이다. 그러므로 외부에서는 그를 흔히 '제2인자'라고 부르기도 한다. 그가 경제시찰단으로 남한을 방문한 것은 대단한 일이었다. 그리고 당시에는 공업화학상이었던 박봉주는 현재 북한의 내각을 이끄는 총리이다. 2003년 9월 총리에 발탁됨으로써 북한의 경제를 총괄하고 있다. 장성택과 박봉주를 비롯한 북한 경제시찰단은 서울·대전·대구 등 전국 18개 지역 38개 산업시설·관광지·유통시설·연구소 등을 시찰하였다.

그들은 산업현장마다 하나라도 더 보고 가겠다는 열성에 넘쳐 있었고, 단순히 구경만 하는 것이 아니라 생각을 갖고 관심 있게 관찰하는 게 목적이라 하여 자기들을 시찰단이 아니라 고찰단이라고까지 말하였다. 서울에서는 코엑스 전시장, 롯데제과, 창덕궁, 덕수궁, 에버랜드, 롯데월드, 현대백화점 등을 둘러보았다. 현대백화점에서는 10층부터 지하 1층까지 모든 매장을 둘러보며 판매와 물품 공급 방식, 매장과 백화점 간 수익 분배 등 전반적인 백화점 경영에 대하여 질문하였다. 그리고 그들은 지하철로 이동하였고, 지방 방문 길에는 건설 중인 경부고속전철을 시승하기도 하였다.

북한 경제시찰단은 첨단 제조업에도 관심이 있었지만, 소비재 산업에도 깊은 관심을 보였다. 닭고기 가공 업체와 직물 염색 업체에도 방문하기를 원했다. 시찰단은 제철 산업에도 각별한 관심을 보였다. 박남기 단장은 포스코 회장을 만난 자리에서 "김책 제철소 석탄 분류 설비가 일제 시대의 것이라 수작업을 하고 있다. 예정엔 없지만 포철의 석탄 분류 설비를 보여 줄 수 있느냐."고 요청하기도 하였다. 박 단장은 포항제철소 방명록에 '강철은 민족의 힘'이라 적었다.

10월 31일에는 울산의 현대중공업을 견학하고 고리원자력발전소를 방문하였다. 시찰단은 회사 및 고리 본부에 대한 현황을 설명할 때에는 각종 중요 사항을 메모하는 등의 관심을 보였고, 질문도 많이 하였다는데 원자력발전에 관한 지식이 없으면 불가능한 것들이 많았다고 관계자는 전했다. 그들은 북한에 경수로가 건설되고 있었기 때문에 더욱 관심이 컸던 것으로 생각된다. 대덕과학연구단지를 방문해 화학 연구원, 전자통신 연구원 등을 둘러보며 고분자 소재와 통신기술 등 남한의 과학기술 발전 수준에 대해 큰 관심을 보였다.

북한 경제시찰단은 출국 전에 "남측 지역 방문을 통해 우리는 핏줄도 언어도 역사도 문화도 하나라는 것을 다시금 확인했으며, 우리 민족의 슬기와 지혜 · 힘을 합치면 세상에 부러울 것도 두려울 것도 없다는 것을 확신하게 됐다."라는 서면 성명을 발표하였다. 다시금 민족 공조를 강조하는 내용이었다. 이들은 정말로 많이 보고 느꼈으며, 앞으로 북한이 어떻게 해야 할 것인가를 생각했을 것이다. 당연히 그들은 자신들이 보고 느낀 것을 김정일에게 보고하였을 것이다.

대북 문제에 대한 시각차는 컸다

한편 2002년 남한에서는 제16대 대통령 선거가 진행되면서 당선 유력 후보인 이회창 후보와 노무현 후보 사이에 남북 관계와 핵 문제 해결은 중요한 정책 이슈가 되었다. 12월 3일에 있은 TV토론에서 이회창 후보는 "북한의 농축우라늄 핵 개발이 시작된 시점과 금강산 관광을 통한 현금 지급이 시작된 시점이 유사하다는 사실을 우연히 넘겨 버릴 수 없다."고 하면서 "북한 핵 개발 자금으로 사용될 수 있는 대북 현금 지원은 즉각 중단해야 한다." 라는 주장을 하였다. 이에 반해 노무현 후보는 "남한이 대북 현금 지원을 중단한다고 북한이 핵을 포기하겠느냐, 남북의 대화 통로만 막힐 우려가 있다."고 하는 입장을 취했다. 12월 13일 북한 핵 문제에 관련해 각기 기자회견을 갖고 북한의 핵 개발 철회를 촉구했지만, 그 해법에 대해서는 분명한 의견 차이를 보였다. "북한 핵 개발 자금으로 사용될 수 있는 현금 지원을 즉각 중단하고, 우리의 경제적 지원을 북한 핵 개발 포기 유도를 위한 지렛대로 적극 활용해야 한다."는 이회창 후보의 주장과 "현재 금강산 관광과 민간사업 교역을 통해서만 북한에 현금이 가고 있는데, 한나라당 주장은 경제 교류 중단이라고 해야 정확한 것이다. 북한과의 경제 교류를 중단하면 남북 관계가 막히는 위험한 상황에 빠진다."는 노무현 후보의 주장은 대조적이었다.

선거는 새천년민주당 노무현 후보의 당선으로 끝이 났다. 물론 선거는 어느 하나의 정책에 대한 심판을 의미하는 것은 아닌 것이기에 노무현 후보에게 표를 주었던 국민들 모두가 이를 지지한다고는 볼 수 없을 것이다. 그러나 남북 문제는 한 정권의 문제가 아니라 민족 생존의 문제이다. 그러므로 정책의 일관성을 가져야만 한다. 정부가 바뀔 때마다 새로운 통일 정책이 나오고 하는 것은 생각해 볼 필요가 있다. 좀 더 큰 흐름에서 보아야 한다.

노무현 정부, 햇볕정책을 계승하다

'평화번영정책'은 노무현 정부의 통일·외교·안보 정책의 전반을 포괄하고 있는 기본 구상이다. 이는 김대중 정부의 햇볕정책과 큰 흐름을 같이 하면서 내용이나 형식을 보완하고 발전시킨 것이라 볼 수 있다. 김대중 정부에서의 햇볕정책은 1단계에서는 한반도 위기관리, 2단계에서는 냉전 구조 해체를 추진해 왔다. 이것이 1단계가 완성된 후에 2단계로 넘어가는 순차적인 것은 아니고 어디에 더 비중을 두느냐 하는 점에 있다고 생각한다. 북한 문제에 대해서는 보는 바와 같이 위기 면이 있는가 하면, 교류 협력 문제 등에서는 전진된 면을 보였다. 이 상태를 노무현 정부가 그대로 넘겨받았고, 커다란 흐름은 현재도 지속되고 있다고 본다.

평화번영정책은 한반도에 평화를 증진시키고 남북의 공동 번영을 추구함으로써 평화 통일의 기반을 조성하고 동북아 경제 중심 국가로 발전할 수 있는 토대를 마련하고자 하는 것이다. 그러므로 햇볕정책이 북한을 대상으로 한 것이라면, 평화번영정책은 한반도와 동북아 지역으로 대상 범위를 넓힌 것이다.

최근 북한 핵 문제를 계기로 갈등과 분쟁이 점철된 한반도를 평화와 번영의 지역으로 거듭나게 하기 위해서는 더 구체적인 구상과 전략이 필요하다. 핵·미사일 문제, 경제 위기 문제 등에서 보는 것처럼 현재의 북한 문제는 단순히 남한만의 관심 사항을 넘어서 국제화되고 있다. 이러한 현실에서 우리의 대북 정책도 남북 관계에만 머무는 수준을 넘어서서 동북아 지역 전반의 평화와 공동 번영을 추구하는, 즉 '동북아 속의 한반도'라는 차원에서 운용해야 할 필요성이 부각됐다. 평화번영정책의 추진 원칙은 다음과 같이 네 가지로 압축할 수 있다.

첫째, 대화를 통한 문제 해결이다. 한반도는 불안정한 정전 체제와 군사적 대치 상황으로 인해 긴장과 갈등이 지속되고 있으며, 세계 최대의 군사력 밀집 상황과 연결되어 우발적인 무력 충돌 가능성이 상존하고 있다. 이러한 현실을 감안하여 모든 갈등과 현안 사항은 반드시 대화를 통해 평화적으로 해결한다는 점을 원칙으로 설정하였다. 또한 한민족의 공멸을 초래할 수 있는 어떠한 형태의 전쟁도 반대하며, 무력 사용은 최후의 방어 수단으로서만 인정할 것이다.

둘째, 상호 신뢰 우선과 호혜주의이다. 동북아 지역(남북한과 미국·일본·중국·러시아)은 서로 다른 정치체제와 경제상황, 문화, 가치관을 가진 국가들로 구성되어 있다. 따라서 서로를 인정하는 토대 위에서 충분한 이해를 바탕으로 상호 신뢰 우선의 원칙에 입각하여 지역의 평화와 협력을 추진해야 한다. 북한 및 주변 국가와의 관계를 증진하고 건전한 상호 협력을 위해 서로 이익이 되는 호혜주의를 추구하고, 일방주의를 배제하며, 동등한 협력 관계를 추구해 나가야 한다.

셋째, 남북 당사자 원칙에 기초한 국제 협력이다. 한반도 평화 체제 구축 및 남북 경제 공동체 형성 등은 한반도 문제의 당사자인 남북이 협의하여 추진해야 한다. 또한 한반도의 평화와 번영을 위해 당사자 원칙을 기초로 국제 사회와 유기적으로 협력하고, 동북아 지역의 평화와 번영에도 기여하도록 할 것이다.

넷째, 국민과 함께 하는 정책이다. 평화번영정책에 대한 국민적 합의를 토대로 법과 제도에 따라 투명하게 추진하고, 정책 결정·집행 과정·대북 접촉 과정의 투명성을 강화하여 정책에 대한 신뢰도를 제고해 나간다. 평화번영정책이 정쟁의 대상이 되거나 국론분열(남남갈등)의 원인이 되지 않도록 정치권과의 협력을 적극 추진하여, 여·야당 및 국회와의 협력을 제도화하여 초당적인 합의 형성을 이루어 나간다는 것이다. 그리고 정책 수립 및 집행 과정에서 민간 전문가 및 비정부기구(NGO)의 참여를 확대하여 국민적 합의를 형성해 나간다는 것이 포함되어 있다. 아울러 남북 관계 상황에 대해 국민들이 올바르게 인식할 수 있도록 균형 있는 대 국민 교육과 홍보 활동을 전개해 나간다는 것이다.

도로와 철도가 연결되어야 한다

2003년 5월에 개최된 제5차 남북경제협력추진위원회에서는 남북 철도 궤도 연결 행사를 개최하기로 합의함에 따라 2003년 6월 14일 분단 반세기 동안 끊어져 있던 철도 궤도를 남북이 동시에 연결하는 데 합의하였다. 연결 공사 행사로 남과 북을 잇는 열차가 다니는 것은 아니지만, 남북한이 쌍방의 의지를 다시 한 번 확인하는 계기가 되었다.

2004년 8월 말 현재 남북 철도·도로 연결 사항을 보면 남한의 경의선 철도는 2002년 말에, 도로는 2003년 10월 말에 완료했다. 동해선의 철도는 궤도 부설 공사가 36%, 도로포장 공사는 75%의 진척을 보이고 있다. 북한 지역은 경의선의 경우 본선 궤도 부설을 완료했고 도로는 포장 공사가 진행 중이다. 동해선의 철도는 본선 괘도 부설을 완료했고, 일부 미 구간 포장 공사는 진행 중인 것으로 알려져 있다.

남한은 철도와 도로 공사에 필요한 자재와 장비를 북한에 제공하고

2004년 8월 말 현재 남북 철도·도로 연결 사항을 보면 남한의 경의선 철도는 2002년 말에, 도로는 2003년 10월 말에 완료했다. 동해선의 철도는 궤도 부설 공사가 36%, 도로포장 공사는 75%의 진척을 보이고 있다. 사진은 한창 공사가 진행 중인 동해선 현장이다.

있다. 이를 사용해 철도와 도로 연결 공사를 계속 수행하고 있다. 금강산을 가다 보면 철도 공사 현장에서 일하는 북한의 군인과 노동자를 볼 수 있고, 군사분계선 이북 지역의 도로는 완전히 포장되어 있는 것도 확인할 수 있다. 그래서 금강산 관광의 경우 2003년 2월 육로 시범 관광이 실시된 이후, 완전 육로 관광 체제로 전환되었다.

북한은 2002년 11월 '금강산관광지구법'을 발표한 데 이어, 2003년 6월에는 '개발규정'과 '기업창설운영규정'을 정했다. 그리고 최고인민회의 상임위원회가 금강산 관광지구 경계의 확정을 비준하였다. 이에 따라 강원도 고성·해금강·삼일포·통천 등이 금강산관광지구로 지정됐고, 이 지역은 간소한 절차로 출입하고 투자나 영업 등도 할 수 있게 되었다. 이 법에 따라 현대아산이 금강산관광지구의 개발 사업자로 지정되고 이 지역에 대해 50년간 토지이용권을 확보했다. 현대아산은 2003년

7월부터 세계관광기구 등과 금강산관광특구 개발 계획을 수립하는 과정에 있다. 현재 남한이 재료와 장비를 대 주어 연결하고 있는 구간은 일단 '금강산 청년역' 까지이다. 우선 이 구간을 연결시켜 금강산 관광객을 열차로 이동시키겠다는 것이 현대아산의 복안이고, 이미 이에 대해서는 합의가 이루어진 것으로 알고 있다.

한편 남북한 간에는 투자 보장·청산 결제·이중과세 방지·상사 분쟁 해결 등의 합의서가 2003년 8월 2일 발효됨으로써, 경제협력이 안정적으로 추진할 수 있는 제도적 장치가 마련되었다. 남북한은 2004년 6월 2일에서부터 5일까지 평양에서 제9차 남북경제협력추진위원회를 열어, 경의선과 동해선 도로를 10월 말에 동시 개통하기로 합의하였다. 그동안 북한에 대한 식량 지원은 배편으로만 이루어졌는데, 7월 20일부터는 쌀 수송 트럭이 동해선 임시 도로를 타고 DMZ를 넘을 수 있게 되었다. 대북 지원 쌀이 육로를 통하여 운송된 것은 처음 있는 일이었다. 내가 금년에 금강산에 갔을 때, '금강산 청년역' 광장에 쌀을 실은 대한통운 트럭들이 즐비하게 서 있고 하역 작업을 하는 모습을 보았다. 다음날에는 쌀자루만 동산을 이루고 쌓여 있었다. 경의선 도로는 그동안 개성공단 자재장비나 용천사고 구호물품 등을 실은 트럭이 왕래하였으나 처음으로 상업적 물자가 통과되기도 하였다. 북한의 개성공단과 인접해 있는 사천강 모래를 실은 25t 트럭 15대가 경의선 임시 도로를 통해 운송되었다. 남한의 한 회사가 북한의 무역총회사와 30년간 모래채취 계약을 맺고 이루어진 것이다.

김정일이 구상하는 사업 중에 중요한 것 하나가 시베리아횡단철도(TSR)와 한반도종단철도(TKR)를 연결하는 사업이다. 물론 이것은 김정일만의 구상은 아니다. 2000년 9월에 시작된 남북한 간 경의선 철도 복

원 공사를 기점으로 거론됐으며, 남북 간의 경제협력뿐만 아니라 대륙
간의 연결과 함께 아시아의 자본과 자원을 유럽 시장과 연결해 주는 등
세계 물류 혁명에 크게 기여할 것으로 예상된다. 김정일은 시베리아로
열차를 타고 가면서 이 문제에 대해 "우리는 하나의 궤도를 건설해야 합
니다. 왜냐하면 우리의 정신은 같기 때문입니다."[174)라고 했다.

2001년 2월 김대중 대통령과 푸틴 대통령의 한·러 정상회담에서 양
국은 시베리아횡단철도와 한반도종단철도를 잇는 사업 등 남북한과 러
시아가 공동으로 참여하는 삼각 경제협력 방안을 적극적으로 모색하는
한편 교통협력 위원회를 통해 이 사업에 다른 국가들의 참여를 유도하기
로 합의하였다. 2002년 8월 20일부터 24일까지 김정일은 다시 러시아
를 방문했다. 물론 그는 특급열차를 타고 러시아의 극동 지역을 방문하
였다. 8월 23일 블라디보스토크에서 펼쳐진 김정일 국방위원장과 푸틴
러시아 대통령의 회담에서 양 정상은 한반도의 평화를 위해 노력하고,
시베리아횡단철도(TSR)와 한반도종단철도(TKR)를 연결하기로 합의했
다.

철도 문제는 향후 중국과 일본과의 물류 전쟁에서 살아남기 위해서라
도 반드시 해결해야 할 남북한에 직결된 사안으로 에너지 문제 못지않게
중요하다. 그러나 철도에 대한 세 나라(남북한, 러시아)의 접근 방식이 각
기 달라 아직 별다른 진척이 없다. 2002년 4월 말 TSR과 TKR을 연결
하기 위한 사업을 논의하러 모스크바에서 가진 첫 3자회담은 서로의 입
장 차이를 드러낸 채 끝났다. 러시아는 한국이 제의한 공동 연구와 컨테
이너 시험 운행 등에 대해 긍정적인 반응을 보이는 등 적극성을 나타냈
다. 그러나 북한은 입장이 좀 다르다. 철도 개방이 가져올 정치적 개방을
부담스러워하고 있기 때문에 평양을 통과하지 않는 동해선 쪽에 무게를

두고 있고, 재원 마련에 있어서도 남한과 러시아의 도움을 받지 않을 수 없기 때문이다.

노무현 대통령은 2004년 9월 21일 러시아를 방문하여 푸틴 대통령과 정상회담을 가졌다. 양 정상 간에는 북핵 문제 해결을 위한 방안과 경제 협력 등 여러 가지 현안들을 논의하면서 TSR과 TKR을 연결하는 사업도 중요하게 다루었다. 많은 양의 생산품을 수출하는 남한의 처지에서는 이 사업이 완공되면 유럽 수출품 수송에 유리한 점이 생긴다. 한반도종단철도와 시베리아횡단철도가 연결 되면 시베리아횡단철도의 운송량은 대폭 증대될 것이다. 이렇게 되면 부산에서 독일까지 화물을 옮겨 실을 필요 없이 단 15일 만에 수송이 가능하다. 북한의 입장에서도 북한의 경제를 회복하는 주춧돌로 작용할 가능성도 크다.

그녀들은 미녀였다

남한과 북한 간의 민간 교류가 활발해지면서 8·15민족통일대회, 남북통일축구대회가 남측에서 열렸고, KBS 교향악단 및 MBC 예술공연단의 공연·개천절 남북공동행사 등이 북측에서 이루어졌다. 북한의 『로동신문』은 〈북과 남이 함께 부른 통일의 노래〉라는 제목으로 "남조선의 KBS 교양악단과 MBC 공연단의 평양 방문 공연을 보면서 우리는 북과 남의 겨레는 갈라져 살 수 없는 하나의 겨레이며 통일이야말로 우리 겨레 모두가 품고 있는 강력한 지향이고 한결 같은 요구라는 것을 다시금 가슴 뜨겁게 느끼었다."고 썼다.[175]

남북한 간 민간 교류의 절정은 북한 대표팀이 부산아시안게임에 참가한 것이었다. 북한은 318명의 선수단 외에도 293명의 응원단을 파견하였다. 북한에서도 아시안게임이 진행되는 동안 『로동신문』을 통해 메달 획득, 승리의 소식, 응원 모습을 전했다. 사격에서 금메달 소식, 여자축구 승리 소식, 함봉실의 여자마라톤 우승 소식과 이를 남한 언론에서 대서특필한 소식, 북한 응원단과 남한의 응원의 모습 그리고 선수단 귀국 등을 『로동신문』에서 보도했다.

북한의 선수단과 응원단의 규모는 분단 이후 최대의 인원이 남한을 방문하는 기록을 세웠다. 그리고 주로 여성으로 구성된 북한 응원단은 정상회담 이후 있은 '김정일 신드롬'에 못지않을 만큼 남한 사람들의 관심을 불러일으켰다. 북한의 『로동신문』은 〈인기를 독차지한 응원단〉이라는 제목으로 "이번 제14차 아시아경기대회에서 우리의 응원단은 자기의 독특하고 훌륭한 응원 활동으로 만 사람을 매혹시켰다."[176]고 자평하였다. 10월 30일자 『로동신문』에서는 이례적으로 〈7천 만의 환호, 자주 통일열망의 분출〉라는 제호로 부산아시안게임에서의 경기 모습, 응원 모습, 시상 모습 등의 사진을 실었다. 여기에서는 "부산 아시아경기대회가 막을 내린지도 여러 날이 지났지만 감동의 여운은 아직도 생생하다."고 하면서 응원 모습과 다대포항이 부산시에서 제일 유명한 관광 명소가 되었다는 등의 내용을 신문 5면 절반을 할애하여 보도하였다.

이렇게 상당한 시간이 지난 뒤에 남한에서 진행되었던 모습들을 대서특필한 것은 핵 문제가 터져 나온 이후 북한이 주장했던 '민족 공조'와도 무관하지 않다고 본다. '체육경기를 통해서도 7천만이 하나가 되었는데, 우리 민족끼리 힘을 합하면 못할 것이 없다.' 하여 남한이 북한의 입장을 지지해 주기를 바라는 마음이었다.

북한은 2003년 8월 21일부터 31일까지 대구에서 열린 유니버시아드에도 선수단 218명과 응원단 303명을 보냈고, 2004년 8월 아테네 올림

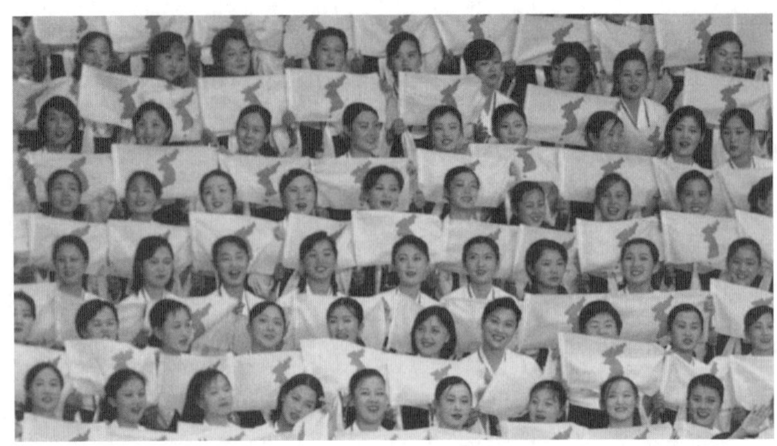

북한은 2003년 8월 21일부터 31일까지 대구에서 열린 유니버시아드에도 선수단 218명과 응원단 303명을 보냈다.

픽에서도 남북한 선수들이 한반도기를 앞세우고 손에 손을 잡고 개막식에 참석하였다.

서울과 평양을 오가며 이루어졌던 이산가족 상봉이 금강산 지역에서 이루어지고 있다. 남북한은 제5차 적십자회담을 2003년 11월 3일부터 5일까지 금강산에서 개최하고 이산가족 면회소를 건설하기로 합의하였다. 금강산 지역인 고성군 온정리 조포마을 앞 구역에 6천 평 규모로 건설하되, 남한이 전적으로 건설하고 운영하기로 합의하였다.

남북한 간에 민간 교류도 활발해 졌다. 민간 교류의 물꼬를 튼 계기가 된 것은 누가 무어라 해도 역시 금강산 관광일 것이다. 지금도 많은 민간 교류 행사들이 금강산 지역에서 이루어지고 있다. 금강산을 방문했을 때, 온정각 가까이에 있는 고 정몽헌 회장의 추모비와 묘를 보았다. 도울 김용옥이 짓고 쓴 추모사를 읽으면서 분단의 비극이 무엇인지를 새삼 느꼈다.

남북한 상호이익의 방향은?

남북경제협력은 남북 양측에 도움을 주어 향후 민족경제공동체를 형성해 나갈 수 있는 기반을 마련하는 것이다. 경제협력에서는 한쪽의 일방적인 의사에 의하여 이루어질 수 없고, 서로의 협조를 통하여 이루어져야 한다.[177] 북한이 국가 전략으로써 남한과의 경제협력을 원한다면 경제의 실태 파악과 지원 분야의 선정을 위해 북한 당국의 협조가 필요하다.

북한의 입장에서 볼 때는 아무리 경제발전도 중요하지만, 체제 유지에 부정적인 영향을 미칠 수 있는 것을 과감하게 받아들일 수는 없다. 또한 선군정치를 가장 위력한 정치 방식이라고 내세우기에 군부 강경 세력의 뜻을 존중하고 받아들여야만 한다. 남한의 입장에서도 북한이 체제를 유지하는 데에 손상이 가지 않으면서 받아들일 수 있는 것이 무엇인가를 찾아야 하는 어려움도 있다. 또한 북한과의 화해 협력 정책에 뜻을 달리하는 사람들의 비판도 만만치 않다.

이러한 모든 것들을 포함한 남북 관계에서 가장 큰 장애 요인은 서로를 믿지 못하는 것에 있다. 남북경제협력이 아직도 상호 신뢰를 구축하는 단계에 머물고 있는 것도 바로 이 때문이다. 앞으로 남북경제협력이 가시권에 들어와 협력 증진의 단계로 발전하고, 남북한이 상호 이익의 방향으로 가려면 정책의 추진 방향을 어디로 잡아야 할 것인가?

김정일만 설득해서 될 일은 아니다

북한이 살아갈 수 있는 길은 개혁·개방의 길 밖에 없다는 것을 남한

정부는 계속 설득해야 한다. 장관급회담이건 경제협력추진위원회 회의이건 간에 이 점을 거듭 강조해야 한다. 그리고 개혁과 개방은 북한이 염려하는 것과 같은 흡수 통일의 전략이 아니라 공존 공영할 수 있는 유일한 대안이라는 점을 인식시키고 보장해 주어야 한다. 이를 위해서 중요한 것은 남북 관계뿐만이 아니라 북미, 북일 관계에도 획기적인 개선이 필요하다는 점을 강조해야 하는 것이다. 실제로 북한 경제의 획기적인 발판을 위해서는 외자를 유치해야 하는데 여기서 투자 환경을 개선하는 것은 그 무엇보다도 선행되어야 한다. 투자 환경 개선에서 절대적으로 필요한 것은 사회간접자본 시설을 대대적으로 확충하는 것인데, 이는 남북한 간의 경제협력만으로는 한계가 있다.

그러므로 미국과의 관계 개선을 통하여 미국이 주도하고 있는 국제기구인 국제부흥개발은행(IBRD), 아시아개발은행(ADB), 국제금융기구(IMF) 등으로부터 저금리로 자금을 지원받아야 한다. 북한은 1992년 5월에 ADB에 가입할 의사를 간접적으로 표명한 바 있고, 1993년 3월에는 방콕에서 개최된 아태경제사회이사회(ESCAP) 총회에서 IBRD에 가입하는 문제에 대해서도 관심을 나타낸 바 있다. 1997년에는 ADB에 가입 의향서를 제출했고, 2000년에는 ADB 사절단이 평양 방문을 요청하였다.

북한에 국제 자본이 들어가는 길목은 모두 미국이 지키고 있다. 그렇기 때문에 핵 문제를 해결하지 않고서는 이것도 불가능하다. 김정일을 설득하기도 해야지만, 또 설득해야 할 곳은 바로 미국이다.

개성공단이 성공해야 북한이 산다

앞에서 본 바와 같이 북한도 1991년 나진·선봉지역에 특구를 지정하여 제한적인 개방 모형을 제시하였다. 이것은 성공적인 모습을 보여 주지는 못하지만, 남북한 간에 합의된 개성공단이나 금강산관광특구와는 다르다. 북한은 현상 유지를 고집하는 태도를 고수하면서 경제협력을 통한 이익만을 향유하려는 자세를 보였지만, 남한 정부는 여기에 맞는 청사진을 제시하는 등 북한을 변화시킬 수 있는 적극적인 자세를 보였다. 요즈음 중국이 북한에 대하여 갖는 관심은 대단하지만 그래도 남한은 북한에게 있어서 가장 높은 잠재 투자국이고, 북한의 경제 환경을 고려할 때 북한에 대하여 남한보다 더 관심을 가진 국가는 아무 데도 없다. 김정일도 이에 대하여 이야기한 적 있고 정말로 그렇게 생각하고 있는 것 같다.

개성공단 개발사업은 북한의 개성시와 판문군 평화리 일대 약 2천만 평(공장 8백만 평, 배후도시 1천200만 평)을 개발하려는 대규모 프로젝트이다. 한국토지공사와 현대아산이 공동으로 추진하고 있는데, 1단계 100만 평 규모의 공단을 조성하는 것을 목표로 하고 있다. 북한에서도 공단 개발이 경제 회생에 기여할 수 있다는 점을 깊이 인식하고, 적극적인 자세를 견지하고 있다. 2004년 4월 1단계 공사를 착수하였고, 지난 6월에는 시범 단지 2만8천 평에 입주할 업체를 선정하는 작업이 있었는데 경쟁이 치열했다. 약 300개 사가 입주할 본 단지 100만 평엔 아직 분양 일정이 확정되지 않은 상태임에도 불구하고, 이미 3천여 개의 업체가 참가 의향서를 제출해 10대 1 이상의 경쟁률이 예상된다고 한다.[178] 월 최저 임금이 57.5달러이고, 서울에서 불과 60km밖에 떨어져 있지 않는다. 게다가 남북 협상에 의해 노조도 없고 인건비 인상도 제한하고 있으니, 인기가 있을 수밖에 없다. 우리나라 제조업들은 그동안 중국이나 동남아로 진출하고 있는데, 언어나 교육 수준 그리고 기술 면에서 볼 때 그들 나라보다는 북한에 더 높은 점수를 매긴다고 한다.

북한의 최고인민회의 상임위원회는 2004년 7월 29일 개성공업지구 부동산 규정을 결정하였다. 이 규정의 특징은 개성공업지구 내에서의 토지이용권과 건물소유권의 자유로운 매매 · 양도 · 임대 · 저장 등과 토지 이용 기간 연장을 보장하고 있다. 또한 부동산을 소유한 자가 사망했을 때에는 재산상 권리 의무가 상속자에게 승계된다. 이것으로 공단 내에 재산권을 보호할 수 있는 법적 토대가 마련되었다. 이것은 북한의 적극적인 투자유치에 대한 의지 표명인 것이다. 북한이 경제특구 지정 등을 통하여 제한적인 대외 개방을 시도할 경우, 경제특구는 북한의 개혁 · 개방의 실험장이 될 것이다. 이때에는 북한에게 단기적으로 가시적인 성과를 보장해 주는 적극적인 정책을 추진함으로써 정권의 정통성 유지에 대한 부담감을 극복할 수 있도록 보장해야 할 것이다.[179] 이 단계에서는 남한 측이 큰 이익을 내는 것은 불가능하다. 그러므로 장기적인 차원에서 우리의 남북경제협력에 대한 목표를 세울 필요가 있다. 북한의 실험이

개성공단 개발사업은 북한의 개성시와 판문군 평화리 일대 약 2천만 평(공장 8백만 평, 배후도시 1천200만 평)을 개발하려는 대규모 프로젝트이다. 사진은 개성공단 건설 현장의 모습이다.

성공할 수 있도록 최대한 지원을 하여 그 성과를 체득함으로써 변화의 필요성을 절실히 느끼게 하는 것이 중요하고, 이를 확대시켜 나갈 수 있도록 해야 한다. 북한의 경제에 남한이 더 깊숙이 참여하게 되면, 자연스럽게 한반도에는 안정이 찾아오리라 생각한다.

혹시 남북 관계 경색되면 내 투자한 돈은 어떻게 되나

남북경제협력에서 가장 큰 문제점은 제도적으로 미비한 점이 많다는 것이다. 법률과 제도가 완비되었을 때 당국 간에도 서로 신뢰할 수 있는 기반을 갖출 수 있는 것인데 하물며 생리상 이익을 쫓아가는 민간 기업들은 오죽할까? 그러므로 그들은 투자했을 때 이익이 없다거나 투자 회수에 불안을 느낄 때에는 대북 투자를 하지 않을 것이다. 때문에 앞에서 말한 개성공업지구 부동산 규정 같은 것은 투자자들이 마음 놓고 투자할 수 있도록 제도를 마련한 것으로 매우 중요하다.

남북 교역을 포함한 경제 교류에서 큰 애로 사항 중의 하나는 과다한 물류비와 북한 내부의 미비한 사회간접시설일 것이다. 이를 위해 선행되어야 할 것이 경의선 철도와 도로 연결 완전 개통이다.

남한 정부는 장·단기적인 목표를 세워 대북경제협력 프로그램의 추진 방향을 설정해야 한다. 특히 북한이 현상유지적인 태도를 고수할 경우, 북한이 경제특구 지정 등 한정된 범위에서 개방을 시도할 경우, 북한이 완전히 개방·개혁에 나설 경우 등을 상정하여 좀 더 구체적인 틀을 짜야 한다. 이때에 가장 중요한 것은 북한의 정책에 있어서 장·단기적인 목표를 고려하는 일이다.

현재 북한이 가장 중시하는 정책은 과학기술을 통한 경제발전이다.

실제로 김정일은 남북정상회담 직전에 중국을 방문했을 때 중국 IT산업
의 상징인 중관촌을 방문했고, 2001년에도 상해 푸동을 방문하면서 IT
산업 분야에 지대한 관심을 나타냈다. IT산업은 개방을 최소화하면서 소
수의 전문가를 중심으로 발전을 이루어 낼 수 있고, 발전의 혜택 때문에
북한이 남한과의 경제협력을 원하는 분야이다.

그러므로 현재 추진하고 있는 정보기술 산업의 협력을 확대 발전시키
는 것도 필요하다. 전문가들이 제시하고 있는 협력 방안을 보면 남북이
공동으로 정보통신연구소를 설립하여, 남한의 하드웨어 기술과 북한의
소프트웨어 기술을 접목한다. 또한 북한의 이론 연구와 남한의 산업화
기술을 활용하여 국제 경쟁력이 있는 상품을 창출하여, 국제 프로젝트를
공동으로 수행하는 것 등을 들고 있다. 하지만 무엇보다도 중요한 것은
남북의 정보 통신 기술자가 왕래하면서 북한의 부족한 컴퓨터 요원 양성
에도 협력하여 해결할 수 있는 방안을 모색하는 것이다. 이를 위해 민간
차원의 '남북공동 IT교류위원회'를 구성하는 것이 바람직하다[180]고 지적
된다. 개성공단에 입주할 업체 중에 IT산업 업체를 다량으로 포함시키는
방법도 북한의 과학기술을 중시하는 정책과 맞아 떨어져 윈-윈(Win-
Win)할 수 있는 방법 중의 하나이다.

남북한 공동으로 해외 농업 개척

경지가 부족한 북한의 식량 문제를 해결하기 위해서는 해외 농업 개
척을 위한 공동 협력 및 합작 투자 사업의 추진도 중요하다. 북한의 풍부
한 노동력과 남한의 자본 기술을 활용하여 러시아의 연해주나 중국의 동
북3성 지역에 해외 농업을 개척하는 것도 고려해 볼 만하다.[181] 이는 북

2000년 7월 19일부터 20일까지 푸틴 러시아 대통령이 북한을 공식 방문했다. 푸틴 러시아 대통령은 김정일을 국제 문제에 능통한 정치인으로 평가했다.

한 지역에서 이루어지지 않기 때문에 체제에 대한 위협도 덜할 것이고, 고질적인 식량난을 해소하는 데에도 도움이 될 수 있을 것이다.

김정일은 폴리코프스키와의 대화에서 이런 말을 했다. "내게는 한 가지 묘안이 있다. 이에 대해서 이미 푸틴 대통령에게 말한 바 있지만, 우리는 러시아 극동 지역에 농경지를 임대해서 그곳에 25만 명 정도의 노동력을 파견했으면 하는 것이다. 그곳에 콩과 호밀을 경작해서 일부는 러시아에 넘겨주고, 나머지는 우리 몫으로 남길 수 있을 것이다. 수확한 콩과 호밀의 분배 비율은 30대 70이 될 수도 있고 50대 50이 될 수도 있다. 우리 인민들은 지난 45~50년 동안 주로 옥수수를 먹어 왔고, 이미 옥수수를 지겨워하고 있다."[182] 정말로 북한에서는 옥수수를 지겹도록 먹은 모양이다. 북한에서는 주식으로 옥수수 다음으로 감자를 내세우고 있다. "감자는 흰쌀과 같다."고 하면서 "감자 농사를 잘해야 식량 문제를 풀 수 있다." 고 김정일은 말했다. 그런데 이번에는 콩까지 생각하고 있다. 2004년 신년 공동 사설에서는 "콩 농사에도 깊은 관심을 돌려야 한다."는 대목을 볼 수 있으니 말이다.

이렇게 볼 때 러시아의 연해주가 되었건, 중국의 동북3성이 되었건 간에 남북한이 공동으로 해외 농업을 개척하는 것은 해 볼 만하다. 이는 꼭 북한의 식량난을 해결하기 위해서만이 아니라 우리에게도 필요한 사업이기 때문이다.

인력 개발을 위한 직업훈련도 시켜야 한다

남북 경제가 협력 증진의 단계에 들어갈 때 고려해야 할 문제의 하나가 인력 개발과 직업훈련의 문제일 것이다. 현재 진행되고 있는 경제협력도 이 점이 문제로 나타나고 있는데, 좀 더 경제협력이 깊어질 경우 생겨날 중요한 과제 중의 하나는 북한 지역의 생산성과 경쟁력 제고를 위한 인적 자본의 축적과 북한 노동자를 위한 직업훈련이 될 것이다. 특별한 경우이긴 하지만 이러한 예는 KEDO와 북한 간의 훈련의정서에 따른 북한 경수로 요원들의 훈련 실시를 들 수 있다. 북한 측 경수로 사업 관계자 20명이 2002년 12월 17일 남한을 방문하였고, 경수로 요원에 대한 교육도 이루어졌다.

우리는 일반적으로 남북한 경제교류협력은 북한의 자원과 노동력, 남한의 자본과 기술이 결합하여 남북한이 상호 이익을 취하게 하는 이점이 있다고 한다. 그러나 문제가 되는 것은 질적인 측면에서 노동력의 부족과 노동생산성의 저하이다. 그 원인은 북한의 젊은이들이 장기간 군 복무를 하고 사상 교육의 중시 등으로 노동의 질이 낮기 때문이다.

그러므로 북한 지역의 성장 거점이나 공단 지역에 직업훈련원을 설치하여 북한 노동자들을 재교육시키거나 기술 훈련을 실시하여야 한다. 물론 북한에 진출하는 남한 기업들의 경우 중국의 현지 공장에서 연수를 시키거나, ―기술 지도자들이 직접 합작 기업에 들어가 교육을 하고도 있지만― 대규모의 직업훈련원을 설치하여 투자 산업체의 인력 수용에 부응할 수 있도록 기술 훈련 참여를 유도해야 한다. 특히 북한에서 원하고 있는 경제협력 분야는 당장이라도 고용을 창출하는 중소 기업 분야와 IT산업 분야이므로, 이러한 구상을 구체화하는 것은 중요한 일이다.

국내에서 발목 안 잡히도록 정치력 발휘해야

튼튼한 안보 위에서 남북의 화해와 협력을 추진한다는 대북 포용 정책의 기조가 일반 국민들에게는 국가 안보를 볼모로 대북 경제협력을 벌인다는 생각을 유발할 수 있다. 그렇기 때문에 남한 정부는 대북 억지력이 있다는 확증을 국민들에게 보일 필요가 있으며, 이에 대한 분명한 홍보도 필요하다. 과거 우리의 전력이 북한에 비해 미흡하다는 홍보에 익숙해져 우리 사회 일각에서는 북한 도발에 따른 대처 능력이 부족한 것으로 인식하고 있다. 그러므로 대북 정책이 효과적으로 추진되기 위해서는 우리의 군사 안보의 우위성을 국민들에게 적극 홍보할 필요성이 있다.[183]

남북경제교류가 증진되면 분명한 수익 모델의 개발에 노력해야 한다. 일각에서는 남북한 간 경제교류협력이 단순히 북한 체제를 도와줄 뿐이라는 시각이 존재한다. 그러나 남북한 경제교류협력은 북한의 자원과 노동력, 남한의 자본과 기술이 결합하여 남북한 상호 이익을 취하게 하는 이점이 분명히 있다. 북한의 공장 설비들은 대다수가 남한의 유휴 설비보다 낡은 것들이 많다. 그러므로 유휴 설비를 북한으로 반출하여 북한의 저렴한 노동력과 결합시키는 것도 상호 이익을 추구하는 하나의 방법이라는 점을 인식시킬 필요가 있다.

또한 우리 사회의 경제적 불안과 실업 등으로 인하여 국민들의 대북 경제 지원 문제에 대한 부정적 인식이 확산되었다. 우리가 부담할 수 있는 범위 내에서 대북 경제 지원이 이루어져야 할 것이며 그 규모는 국민적 차원의 합의가 있어야 한다. 민족의 이익과 국내 정치 간의 악순환을 극복하지 않고서는 대북 화해와 협력 정책은 성공하기 어렵다. 따라서 대북 정책은 국내 정치와 분리하여 추진할 수 없는 특수성을 지니고 있는 만큼, 초당파적 차원에서 국내 정치와는 격리시켜 추진해야 하고, 그러기 위해서는 국내 정치 세력의 동의를 얻어 내어 정책을 이끌어 낼 수 있는 국민적 합의를 마련해야 한다. 아무리 잘된 정책도 구성원들의 호응을 얻지 못하면 그것은 문제가 생기게 마련이다. 그러므로 왜 정부의 진의를 몰라주느냐 하는 식의 홍보보다는 냉전의 요소들을 풀어나가려는 노력들이 필요한 것이다.

김정일의 개혁 딜레마

남북한 정상회담이 이루어진 것은 두 정상 사이에 상대방에 대한 신뢰가 어느 정도는 있었기 때문이었을 것이다. 앞에서 말한 바와 같이 정상회담 전에 이미 김대중은 '인간 김정일'에 대하여 후한 평가를 하였고, 김정일 역시 '인간 김대중'에 대하여 옥고를 견디어 내며 대통령까지 된 그를 존경한다고 하였다.

2000년 정상회담이 있기 전에 임동원이 김정일을 만났다는 이야기는 앞에서 했다. 그 당시 임동원이 서울에 돌아와 김대중 대통령에게 보고한 내용을 요약해 보면 "김정일은 김일성 주석보다 더 강력한 지도자이며, 북한 체제 내에서 유일하게 개방적이고 실용적인 인물이다. 동시에 남의 말을 경청할 줄 아는 사람으로 그는 회담을 하는 동안 마치 교수의 강의를 듣는 학생처럼 메모를 했다. 다른 사람의 견해를 듣고 수긍이 될 때는 과감하게 받아들인다. 신사적이고 예의바르고 유머 감각이 있는 지도자이다."[184]였다. 확인할 수 없어서 그렇지 이보다 더 많은 것이 김대중 대통령에게 보고되었을 것이다.

김정일은 북한 내에서는 대단히 개혁적 인물인 것 같다. 지금까지 김정일에 대한 여러 가지 이야기에서 보여준 바와 같이 생각이 트여 있고, 상당히 치밀한 면을 보이고 있다.

남한에서는 "북한에는 식량이 부족하여 인민들이 굶어 죽는다. 그러나 식량을 주면 그것은 절대 인민들에게 돌아가지 않는다."는 말이 나돌기도 한다. 그러면 그 식량이 어디로 가느냐? 군인들에게로 간다는 것이다. 결국 북한에 식량을 주어서는 안 된다는 주장인 셈이다.

김정일은 공공연하게 선군정치를 가장 위력한 정치 방식이라 하고 있다. 그런데 군인들을 먹이지도 못하면서 어떻게 선군정치를 한다는 것인가? 북한의 군인도 인민이다. 군인이 굶주리지 않아야 인민들도 굶주리지 않는다. 강성대국을 건설한다는 김정일이 외국에서 식량을 원조받으며 사는 것은 아마도 죽을 맛일 것이다. 그렇기 때문에 현실을 타개하기 위해서 끊임없이 무언가를 생각하는 것 같다. 인민들을 굶주리지 않게 하기 위해서는 감자든 콩이든 무엇이든지 좋다. '감자는 흰쌀이다.' 하며 생각을 독려하고, 러시아의 연해주를 생각하면서 궁극적으로 식량의 자급자족을 생각하고 있다.

먹는 것에 매달리다 보면 아무것도 할 수 없다. 그래서 북한에서는 과학기술을 중시하는 것이 강성 대국을 건설하는 하나의 기둥이라 여기는 것 같다. 이승률 연변과기대 대외부총장은 평양과학기술대학의 건설 현장 모습을 쓰면서 "남북한이 공동으로 설립 허가한 평양과기대는 한반도의 미래를 준비하는 하이테크&하이터치형 '핫 프로젝트'가 될 공산이 크며, 나아가 21세기 동북아 공동체 시대의 상생 전략을 실현하는, 믿어지지 않을 정도의 특별한 사건으로 우리 눈앞에 다가와 있다."[185] 라고 희망을 피력하고 있다. 어쩌면 김정일이 제일 기대하고 있는 바인지도 모른다. 북한에서는 '과학 기술 발전은 나라와 민족의 전도', '첨단 과학의 새로운 목표를 끊임없이 점령' 등의 말들이 많이 있는데, 이것과 맥을 같이 하고 있다.

그러면 이러한 사고나 행동은 어디에서 기인하는 것일까? 김정일도 한 국가를 책임지고 있는 다른 지도자들과 마찬가지일 것이다. 우선 자기가 가지고 있는 권력을 소중하게 여기고 이를 유지하기를 원할 것이다. 아무리 권력이 총구에서 나온다 하지만, 그 근간은 인민에게 있는 것이다. 그러면 어떻게 해야 그가 '위대한 장군'으로 계속 남을 수 있을까? 결국은 국제 정세에 발 빠르게 대처하고 현실을 파악해야 한다. 김정일은 누구보다도 영리한 것 같다. 그래서 한 손에는 군부를 움켜잡고 선군영도를 외치면서, 또 다른 한 손으로는 바꾸지 않으면 미래가 없다는 신호를 계속 보내고 있다. 이것이야말로 김정일이 안고 있는 딜레마가 아닐 수 없다.

김정일이 폴리코프스키와 나눈 대화에 이런 말이 나온다. 마약 문제가 나왔을 때 김정일은 "나는 우리나라에서 마약 밀매자는 물론이고 마약 사용자도 모두 총살시키도록 명령했습니다. 우리는 인구가 많습니다. 다만 중국인 마약 밀매자는 뭉둥이로 치라고 명했습니다.", "만일 조선인 마약 사용자가 적발되면 내가 허락할 테니 총살하세요!"[186]라고 덧붙였다고 한다. 어떻게 보면 이것이 김정일의 사고 논리이다. 북한 체제가 가지고 있는 특수성, 즉 '병영 사회주의'에서 김정일은 후계자로서의 자리를 굳혔고, 현재는 최고 지도자로서 '나라의 총체를 지휘 통솔'하고 있다.

'나는 한다면 합니다.'라는 사고방식과 행동은 세상을 그렇게 보아왔고, 그 사회가 그것을 뒷받침해 주었기 때문에 가능한 것이다. 다른 면에서 보면 이렇기 때문에 그는 개혁적인 사고를 가질 수 있을지도 모른다. 밀어붙이기식으로 북한을 변화시키려 할 수도 있다. 왜? 살아야 하니까…….

서울 답방은 이루어질 것인가?

제2차 남북정상회담, 이것은 6·15남북공동선언 말미에 '김정일 위원장은 앞으로 적절한 시기에 서울 방문'이라는 구절에서 보는 바와 같이 남북한 간의 합의였다. 한동안 잠잠하던 정상회담 가능성이 주목을 받고 있다. 일부 언론에서는 정부의 고위 당국자가 "정부는 북핵 문제의 조기 해결과 남북 관계의 획기적인 진전을 위해 제2차 남북정상회담을 늦어도 연내에 개최하는 방안을 추진하는 것으로 안다."고 보도했다. 또한 김정일이 4월 중국 방문 시 중국의 고위 인사에게 "적절한 시기에 남조선를 방문할 것"이라 전했다고 한다. 물론 모두 확인된 바는 아니다.

6·15남북공동선언 4주년 기념 국제 토론회가 서울에서 개최되었다. 여기에 참석한 아태평화위원회 부위원장 이종혁은 김정일의 답방에 관해 "약속을 위반한 것은 남쪽이오, 미국이 저항을 놓은 것"이라 했다. 정말로 답방의 의지는 있는데, 미국이 훼방을 놓아 오지 못하는가? 이종혁은 농축우라늄 핵 프로그램을 직접 거론하지는 않았지만, 미국이 이것으로 인하여 북미 관계를 악화시켰고 남북정상회담의 약속을 지키지 못하는 것도 이것 때문이라는 것이다. 물론 그런 면도 없지 않으나, 김정일이 서울에 오는 것을 두렵게 생각하고 있는 것은 아닐까?

노무현 대통령은 2004년 7월 21일 제주도에서 고이즈미 총리와 정상회담을 가진 뒤 기자회견에서 "북한이 부담을 느끼지 않고 자유롭게 남북 관계에 대해 대화할 마음의 준비가 됐을 때 의미 있는 정상회담이 될 수 있다고 본다."고 강조하고 "지금은 김정일 국방위원장의 서울 답방을 기대하거나 종용하기에는 적절한 시점이 아니다."라고 밝혔다.

왜 2차 남북정상회담이 빠른 시일 내에 개최되어야 하는가? 북한은 미국의 핵 문제를 들고 이것이 김정일의 서울 답방을 어렵게 한다고 하는데, 실은 이를 해결하기 위해서는 정상회담이 필요하다. 남북정상회담은 남북한 간의 주요한 현안 문제를 풀기 위한 가장 효율적인 해결 방식이다. 김정일의 서울 답방은 남북정상회담의 정례화라는 의미가 있으며, 북한의 개방과 변화를 촉진하는 새로운 전기를 마련할 수 있는 계기가 될 것이다.

고유환 교수는 만약 김 위원장이 서울에 온다면 어떻게 올 수 있을까를 다음과 같이 적고 있다. "열차 편을 이용한 장기간의 러시아 방문에서 확인했듯이 김 위원장은 항공기 이용을 피하고 있다. 그렇다면 육로를 이용할 수밖에 없는데 판문점은 유엔사 관할 지역이라 이 지역의 통과를 피할 것이라는 추측이 나오고 있다. 따라서 김 위원장이 열차를 이용하려면 경의선이 연결돼야 한다는 추론에 근거할 때, 김 위원장의 답방 시기는 적어도 물리적으로는 경의선 철도 연결과 상당한 연계가 있을 것이다. 경의선 연결 이후 김 위원장은 이른바 '통일열차를 타고 서울을 방문함으로써 '통일지도자상'을 부각시키려 할지도 모른다."[187]는 것이다.

서울 답방의 문제가 언론에서 제기되자 제3국에서도 정상회담을 할 수 있는 것 아니냐며 베이징 · 블라디보스토크까지 거론되고 있다. 또한 금강산관광지구가 유력하다는 이야기도 눈길을 잡는다.

그런데 노무현 대통령의 개성공업지구 방문을 자연스럽게 정상회담으로 연결시키는 방향도 고려해 볼 만하다. 김정일이 개성공업지구에 갖는 기대는 크다. 또한 개성은 금강산관광지구와 다른 의미를 가지는 곳이기도 하다. 북한의 입장에서만이 아니라 우리가 개성공업지구에 부여하는 의미라든가 실제적으로 거둘 수 있는 효과도 만만치 않을 것이다. 그러면 노무현 대통령도 개성공업지구를 방문할 수 있을 것이다. 위에서 말한 것처럼 양 정상이 경의선을 타고 개성에 도착하면 더 좋을 것이다. 물론 금강산에서 정상회담도 생각해 볼 수 있으나 김정일 위원장의 서울 답방이 어렵다면 개성에서의 회담이면 또 어떠랴?

정상회담에 대하여 국민들 모두가 환영하는 것은 아니다. 일부 국회의원들은 이를 반대하며 "김정일 답방에 인공기를 휘날리며 환영할 수 있느냐."라 하고 있다. 또한 우리는 '김정일 위원장 서울 답방', '남북정상회담'의 이야기만 나오면 왜 그것을 추진하려 하는가에 대한 의문을 먼저 던진다. '정국타개용', '국면전환용', '선거이용용' 등 무조건 정치상황과 연계하고 있다. 언론에서는 이 문제를 더 이상 이런 식으로 보도하지 않았으면 한다. 그리고 정상회담을 추진하는 측에서도 무언가 다른 목적을 달성하기 위한 의도를 가지고 이 일에 임해서는 안 된다.

왜 정상회담이 필요한가는 서두에서도 이야기했지만, 남북 관계를 풀어 나갈 가장 좋은 방법이기 때문이고, 한반도 평화를 확고히 할 수 있는 방안이기 때문이다. 그렇다면 정상회담에서는 무엇을 이야기하고 또 하여야 하는가?

그동안 북한이 미국에게 끈질기게 거론해 온 것이 평화협정이다. 정전협정의 논리를 내세우며 당사자인 미국과 평화협정을 맺어야 한다는 것이다. 이는 논리인 것이고 여기에 숨겨진 의도는 미국으로부터 체제 유지를 위한 안정을 보장받겠다는 것이다. 그런데 분단된 것은 한반도요, 당사자도 대한민국과 조선민주주의인민공화국이다. 그러므로 평화협정은 남북한 간에 맺어야 하고 이것이 향후 남북문제뿐만 아니라 북미 간의 문제도 풀어 갈 단초가 되지 않을까?

한반도 평화 체제 구축이란 지난 50년간 한반도 질서를 규정해 온 불안정한 정전 상태가 평화 상태로 전환되고, 안보와 남북 및 대외 관계 등에서 이를 보장하는 제도적 발전이 이루어지는 것을 의미한다. 구체적으로 정전 체제를 평화 체제로 전환해 나감으로써 완전한 종전이 필요하다. 이를 바탕으로 한반도 평화 체제 구축을 본격화하여, 남북간 군사적 신뢰를 구축하여 평화 증진을 추구해야 한다. 군사적 긴장 완화 및 신뢰 구축 조치를 단계적으로 추진하여 남북협력을 심화하고, 나아가 한반도 평화가 실질적으로 보장되는 제도적 장치를 마련해야 한다. 이것이 어렵다면 만나서 남북한 평화 선언이라도 하면 어떨까? 한반도는 분명히 미국 땅도 중국 땅도 아닌 우리의 땅이다.

김대중 대통령이 정상회담을 위하여 평양에 갔을 때 "대통령께서는 힘든 길, 두려운 길, 무서운 길을 오셨습니다."라고 김정일 위원장이 말

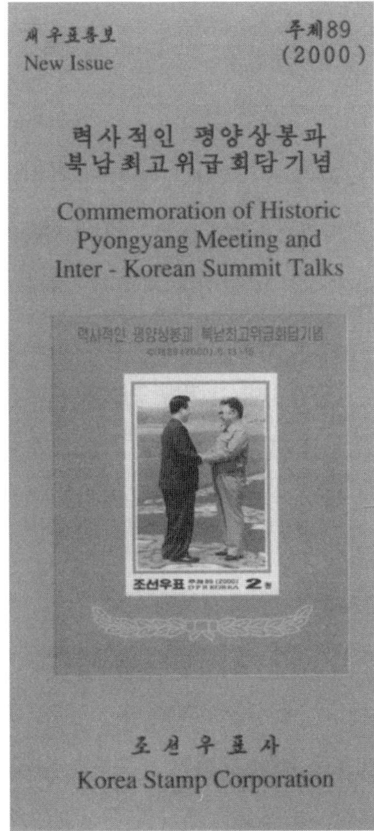

북한은 남북정상회담을 기념한 우표를 발행하였다.
6·15남북공동선언 말미에는 김정일 위원장의 서울 답방에 관한 내용이 언급되어 있다. 과연 김정일 위원장의 서울 답방은 언제쯤 있을까?

했다. 이는 방북 용기에 대한 치하이기도 하지만 김정일 위원장 본인의 솔직한 생각일 것이다. 김정일도 서울 방문에 대하여 두려운 생각도 있을 것이다. 김정일은 통 큰 것을 좋아하고, 스스로도 그렇게 생각하는 것 같다. 그 통 큰 정치는 일시에 몇백 명의 장교를 진급시키고, 10만 명이 등장하는 집단체조도 하고, 20여 일간 열차로 외국을 방문하기도 한다. 그 큰 통 다른 데 쓰지 말고 서울 오는 데 쓰기 바란다. 정말 부담스럽다면 대한민국 대통령을 개성으로 초청하라.

소설 속의 이야기, 소설 같은 이야기

『무궁화 꽃이 피었습니다』를 쓴 소설가 김진명은 최근에 『제3의 시나리오』라는 책을 내놓았다. 이 소설의 이야기 전개 과정에서 북한 핵 문제를 해결하기 위한 묘안이 나오는데, 그것이 바로 제3의 시나리오이다. 부시 대통령은 선거에 승리하기 위하여 고심을 하던 중 하나의 제의를 받고 이를 받아들이려 하지만 군수산업을 운영하는 핵심 네오콘(신보수주의자)들이 이것을 막는다는 이야기이다. 그러면 제3의 시나리오는 무엇이냐? 바로 북한 인민군의 이라크 파병이다. 정말로 소설 속에나 나올 법한 기발한 발상이다. 물론 소설 속에서도 불발탄으로 끝나고 만다. 군수산업을 운영하는 신보수주의자들이 원하는 것은 한반도의 불안은 지속되어야 하고, 미군이 후방으로 기지를 옮김으로 한반도에 국지전이 일어날 수 있게끔 해야 한다는 것이다.

2004년 9월 『뉴스메이커』에 두 개의 글이 나란히 실렸다. 하나는 단독 입수해서 게재했다는 미 네오콘 핵심 브레인 호로위츠의 메모 '미국의 대북 정책 : 수단과 인식' 이다. 이 메모는 미국의 핵심 네오콘들은 물론 국무부 관리들과 상하의원들에게 널리 배포되어 있으며, 이들이 대북 정책을 결정하는 과정에 반드시 참조하는 '대북 정책 지침서' 로 꼽히고 있다는 것이다. 이 제목은 〈김정일 통치 가급적 빨리 종식시켜라〉이다.[188] 또 하나는 중국이 '북한 정권은 10년간 버티기 힘들다.' 고 전망하고 있으며, 고구려사 왜곡은 북한의 붕괴를 염두에 둔 사전 포석이라는 것이다. 이 글은 베이징의 홍인표 특파원이 썼고, 중국의 고구려사 왜곡에 관한 부분은 한 유학생이 중국의 교수가 강의한 내용이라 하며 국내 사이트에 처음 올려놓았지만 출처가 불분명하다고 한다. 이 소설(?)의

제목은 〈친중파 내세워 '북한 자치구' 건설 야심〉이다.[189]

미국에서 반북 여론을 주도하는 호로위츠가 작성한 메모의 내용을 간단히 요약해 보면 '한국 정부와 열린우리당은 현재 절대적 지지를 얻지 못하고 있으니 한국의 노무현 정부를 공격하라. 한국 정부는 사상 최악의 인권 탄압 국가인 북한 정권을 지원하고 있으니, 그렇게 하지 않도록 해야 한다. 김정일 정권이 취약하다. 부시 대통령의 악의 축 발언 이후 500~1천 명의 고급 장교들과 관리들이 잠재적으로 배반의 가능성을 띠고 있다. 정치범 수용소와 노동 교화소 내의 살인 행위와 비참한 북한 주민들의 생활 같은 김정일 정권의 실상을 사진으로 찍어 세계에 알려라. 세계인들이 김정일 정권에 강력한 반감을 가질 것이며, 김정일 정권을 좋게만 묘사하려는 한국 정부의 노력도 무산될 것이다. 반미주의와 평양 정권을 합법화하려는 한국 정부의 노력을 바꾸도록 한국에 대한 재정 지원을 중단해야 한다. 북한 주민들과 통신하고 접촉하고 탈북을 유도하라. 북한 엘리트들의 망명을 위하여 망명 지원 기금을 설립 운영하라. 북한 인권 관련 법안을 통과시키도록 노력하라.' 이다. 북한을 무력적으로 공격할 필요도 없이 자멸하게 하는 방법을 소상하게 적고 있다. 김정일 정권의 악랄함을 세상에 알려 그를 고립시키고, 남한을 압박하여 지원을 막고 북한 내부를 공작에 의하여 붕괴시킨다는 이야기이다. 정말로 소설 같은 이야기이지만 매우 치밀해서 전율에 휩싸이게 된다.

또 하나의 소설을 간추려 보자. '북한 정권은 앞으로 10년은 버티기 힘들다. 미국의 주도로 탈북자들의 지원이 강화될 경우 북한의 체제 기반이 흔들릴 우려가 있다. 중국은 한반도가 남측의 주도로 통일돼서 미국의 영향 하에 들어가는 것을 가장 우려하고 있고, 한반도에서 미국의 패권주의를 저지하는 것이 중국의 국익에 부합한다고 보고 있다. 북한의 정권이 붕괴될 경우 중국에 친화적인 북한 군부가 집권할 가능성이 크고 이를 계기로 북한을 중국에 통합시킬 가능성이 있다는 것이다. 중국은 친중파 혁명 정권을 지지하는 한편 군사 지원을 계속하되 장기적으로는 북한을 함께 묶어 자치구로 만들겠다는 복안을 마련 중이다.' 라 하고 있다. 중국이 고구려사 왜곡을 위해 2002년 2월에 착공한 동북공정의 최종 목표도 북한과 중국 동북 지방의 일부를 묶어 자치구로 운영하는 것이라 하고 있다. 역시 이 소설도 역시 민족적인 비애를 느끼게 하는 그럴싸한 이야기이다. 결국 이 소설대로 된다면 중국과 미국이 한반도에서 전쟁을 해야 한다는 결론에 도달하게 된다. 앞 소설대로라면 미국이 북한을 무너뜨리려 하는 것은 통일한국을 만들어 주자는 것은 아닐 것이고, 결국 자기들의 전진기지화를 위해서다. 그렇기 때문에 뒤 소설대로 중국이 북한을 자치구로 만들려 할 때 가만히 있겠는가? 두 가지 소설을 종합해 볼 때 나올 수 있는 시나리오는 전쟁밖에 없다.

앞에서 『TIME(타임)』지에 김정일이 웃고 있는 이유는 북한의 주변 국가들의 이해관계가 다 달라서 북한은 난공불락이기 때문이라고 했는데, 이 소설들을 보면 그렇지만은 않은 것 같다. 내가 판단하기에는 김정일은 정말로 미국을 두려워하면서, 수단과 방법을 가리지 않고 체제를 보장받는 데에 매달리고 있다고 생각한다. 그리고 중국을 열심히 드나들면서 도움을 요청하고, 중국의 의견을 따르고 중국의 개혁과 개방의 방법을 배워가고 있다.

김일성이 사망하기 전에는 북한을 전망하는 논문이나 글들은 항상 결론짓는 것을 김일성 사망 이후로 미루어 왔다. 김일성이 사망하면 북한 사회는 급속히 변할 것으로 예측했는데, 그 변화에 대한 시나리오는 여러 가지였다. 첫째가 김정일은 결코 북한 체제를 유지할 수 없을 것이라는 결론이었다. '파마머리에 색광에 똥자루' 인 김정일이 어떻게 북한을 통치할 수 있을 것이냐? 그는 절대 그런 능력을 가진 인물이 아니다. 그렇기 때문에 김일성이 죽으면 북한은 군부에 의한 집단지도 체제로 갈 가능성이 크다. 또한 군부가 김정일을 인정하지 않아 쿠데타가 일어날 것이고, 그 대신 김평일을 세울 가능성이 있다. 루마니아의 차우세스크처럼 공개 처형을 당할 수도 있다는 것 등이었다. 둘째로 설령 김정일이 권력을 잡더라도 1~2년, 아무리 길어도 5년 이상은 버틸 수 없을 것이다. 물론 전부가 이렇게 이야기를 하지는 않았지만, 이러한 시나리오가 주를 이룬 것은 부인할 수 없는 사실이었다. 지금에 와서 보면 이것 또한 한 시대를 풍미한 소설이었다.

올해로 김일성이 죽은 지 10년이 되었다. 김정일은 현재 북한에서 명실상부한 지도자로 그 위치를 확고히 하고 있다. 김정일의 행보가 그 어느 때보다도 주목된다. 미국과 중국이 소설에나 나올 것 같은 이야기처럼 생각하고 있다면, 김정일은 과연 어떻게 해야 할 것인가? 진정한 의미에서 민족 공조가 필요할 때라고 생각한다. 공조는 말 그대로 서로 돕는다는 것이다. 그런데 지금까지 북한이 주장해 온 민족 공조는 자기들이 어려울 때 남한이 도와야 한다는 논리로 이를 주장해 왔다. 진정한 의미의 민족 공조란 한반도의 영원한 평화를 위하여 서로 상대방의 입장에서 생각하고 서로 양보하는 것이다. 함께 가야만 한다.

김정일은 북한의 앞날을 누구보다도 걱정하고 고민할 것이다. 북한의 상황을 고려해 볼 때 개방과 개혁의 선봉에 서지 않으면 오히려 김정일 자신의 미래도, 북한의 앞날도 불안하다. 김정일은 분명히 이러한 사실을 잘 알고 있으며, 결국 자신이 개혁가는 아닐지 몰라도 그렇게 되려고 노력하고 있을 것이다.

■ 주(1부)

1) 조영환, 『매우 특별한 인물, 김정일』(서울 : 지식공작소, 1996), 21쪽.

2) 황장엽, 『나는 역사의 진리를 보았다』(서울 : 한울, 1999).

3) 콘스탄틴 보리소비치 폴리코프스키, 성종환 옮김, 『동방특급열차 : 김정일과 함께 한 24일간의 러시아 여행』(서울 : 중심, 2003), 35쪽.

4) 『로동신문』, 1999년 9월 14일.

5) 『동아일보』, 1999년 9월 17일.

6) 콘스탄틴 보리소비치 폴리코프스키, 성종환 옮김, 위의 책, 186쪽.

7) 돈 오버도퍼, 이종길 옮김, 『두개의 한국』(서울 : 길산, 2002), 630쪽.

8) 콘스탄틴 보리소비치 폴리코프스키, 성종환 옮김, 위의 책, 56쪽.

9) 콘스탄틴 보리소비치 폴리코프스키, 성종환 옮김, 위의 책, 16~18쪽.

10) 『중앙일보』 2004년 9월 7일.

11) 『로동신문』 2001년 2월 19일.

12) 연합뉴스, 『김정일 100문 100답』(서울 : 연합뉴스, 2000), 129쪽.

13) 『TIME(타임)』, 2004년 6월 21일, 21쪽.

14) 서대숙, 『현대 북한의 지도자 : 김일성과 김정일』(서울 : 을유문사, 2000), 52쪽.

15) 서대숙, 위의 책, 27쪽.

16) 이종석, 『새로 쓴 현대북한의 이해』(서울 : 역사비평사, 2000), 404~405쪽.

17) 김학준, 『북한50년사』(서울 : 동아출판사, 1995), 86쪽.

18) 콘스탄틴 보리소비치 폴리코프스키, 성종환 옮김, 위의 책, 35쪽.

19) 이종석, 위의 책, 408~409쪽.

20) 서대숙, 『북한의 지도자 김일성』(서울 : 청계연구소, 1989), 93쪽.

21) 콘스탄틴 보리소비치 폴리코프스키, 성종환 옮김, 위의 책, 147쪽.

22) 권혁범, 〈북한의 정권 수립 및 전개과정〉, 양성철 · 강성학 공편, 『북한의 외교정책』(서울 : 서울프레스, 1995), 35~36쪽.

23) 최성, 『북한정치사 : 김정일과 북한의 권력엘리트』(서울 : 풀빛, 1997), 167쪽.

24) 서대숙, 『현대 북한의 지도자 : 김일성과 김정일』(서울 : 을유문사, 2000), 110~111쪽.

25) 서대숙, 위의 책, 108쪽.

26) 서대숙, 『북한의 지도자 김일성』(서울 : 청계연구소, 1989), 281쪽.

27) 김학준, 위의 책, 331쪽.

28) 손광주, 『김정일 리포트』(서울 : 바다출판사, 2003), 35쪽.

29) 손광주, 위의 책, 37쪽.

30) 정창현, 『곁에서 본 김정일』(서울 : 토지, 1999), 39~40쪽.

31) 황장엽, 위의 책, 125~126쪽.

32) 황장엽, 위의 책, 138쪽.

33) 전현준, 『김정일 리더쉽 연구』 연구보고서 94-7, (민족통일연구원, 1994), 76~77쪽.

34) 서대숙, 『현대 북한의 지도자 : 김일성과 김정일』(서울 : 을유문사, 2000), 199쪽.

35) 김정일, 『주체사상에 대하여』(평양 : 조선로동당출판사, 1982), 37쪽.

36) 리진규, 『주체의 정치론』(동경 : 구월서방, 1988), 457쪽.

37) 김학준, 위의 책, 365쪽.

38) 황장엽, 위의 책, 172~173쪽.

39) 손광주, 위의 책, 77~78쪽.

40) 콘스탄틴 보리소비치 폴리코프스키, 성종환 옮김, 위의 책, 224쪽.

41) 김현식·손광주, 『다큐먼터리 김정일』(서울 : 도서출판 천지미디어, 1997), 105~106쪽.

42) 이상우, 『북한정치입문 : 김정일 정권의 특성과 작동원리』(서울 : 나남출판, 1997), 67쪽.

43) 김현식·손광주, 위의 책, 227~237쪽.

44) 정창현, 위의 책, 60쪽.

45) 이한영, 『김정일 로열패밀리』(서울 : 시대정신, 2004), 39쪽.

46) 『통일정보신문』, 2004년 7월 12일.

47) 『중앙일보』, 2004년 9월 2일.

48) 『한국일보』, 2004년 8월 31일.

49) 연합뉴스, 위의 책, 86쪽.

50) Michael Breen, 『Kim Jong-Il : Morth Korea's Dear Leader』(John Wiley & Sons(Asia) Pte Ltd, 2004), 144쪽.

51) 도홍렬 외, 『민족사 입장에서 본 김일성 정권』(서울 : 남북문제연구소, 1993), 418~419쪽.

52) 손광주, 위의 책, 383쪽.

53) 연합뉴스, 위의 책, 54쪽.

54) 콘스탄틴 보리소비치 폴리코프스키, 성종환 옮김, 위의 책, 126~127쪽.

55) 콘스탄틴 보리소비치 폴리코프스키, 성종환 옮김, 위의 책, 74쪽.

56) 정창현, 위의 책, 213쪽.

57) 김학준, 위의 책, 360~361쪽.

58) 전영선, 〈북한 최초의 현대판 팝싱어 김광숙 · 전혜영〉, 『북한』(북한연구소, 1998년 5월), 187쪽.

59) 『북한동향』 705호.

60) 『로동신문』, 2002년 5월 3일.

61) 정창현, 위의 책, 119쪽.

62) 임순희, 『북한의 대중문화 : 실태와 전망』 연구총서 2000-28(통일연구원, 2000), 84쪽.

63) 북한사회과학원 철학연구소, 『철학사전』(서울 : 도서출판 힘, 1998), 465쪽.

64) 이한영, 위의 책, 206쪽.

65) 『2002 북한연감』(연합뉴스, 2001), 766쪽.

66) 연합뉴스, 위의 책, 61쪽.

67) 최척호, 〈북한의 영화 : 어제와 오늘〉, 『통일경제』 통권 제73호(현대경제연구원, 2001), 63쪽.

68) 연합뉴스, 위의 책, 272쪽.

69) 이한영, 위의 책, 206~207쪽.

70) 최척호, 위의 책, 65쪽.

71) 『증보판 북한연감』(연합뉴스, 2004), 212쪽.

72) 손광주, 위의 책, 48쪽.

73) 『증보판 북한연감』, 위의 책, 214쪽.

■ 주(2부)

74) 『중앙일보』, 2004년 9월 7일.

75) 돈 오버도퍼, 이종길 옮김, 『두개의 한국』(서울 : 길산, 2002), 538쪽.

76) 『증보판 북한연감』(연합뉴스, 2004), 126쪽.

77) 『로동신문』, 1998년 9월 8일.

78) 『로동신문』, 2000년 1월 1일.

79) 안인해, 〈김일성 헌법과 김정일 체제〉, 『한국정치학회보』 제32집 4호(한국정
치학회, 1999), 216쪽.

80) 『로동신문』, 2000년 1월 1일.

81) 전현준, 『김정일 리더쉽 연구』 연구보고서 94-7, (민족통일연구원, 1994), 47쪽.

82) 『2004 북한개요』(통일부, 2003), 104쪽.

83) 『2004 북한개요』, 위의 책, 108쪽.

84) 『증보판 북한연감』, 위의 책, 130쪽.

85) 『2004 북한개요』, 위의 책, 109쪽.

86) 이종석, 〈김일 시대의 조선노동당 : 위상 · 조직 · 기능〉, 이종석 · 백학순, 『김
정일 시대의 당과 국가기구』 세종정책총서 200-1(세종연구소, 2000), 18쪽.

87) 김연철, 〈최근 남북한 환경변화에 따른 북한의 대남정책 변화〉, 『통일경제』
제40호(현대경제연구원, 1998), 218쪽.

88) 『로동신문』, 2000년 1월 1일.

89) 『로동신문』, 2000년 4월 9일.

90) 김유만, 〈선군시대의 일심단결은 통일단결의 가장 높은 형태〉, 『김일성종합
대학학보 : 철학 경제학』 제50권 1호(김일성종합대학출판사, 2004), 14쪽.

91) 이종석, 『새로 쓴 현대북한의 이해』(서울 : 역사비평사, 2000), 529쪽.

92) 정영태, 〈북한 '강성대국론'의 군사적 의미〉, 『통일연구논총』 제7권 2호(민족
통일연구원, 1988), 87~88쪽.

93) 『로동신문』, 2000년 4월 24일.

94) 이종석, 〈김일 시대의 조선노동당 : 위상 · 조직 · 기능〉, 이종석 · 백학순, 『김
정일 시대의 당과 국가기구』 세종정책총서 200-1(세종연구소, 2000), 18쪽.

95) 안천훈, 〈우리의 국가정치체제는 불패의 정치체제이며 가장 위력한 정치체제〉,
『정치법률연구』 루계 제5호(평양 : 과학백과사전출판사, 2004), 15쪽.

96) 『로동신문』, 2003년 1월 1일.

97) 『로동신문』, 2000년 1월 1일.

98) 『로동신문』, 2003년 1월 1일.

99) 『로동신문』, 1999년 9월 9일.

100) 김동남, 〈위대한 령도자 김정일동지의 선군정치는 사회주의 경제강국건설

의 결정적 담보〉, 『경제연구』 제2호 류계 제111호(평양 : 과학백과사전종합

출판사, 2001), 7쪽.

101) 연하청, 『북한경제학습』(고양 : 한국학술정보, 2002), 46~47쪽.

102) 『로동신문』, 2002년 1월 29일.

103) 전현준, 〈김정일 국방위원장의 '신사고론'과 신진엘리트〉, 『북한학연구』 제2

집(고려대학교 북한학연구소, 2001), 128쪽.

104) 김장한, 〈북한의 대외 경제정책 전망〉, 『통일경제』 통권 제73호(현대경제연

구원, 2001), 14쪽.

105) 임강택, 『북한의 개혁 · 개방정책 추진 전망 : 대북 경제협력정책에 대한 시

사점』 연구총서 2001-29(통일연구원, 2001), 115쪽.

106) 『로동신문』, 2002년 1월 23일.

107) 『로동신문』, 2002년 1월 1일.

108) 『로동신문』, 2001년 10월 22일.

109) 『로동신문』, 2003년 5월 4일.

110) 『2004 북한이해』(통일부 통일교육원, 2004), 179쪽.

111) 『2004 북한이해』, 위의 책, 180쪽.

112) 『조선중앙통신』, 2003년 6월 10일.

113) 김승철, 『북한 동포들의 생활문화양식과 마지막 희망』(인천 : 자료원,

2000), 87쪽

114) 『증보판 북한연감』, 위의 책, 173쪽.

115) 윤호우, 〈북한변화 임계점에 돌입했다〉, 『뉴스메이커』 제577호(경향신문사,

2004년 6월 10일), 50쪽.

116) 『증보판 북한연감』, 위의 책, 169쪽.

117) 『로동신문』, 2001년 5월 29일.

119) 『2004 북한이해』, 위의 책, 176쪽.

120) 고경민, 〈북한의 전자정부 구축방식과 전략 : 인터넷 · 인트라넷 전자정부

의 분리구축을 중심으로〉, 『북한연구학회보』 제7권 제2호(북한연구학회,

2003), 312쪽.

121) 고경민, 위의 책, 314쪽.

122) 『증보판 북한연감』, 위의 책, 12쪽.

123) 고경민, 위의 책, 326쪽.

124)『로동신문』, 2001년 1월 1일.

125)『로동신문』, 2000년 5월 17일.

126) 박정동,『중국과 북한의 비교 개발경제론』(서울 : 서울대학교 출판부, 2003), 278쪽.

127)『2004 북한이해』, 위의 책, 167쪽.

128)『2004 북한이해』, 위의 책, 168쪽.

129) 윤호우, 위의 책, 49쪽.

130) 민병원, 〈1970년대 후반 한국의 안보위기와 핵개발 : 이중적 핵정책에 관한 반(反)사실적 분석〉,『한국정치외교사논총』제26집 1호(한국정치외교사학회, 2004), 129~131쪽.

131) 오원철, 〈박정희 · 카터 '혈투'와 핵개발 강행〉『신동아』11월호(1994), 430쪽.

132) 민병원, 위의 책, 133쪽.

133) 민병원, 위의 책, 156쪽.

134) 전성훈, 〈북한의 핵 능력 평가〉, 한국정치학회 · 이정복 엮음,『북핵문제의 해법과 전망』(서울 : 중앙M&B, 2003), 208~209쪽.

135) 돈 오버도퍼, 이종길 옮김, 위의 책, 459쪽.

136) 돈 오버도퍼, 이종길 옮김, 위의 책, 478~481쪽.

137) 전성훈, 위의 책, 214~215쪽.

138) 김계동, 〈경수로 협정 타결과 남북한 관계〉,『통일경제』제14호(1996), 7쪽.

139) 돈 오버도퍼, 이종길 옮김, 위의 책, 630쪽.

140) 돈 오버도퍼, 이종길 옮김, 위의 책, 632쪽.

141) 황병덕,『부시 행정부의 대북정책과 한국의 대북정책 추진방향』연구총서 01-02(통일연구원, 2001), 69쪽.

142)『로동신문』, 2001년 6월 19일.

143) 안영섭, 〈미국의 대북 핵정책이 가져올 한반도 평화 이슈〉,『자유공론』통권 421호(한국자유총연맹, 2002년 4월), 44쪽.

144)『로동신문』, 2002년 10월 26일.

145)『국방백서』(국방부, 2000), 44쪽.

146) 전상훈, 〈북한의 고농축우라늄(HEU) 프로그램 추진 실태〉,『통일정세분석』2004-12(통일연구원, 2004), 2쪽.

147) 전상훈, 위의 책, 6~7쪽.

148) 『로동신문』, 2003년 1월 16일.

149) 『로동신문』, 2003년 2월 8일.

150) 『로동신문』, 2003년 3월 5일.

151) 『동아일보』, 2003년 4월 16일.

152) 『연합뉴스』, 2004년 2월 28일.

153) 『중앙일보』, 2004년 7월 10일.

154) 『동아일보』, 2002년 10월 21일.

155) 『조선일보』, 2002년 10월 28일.

■ 주(3부)

156) 김연철, 〈최근 남북한 환경변화에 따른 북한의 대남정책 변화〉, 『통일경제』
    제40호(현대경제연구원, 1996), 82쪽.

157) 돈 오버도퍼, 이종길 옮김, 『두개의 한국』(서울 : 길산, 2002), 488쪽.

158) 돈 오버도퍼, 이종길 옮김, 위의 책, 541쪽.

159) 박진, 〈생존을 위한 경제정책 변화 전망〉, 『통일경제』 제33호(현대경제연구
    원, 1997), 34쪽.

160) 임을출, 〈농업협력의 현주소와 전망〉, 『통일경제』 제40호(현대경제연구원,
    1998), 8쪽.

161) 임상철 · 강석승, 〈남북한 농업분야 교류현황과 협력방안〉, 『한국동북아논
    총』 제6권 제4호(한국동북아학회, 2001), 4~5쪽.

162) 『로동신문』, 1998년 7월 22일.

163) 『조선중앙통신』, 1999년 8월 17일.

164) 최성, 〈한반도 평화 정착의 길〉, 『통일경제』 통권 제62호(현대경제연구원,
    2000), 13쪽.

165) 돈 오버도퍼, 이종길 옮김, 위의 책, 618쪽.

166) 돈 오버도퍼, 이종길 옮김, 위의 책, 618~619쪽.

167) 『로동신문』, 2000년 6월 14일.

168) 돈 오버도퍼, 이종길 옮김, 위의 책, 624쪽.

169) 『로동신문』, 2000년 6월 19일.

170) 『민족 21』 5월호((주)민족이십일, 2001), 58쪽.

171) 배성인, 〈북한의 IT산업과 남북교류협력 활성화 방안〉, 『국제정치논총』 제
　　41집 4호(한국국제정치학회, 2001), 162쪽.

172) 김국신, 『미국의 대북정책과 북한의 반응』 연구총서 01-22 (통일연구원,
　　2001), 64쪽.

173) 김국신, 위의 책, 65쪽.

174) 콘스탄틴 보리소비치 폴리코프스키, 성종환 옮김, 『동방특급열차 : 김정일
　　과 함께 한 24일간의 러시아 여행』(서울 : 중심, 2003), 45쪽.

175) 『로동신문』, 2002년 10월 3일.

176) 『로동신문』, 2002년 10월 17일.

177) 연하청, 『북한경제학습』(고양 : 한국학술정보, 2002), 66쪽.

178) 『중앙일보』, 2004년 8월 30일.

179) 임강택, 『북한의 개혁·개방정책 추진 전망 : 대북 경제협력정책에 대한 시
　　사점』 연구총서 2001-29(통일연구원, 2001), 168쪽.

180) 박찬모, 〈북한의 정보통신 기술현황과 전망〉, 『한국정책논집』 창간호(한국
　　정책연구원, 2001), 36~37쪽.

181) 임상철·강석승, 위의 책, 65쪽.

182) 콘스탄틴 보리소비치 폴리코프스키, 성종환 옮김, 위의 책, 60쪽.

183) 황병덕, 『부시 행정부의 대북정책과 한국의 대북정책 추진방향』 연구총서
　　01-02(통일연구원, 2001), 97쪽.

184) 돈 오버도퍼, 이종길 옮김, 위의 책, 621~622쪽.

185) 『중알일보』, 2004년 9월 4일.

186) 콘스탄틴 보리소비치 폴리코프스키, 성종환 옮김, 위의 책, 169쪽.

187) 고유환, 〈제2차 남북정상회담 조기개최 가능성 : 노대통령, 북한입장고려 '시
　　기상조' 확인〉, 『자유공론』 통권 449호(한국자유총연맹, 2004년 8월), 101쪽.

188) 『뉴스메이커』, 2004년 9월 9일, 22~26쪽.

189) 『뉴스메이커』, 위의 책, 28~30쪽.